4/19

Recetas VEGANAS
fáciles y deliciosas

Título original: OH SHE GLOWS EVERY DAY
Traducido del inglés por Begoña Merino Gómez
Diseño de portada: Natalia Arnedo
Diseño y maquetación de interior: Toñi F. Castellón
Fotografías de comidas © Ashley McLaughlin
Fotografías de estilo de vida © Sandy Nicholson
Fotografías de las páginas 30, 174, 188 y 228 de Angela Liddon

©   de la edición original
     2016, Glo Bakery Corporation

     Todos los derechos reservados, incluido el derecho de reproducción total o parcial en cualquier forma. La presente edición se ha publicado según acuerdo con Avery, sello de Penguin Publishing Group, una división de Penguin Random House LLC

©   de la presente edición
     EDITORIAL SIRIO, S.A.
     C/ Rosa de los Vientos, 64
     Pol. Ind. El Viso
     29006-Málaga
     España

www.editorialsirio.com
sirio@editorialsirio.com

I.S.B.N.: 978-84-17030-64-3
Depósito Legal: MA-472-2018

Impreso en Imagraf Impresores, S. A.
c/ Nabucco, 14 D - Pol. Alameda
29006 - Málaga

Impreso en España

Puedes seguirnos en Facebook, Twitter, YouTube e Instagram.

Angela Liddon

Recetas VEGANAS fáciles y deliciosas

EDITORIAL SIRIO

Adriana:

El amor que siento por ti me llena de emoción. La alegría inmensa que nos has traído a papá y a mí es más grande de lo que podíamos imaginar. Me encanta tu emoción cada vez que te preparo la comida (bueno, casi siempre). Mi deseo para ti es que nunca dejes de perseguir las pasiones que te hacen sentir viva.

ÍNDICE

INTRODUCCIÓN

Hace casi dos años que nació mi primer libro de cocina, pero parece que fue ayer. Cuando se publicó *El brillo de la salud: más de cien recetas veganas para realzar tu luz interior*, en marzo de 2014, estaba embarazada de nuestro primer bebé. Por si eso fuera poco, mi marido, Eric, y yo nos encontrábamos en plena mudanza y en medio de la rehabilitación de nuestra nueva casa, todo al mismo tiempo. Milagrosamente, nuestro matrimonio sobrevivió, sobre todo gracias a la ayuda de un congelador lleno de helado vegano de masa de galletas. Aparte de eso, 2014 fue sin duda mi año más emocionante, pues nos trajo el nacimiento de nuestra hija, Adriana. Junto con esas importantes experiencias vitales, yo también experimenté cambios y además tuvimos que modificar toda la dinámica familiar. Después de 2014, sabía que la vida no volvería a ser lo mismo, y más tarde descubrí que así era como yo lo quería.

Cuando nuestra hija tenía solo unos meses, firmé el contrato de este segundo libro. Algunos amigos y familiares pensaron que estaba siendo demasiado ambiciosa (o que la falta de sueño no me dejaba pensar con claridad) por asumir un proyecto de tal envergadura con un bebé tan pequeño. Pero en aquel momento yo ansiaba despertar mi lado creativo de nuevo. Durante el embarazo, mi amor por la comida disminuyó, pero el posparto fue una historia completamente distinta. Mi creatividad y mi pasión por los alimentos volvieron rápidamente después de dar a luz, y para esta amante de la comida vegana fue un verdadero alivio. Durante el período de lactancia, tenía un apetito tan voraz que soñaba a todas horas con recetas. De hecho, algunas de las recetas que más me gustan de este libro las ideé mientras amamantaba a mi bebé —por ejemplo, *los brownies sin harina definitivos*, (página 234), ¿a alguien le apetecen?—.

Una vez que fluyó la creatividad, nada podía pararme. Descubrí que mientras me alimentara con comida saludable (incluyendo un suministro constante de batidos verdes), mis niveles de energía se mantenían bastante altos, a pesar de la falta de sueño. Mis amigos se preguntaban cómo podía tener tanta vitalidad. Yo lo atribuyo a que seguía una dieta equilibrada, que puede hacer maravillas para mantener la energía, el estado de ánimo y el bienestar general. Por supuesto, hubo semanas en que comía mal y no me sentía en mi mejor momento (¡bueno!, sobras de pastel para desayunar), pero esas ocasiones servían para recordarme que tenía que mantener una dieta sana. Vuestros inmensos ánimos, mis queridos lectores, fueron también una fuente de motivación para mí, al decirme alto y claro que esperabais un nuevo libro de cocina. Empecé a trabajar en él a escondidas, añadiendo ideas de recetas a mi documento Google en mitad de la noche y probando otras nuevas cada vez que tenía un momento libre. Pronto, este libro tomó forma. Eric y yo (y finalmente Adriana) probamos todas las recetas, y un entregado grupo de voluntarios también se animó a hacerlo.

Muchos de nosotros sabemos que los grandes cambios en la vida tienden a reducir el tiempo que dedicamos a cocinar. Como madre de un bebé pequeño, a menudo tengo que buscar formas de ahorrar tiempo para preparar y cocinar mis recetas favoritas, sin que eso afecte a su sabor y a su calidad nutricional. Pronto me di cuenta de que si no tomaba un desayuno equilibrado por la mañana, se me despertaba el hambre, así que más que nunca dependía de un desayuno preparado con antelación, y de recetas para la cena que pudieran descongelarse y recalentarse o prepararse en una media hora y en suficiente cantidad para que sobrara algo para el almuerzo del día siguiente. Claro que las cosas no siempre van como uno las planifica, y muchas veces tenemos que apañarnos cenando un bol de cereales o comprando comida para llevar. No voy a decirte que siempre nos alimentemos de la mejor manera posible, con platos elaborados con ingredientes naturales (¿alguien lo hace?), pero dedicar un poco de tiempo diario a preparar la comida y sentarse juntos a disfrutarla es un objetivo que sin duda deberíamos tener en mente.

Hasta encontrar una solución que nos fuera bien, en mi familia hemos tenido que pasar por algunas pruebas y errores, pero ahora que podemos escoger entre un buen número de comidas nutritivas y fáciles de preparar, es hora de compartirlas, con la esperanza de que también te resulten inspiradoras. He perfeccionado las recetas de este libro para asegurarme de que a tus hijos, si los tienes, les gustarán la mayoría de los platos (para saber más, consulta la etiqueta «para niños» en la página 17), pero las recetas de *Recetas veganas fáciles y deliciosas* son estupendas para cualquiera que lleve una vida activa y con poco tiempo para cocinar. Y todas ellas están aprobadas, sin ninguna duda, por personas que siguen dietas omnívoras, así que no te preocupes si la comida vegana es nueva para ti. Estoy segura de que, a medida que vayas probando las recetas de este libro, te sentirás lleno de energía, feliz y sano.

Recetas veganas fáciles y deliciosas contiene recetas variadas para los días entre semana y para las ocasiones especiales, tanto festivos como comidas de los domingos. Un menú para la semana puede incluir recetas sencillas, como un desayuno con la *tostada con hummus, aguacate y nueve especias* (página 64), un almuerzo con las sobras del *estofado de lentejas francesas* (página 176) y una cena a base de *pasta con tomates secados al sol** (página 221). Un menú elaborado para los días festivos puede consistir en una sustanciosa pasta para untar basada en mi *pastel del pastor* (página 199) con *salsa jugosa* (página 317), *la mejor ensalada de tiras de kale* (página 146), *beicon de coco con coles de Bruselas asadas* (página 160) y *los cupcakes de calabaza que suben un montón* (página 260) con *glaseado especiado de crema de mantequilla* (página 263) de postre. Tanto si necesitas algo rápido como si quieres tomarte algo de tiempo para cocinar (mientras degustas una copa de buen vino, tal vez), no dudo que encontrarás lo que necesitas entre estas páginas llenas de sabor.

* Aunque en el original en inglés aparece el término *sun-dried* (literalmente: secados al sol) y lo hemos mantenido en el nombre de las recetas para ser fieles al estilo de la autora, en realidad se trata de tomates deshidratados, que aquí se comercializan habitualmente como «tomates secos».

SOBRE ESTE LIBRO

Recetas veganas fáciles y deliciosas recoge casi cien recetas veganas elaboradas a partir de ingredientes integrales no procesados. He creado estas recetas sencillas y asequibles a todos para los que llevamos vidas activas y ocupadas. Cuanto mejor alimento mi cuerpo, mejor me siento y más energía tengo para vivir mis días con vitalidad, y me gustaría que tú también te sintieras igual. Si tu objetivo es nutrirte y nutrir a los tuyos con comidas deliciosas que activen vuestra energía, este es tu libro. En sus páginas encontrarás montones de consejos y trucos útiles para sacar todo el provecho a las recetas. Mantente atento a indicaciones como «para niños» o «sin frutos secos», así como a las sugerencias sobre cómo congelar y recalentar las sobras.

En este libro encontrarás capítulos que te proporcionarán ideas para nutrirte durante todo el día:

- Batidos y batidos en bol.
- Desayunos.
- Refrigerios.
- Ensaladas.
- Guarniciones y sopas.
- Entrantes.
- Galletas y barritas.
- Postres.
- Preparados básicos caseros.

En sus páginas también encontrarás mis utensilios de cocina favoritos, además de un práctico capítulo de recursos (página 327) titulado «Mi despensa de productos naturales», con un montón de información útil y detalles de los ingredientes que utilizo en mis recetas diarias.

Aunque la mayoría de mis recetas se preparan con ingredientes corrientes, esta sección te proporcionará información básica y mis consejos y métodos de preparación favoritos para cada uno de esos ingredientes.

Alergias y marcas/etiquetas de preparación

En la parte superior de cada receta encontrarás varias marcas/etiquetas relativas a las alergias alimentarias y a la preparación. Las etiquetas sobre las alergias te ayudarán a identificar rápidamente qué recetas son adecuadas para tu dieta. Sin embargo, te recomiendo que seas proactivo y que compruebes las etiquetas de los envases de tus ingredientes para asegurarte de que puedes consumirlos sin peligro.

Vegana: la receta no contiene ningún producto animal, como carne o pescado, lácteos, miel, etc. Todas las recetas de este libro son veganas.

Sin gluten: la receta no contiene gluten. Asegúrate de comprobar la lista de ingredientes de los productos que uses para cerciorarte de que son productos sin gluten certificados. He marcado todas las recetas, incluida la avena, como sin gluten, pero la avena procesada en instalaciones donde se elaboran otros alimentos puede sufrir contaminación cruzada, por tanto, si no toleras en absoluto el gluten, por favor asegúrate de que compras una marca de avena que te asegure que no lo contiene.

Sin frutos secos: la receta no incluye ningún tipo de fruto seco, excepto coco. Health Canada* considera que el coco es la semilla de un fruto y no lo clasifica como fruto seco. Afirma que los cocos por lo general no se excluyen de la dieta de las personas alérgicas, pero por supuesto pueden darse algunas reacciones. Por otro lado, para la Administración de Alimentos y Medicamentos estadounidense es un fruto seco, mientras que el Colegio Norteamericano de Alergia, Asma e Inmunología considera que es un fruto, y su postura es que la mayoría de las personas alérgicas a los frutos secos pueden consumir coco sin padecer efectos negativos. Como puedes ver, hay discrepancias en la forma de clasificar el coco. Si crees que puedes ser alérgico, asegúrate de hablar con tu alergólogo antes de consumir productos que puedan contenerlo.

Sin soja: la receta no contiene ningún producto elaborado con soja. Los productos con soja incluyen, por ejemplo, el chocolate negro fabricado con lecitina o salsa de soja. Siempre que es posible ofrezco alternativas, como usar una salsa para aderezar preparada a base de savia del árbol de coco.

---

* Health Canada es una institución federal responsable de ayudar a los canadienses a mantener y mejorar su salud. Asegura que los servicios de salud de alta calidad sean accesibles y trabaja para reducir los riesgos para la salud.

Sin cereales: la receta no contiene cereales ni harina de cereales, como arroz, avena, sorgo, mijo, trigo, espelta o quinoa (aunque técnicamente, la quinoa es una semilla), etc.

Sin aceite: la receta no contiene ningún aceite añadido.

Preparación previa: la receta requiere alguna preparación inicial, como poner frutos secos a remojo, raspar la crema de una lata de leche de coco, congelar un plátano, etc. Las recetas en las que se requiere preparar otra receta con anticipación (como una salsa o un aderezo) también están marcadas con esta etiqueta.

Para niños: son recetas que les encantan a los niños. Las de este libro las han probado muchos, desde bebés de un año hasta adolescentes. Además de basarme en sus opiniones y mi experiencia personal en la alimentación de mi hija y de los niños de mi familia, he hecho una selección de recetas para identificar más de cincuenta que tienen gran aceptación entre los más pequeños. Puedes confiar en que las recetas con la marca «para niños» son grandes éxitos (como los *macarrones con guisantes*, página 211). Piensa además que muchas recetas que no tienen esta marca también les gustan mucho. Además, a veces encontrarás algún consejo para convertir una receta cualquiera en una de esas que los niños adoran. Por ejemplo, el *estofado de lentejas francesas* (página 176) es uno de esos platos que ellos disfrutan más si lo pasas por la batidora y lo adornas con unos *crostones de ajo superfáciles* (página 295) cortados en tiras para mojar.

Se puede congelar: estas recetas son ideales para congelarlas. Las recetas en esta categoría, no lo dudes, te permiten preparar más cantidad de la que vas a comer inmediatamente; de ese modo podrás congelar las sobras para más adelante. Encontrarás consejos para congelar el plato y recalentarlo de la mejor forma posible.

Antes de empezar

Sé que a lo mejor pones los ojos en blanco al leer esto, pero vale la pena aconsejarte que leas toda la receta, desde la lista de ingredientes hasta los consejos, antes de empezar a cocinarla. Algunos platos necesitan técnicas culinarias avanzadas (como poner frutos secos a remojo o rebañar la parte sólida de la leche de coco enlatada); por tanto es útil que te prepares con anticipación, si es posible. Además, me gusta recopilar todos los consejos útiles que puedo, así que asegúrate de leerlos también. A veces encontrarás consejos para modificar la receta y crear algo nuevo o para preparar una receta apta para personas con alergias alimentarias. Estoy segura de que no te los quieres perder.

Experimentar o seguir las recetas

Defiendo a capa y espada que hay que divertirse y experimentar con las recetas, pero siempre recomiendo que la primera vez que prepares un plato, sigas exactamente las instrucciones, para que sepas cómo debe quedar. Si quieres experimentar después, ya tienes una referencia con la que comparar tu experimento. Piensa que no puedo garantizarte que la receta te quedará bien si no sigues las instrucciones precisas. He puesto a prueba estas recetas cientos de veces, no solo yo, también mis «experimentadores», y sé que incluso pequeños cambios pueden alterar de forma drástica el resultado. Dicho eso, como cocinera ejercitada, experimentar con la recetas es una de mis fuentes de disfrute en la cocina. No tengas miedo de aplicar tu creatividad una vez te sientas seguro.

Un comentario sobre la sal

En todas las recetas sugiero una cantidad específica de sal, en lugar de simplemente decir «añadir sal al gusto». A mi marido le gusta recordarme que, como cocinero novel, ignora qué sabor debe tener un plato, así que no le gusta cuando las recetas no indican la cantidad de sal que hay que añadir. En este libro casi siempre te digo qué cantidad uso, como referencia, pero recuerda que puedes ajustar esta cantidad a tu gusto. Con el tiempo, sabrás de forma intuitiva cuánta sal tienes que añadir. Cuando te indico unos límites, en lugar de una cantidad precisa, primero añade el mínimo y prueba el plato, y luego añade más cantidad si crees que hace falta. Cuando sofrío las verduras, siempre agrego un pellizco generoso de sal al principio del proceso de cocción (por ejemplo, antes de sofreír el ajo y la cebolla). He visto que sazonar al principio de la elaboración (a diferencia de sazonar solo al final) hace que reduzcas la cantidad de sal que necesitarás utilizar.

Cocinar con el horno

Como norma nunca utilizo un horno de convección para mis recetas. Con él los alimentos se cocinan demasiado rápido. Para conseguir los mejores resultados, te recomiendo hacer lo mismo. Además, es útil comprobar la temperatura real de tu horno midiéndola con un termómetro para hornos.

Medir la harina

Para medir la harina sigo el método de emplear la taza de medir y luego agitar. Dicho de otra forma, coloco la taza de medir dentro del paquete de harina, la cargo bien y luego la agito para que la harina se asiente en ella. Esta no es la forma tradicional de medir la harina (verter cucharadas de harina en la taza y luego nivelarla con un cuchillo), pero mi método me parece más rápido y natural. Mi sistema puede dar como resultado una taza algo más llena que si usas el método tradicional, y por eso te lo comento. Cuando creo que la receta necesita una medición muy precisa de la cantidad de harina, indico los distintos pesos que tiene cada tipo de harina; en este caso lo mejor es pesarla en la báscula de cocina.

Mi despensa de alimentos naturales

En el apartado «Mi despensa de productos naturales» (página 327) encontrarás una relación comentada de los ingredientes que utilizo con más frecuencia en mis recetas y, por tanto, en este libro. Lee todo este apartado antes de empezar a cocinar, porque encontrarás información valiosa y sugerencias sobre estos ingredientes principales.

Información nutricional

Aunque no me centro demasiado en la información nutricional en mis recetas (aparte de buscar un buen equilibrio entre proteínas, carbohidratos, grasas, sabor, etc.), sé que muchas personas tienen interés en este tipo de información, tanto porque sufren alguna afección como porque quieren perder o ganar peso o simplemente porque disfrutan con el seguimiento de si su dieta vegana es lo bastante equilibrada. Por esta razón, he puesto a tu disposición la información nutricional de este libro en mi web, que encontrarás en www.ohsheglows.com/OSG2nutrition. Piensa que es una información aproximada, porque puede variar considerablemente entre distintas marcas y alimentos, y también varía según la aplicación de nutrición que utilices.

UTENSILIOS Y ELECTRODOMÉSTICOS DE COCINA

Aquí tienes una lista de los utensilios y electrodomésticos de cocina que uso con más frecuencia. Como verás, algunos de ellos requieren una inversión considerable (por ejemplo, una batidora de alta velocidad), mientras que otros son utensilios humildes que todo cocinero guarda en sus cajones.

PROCESADOR O ROBOT DE COCINA

Tengo un robot de cocina de 14 tazas (3,5 l), de la marca Cuisinart, que adoro y que como media utilizo una vez al día. Algunas veces me parece que lo uso para todo: postres, barritas energéticas, cortar hortalizas, mantequillas de frutos secos, salsas, *hummus*, pesto y una lista interminable. No hace falta que sea un modelo de 14 tazas (cualquiera de 7 tazas o 1,75 l o algo más te servirá), pero un modelo con una capacidad de al menos 10 tazas (2,5 l) puede irte muy bien para algunas de mis recetas. También tengo un miniprocesador de cocina Cuisinart. Solo te los recomiendo en este tamaño para picar ajo o hacer aliños para la ensalada, porque la mayoría no tienen potencia suficiente para triturar y mezclar bien los ingredientes.

BATIDORA DE ALTA VELOCIDAD

Si estás empezando a cocinar recetas a base de verduras, una batidora normal será suficiente para lo que necesitas. Pero si te acabas enganchando a los batidos verdes, o si quieres mezclar frutos secos remojados para convertirlos en salsas finas y suaves, vale la pena que inviertas en una batidora Vitamix 5200. Te costará unos 500 dólares, o unos 300 si la compras de segunda mano, pero te aseguro que crea unas texturas perfectas hasta con los ingredientes más duros y tiene una garantía increíble, es decir, que está pensada para durar. Usamos nuestra

Vitamix como mínimo dos veces al día (para hacer batidos verdes), y a menudo más, especialmente cuando estoy probando recetas nuevas.

TARROS DE VIDRIO PARA CONSERVAR

Los recipientes de plástico (sobre todo los baratos) pueden contener residuos que se filtren a tu comida. Por eso siempre que puedo uso vidrio para guardar los alimentos, y los tarros de vidrio son mis favoritos. En ellos guardo las leches de frutos secos, los batidos, las sobras (por ejemplo de sopas o de ensaladas de cereales) y los ingredientes secos. Mejor cómpralos de distintos tamaños, desde ½ taza (125 ml) hasta 2 litros.

CUCHILLO CEBOLLERO Y CUCHILLO PARA PELAR

Un buen cuchillo cebollero y otro para pelar son esenciales en cualquier cocina, en especial en aquellas donde se rebanan, se cortan y se pican un montón de hortalizas. Vale la pena comprar un afilador para mantener en buen uso tu cuchillo cebollero… y tus manos seguras. No diré a qué persona de mi familia le regaño cada vez que le hago una visita porque su cuchillo tiene menos filo que un cuchillo para untar mantequilla.

RALLADOR MICROPLANE PARA CÍTRICOS

El rallador Microplane es perfecto para rallar cítricos, jengibre y especias (como por ejemplo la nuez moscada) o para rallar el chocolate directamente sobre un postre: ese es mi uso favorito. Son baratos y versátiles

y consiguen resultados más precisos que los ralladores de cuatro caras.

BANDEJAS PARA EL HORNO GRANDES Y CON BORDE

Las bandejas para el horno con bordes son geniales para asar alimentos como verduras y legumbres. Como para cocinar los alimentos solo tienes que sacar y meter la bandeja del horno, nada se vierte. Además, los bordes impiden que los alimentos caigan en el interior del horno y se quemen. Te recomiendo que compres bandejas del tamaño más grande posible que quepa en tu horno, para aprovechar el espacio. En casa tengo una supergrande, de 38 x 53 cm, que utilizo todo el tiempo.

OLLA DE HIERRO FUNDIDO ESMALTADO

Estas ollas no son baratas, pero son maravillosas para cocinar sopas y guarniciones, y también para guisar y estofar. El hierro fundido distribuye el calor de manera uniforme y, a la vez, la tapa mantiene el calor dentro de la olla mientras los alimentos se cocinan. Duran para siempre, así que si encuentras una de segunda mano a buen precio, no lo dudes y cómprala. Si no, las marcas Le Creuset y Staub son las mejores. También tengo una olla comprada en Costco (de la marca Kirkland) que ha demostrado su calidad y resistencia a través de los años.

BATIDORA-AMASADORA DE MANO O CON RECIPIENTE DE MEZCLA

Si horneas a menudo o preparas mucho pan en casa, una batidora-amasadora con recipiente de mezcla es una buena inversión. Con ella podrás elaborar pasteles y galletas perfectos, amasar pan, preparar la *Crema de coco montada* (página 312) y muchas más cosas. Dicho eso, yo utilizo una batidora-amasadora de mano eléctrica barata la mayoría del tiempo, sobre todo por lo práctica que es y por lo fácilmente que se limpia. Todas las recetas de este libro quedarán bien con cualquiera de las dos opciones, de mano o con recipiente de mezcla.

SARTÉN DE HIERRO FUNDIDO

Creo que una sartén de hierro fundido de 25 o 30 cm es esencial para preparar cubos de tofu perfectamente cocinados, así como para asar a la parrilla. Estas sartenes son tan robustas como las corrientes, pero su gran ventaja es que distribuyen el calor de modo más uniforme. Como beneficio extra, algunas trazas del hierro de la sartén se liberarán a la comida, lo que te ayudará a tomar la cantidad de hierro que tu cuerpo necesita. Fíjate bien en las instrucciones del fabricante para curarla (un proceso que consiste en tratarla con aceite después de usarla) y para mantenerla.

PROCESADOR DE COCINA PEQUEÑO

No uso un procesador de cocina pequeño para tareas que necesitan potencia, como preparar *hummus* o mantequillas de frutos secos. Pero me parece muy útil para picar ajo y preparar salsas rápidas. La marca Cuisinart siempre da buen resultado.

CORTADOR EN JULIANA O CORTADOR DE VERDURAS EN ESPIRAL

Con los cortadores en juliana y los cortadores de verduras en espiral podrás crear formas similares a los espaguetis y los fideos con hortalizas frescas, entre ellas los calabacines, las zanahorias, las remolachas, los boniatos y muchas otras. Yo utilizo un cortador en juliana Kuhn Rikon y un cortador en espiral de World Cuisine para preparar platos de pasta vegetal sencillos y rápidos.

RODILLO DE REPOSTERÍA

Un rodillo de repostería es un rodillo pequeñito con un mango corto. Yo lo uso para preparar barritas energéticas, como las *barritas energéticas Glo de moca* (página 96) o para estirar pequeñas cantidades de masa para algunas recetas de postres.

CUCHARA CON MUELLE INTERIOR PARA EXTRAER BOLAS DE HELADO

Una cuchara con muelle interior de acero inoxidable para extraer bolas de helado es mi elección incluso para repartir la masa en los moldes para magdalenas y para preparar galletas de igual tamaño. Suelo usar una de estas cucharas con una capacidad de 30 ml (2 cucharadas soperas), pero las encontrarás en distintas medidas.

BATIDOR DE VARILLAS DE ACERO INOXIDABLE

Mi infalible batidor de varillas de acero inoxidable de la marca OXO de 23 cm es uno de los utensilios que más utilizo en la cocina. Hasta diría que estoy un poco obsesionada con él. Me encanta usarlo para preparar salsas jugosas de textura supersuave, infusiones de té matcha, salsas ligeras y aliños, pero también para mezclar ingredientes para preparar pasteles o galletas.

BOLSA DE FILTRADO PARA PREPARAR LECHE VEGETAL

Me encanta preparar en casa leches vegetales cremosas desde cero. Con las bolsas para leche vegetal puedes preparar leches de frutos secos en casa, con una textura perfectamente suave. Como además obtendrás la pulpa de las almendras o del fruto seco que utilices, la podrás aprovechar para preparar otras recetas.

COLADOR GRANDE DE ACERO INOXIDABLE DE MALLA FINA

Te recomiendo lavar las semillas como la quinoa y los cereales antes de cocinarlos, y un colador grande de malla fina te facilitará esta tarea. También utilizo este tipo de colador para tamizar el cacao en polvo y el azúcar glas, cuando es necesario.

EXPRIMIDOR PARA CÍTRICOS

Estoy bastante obsesionada con mi exprimidor para cítricos OXO de dos caras. Es un utensilio pequeño y manual que recoge todo el zumo en un recipiente, a la vez que mantiene aparte la mayoría de la pulpa y las semillas. Lo tengo desde hace años, lo lavo en el lavaplatos y creo que exprime mucho más zumo que los exprimidores manuales sencillos. Siempre es bueno aprovechar hasta la última gota.

BÁSCULA DE COCINA

Una báscula de cocina te costará entre 10 y 20 dólares, pero vale su peso en oro. Uso la mía a menudo para pesar los ingredientes cuando una receta necesita cantidades precisas.

BATIDOS Y BATIDOS EN BOL

No siempre he sido una aficionada a los batidos. Puede que te cueste creerlo, pero hubo un tiempo en que se me daban tan mal que me atragantaba con cada mejunje que preparaba. Batidos llenos de grumos, ásperos, que parecían elaborados con agua de pantano. ¿Que si estaban ricos? ¿Te creerías que me tomaba cada uno de los que preparaba porque no me parecía justo echar al desagüe de la cocina lo que habían sido preciosos vegetales? Así era. Pero como se suele decir, para convertirse en maestro solo hay que practicar. Después de interminables pruebas realizadas durante años, mis habilidades de preparación de batidos son más potentes que nunca. Incluso mi marido se ha subido al tren de los batidos verdes, y no hace mucho que Adriana ha empezado a pedir sus combinaciones favoritas.

Me encanta improvisar un *batido verde reconstituyente de tamaño familiar* (página 51) y tomarlo los tres juntos. Los batidos preparados en grandes cantidades siempre son un ahorro de tiempo, y si planifico, algunas veces preparo los ingredientes que necesitaré la noche antes, para tener el batido más rápido por la mañana. Cuando dispongo de unos pocos minutos, preparo el *batido saciante* (página 45) en un pispás y ya cuento con más de 20 g de proteínas. Lo ideé durante la época de lactancia porque necesitaba algo que me ayudara a controlar mi apetito voraz. A menudo devoraba un bol con avena al levantarme y me tomaba este batido poco después.

Estos boles son una manera divertida de disfrutar la agradable cremosidad de los batidos a la vez que te regalas una comida sentado delante de un plato (que, si te ocurre como a mí, es un auténtico lujo por las mañanas). Como ventaja extra, puedes añadirles incluso más proteínas y nutrientes con diferentes aderezos. Tienes que probar el *batido en bol con helado mágico* (página 31), una de mis recetas más populares (¿alguien quiere un poco de helado con batido?), preferida tanto por los adultos como por los niños. Lo preparo al menos una vez a la semana, junto con el *batido en bol de pastel de lima con té verde* (página 35). Si te apetece tomar algo sofisticado y nutritivo, prueba mi *batido en bol de sueños de chocolate y proteínas* (página 48) como un desayuno especial o el *batido de cáñamo con chocolate salado para dos* (página 33) como capricho nocturno para el verano, un exceso que vale la pena permitirse.

Batido en bol con helado mágico

VEGANA, SIN GLUTEN, SIN SOJA, SIN CEREALES, SIN ACEITE, VERSIÓN PARA NIÑOS
PARA DOS BOLES
TIEMPO DE PREPARACIÓN: 10 MINUTOS

Creé este batido en bol como receta individual, pero a mis amigos y mi familia les gustó tanto que amplié los ingredientes para preparar dos raciones. Cuando un batido en bol está tan bueno, hay que compartirlo. El plátano helado, los arándanos azules y el aguacate le dan una textura superespesa, que lo convierte en una receta rica y suntuosa, a pesar de lo sana que es. La mantequilla de almendra tostada le añade más cremosidad, un gusto a frutos secos y un sabor intenso.

La hija de tres años de mi amiga llama a esta receta el helado de desayuno, y no puedo estar más de acuerdo con ella. Me parece que los boles de batidos hay que servirlos con una buena cantidad de aderezos, y siempre recomiendo añadir alguno crujiente, como la *granola de supersemillas con vainilla y virutas de coco* (página 58), para que tengan texturas distintas. Por supuesto, también puedes servir esta delicia en un vaso si vas mal de tiempo (dilúyelo con leche de almendras para conseguir la textura que necesitas). Me gusta la dulzura suave de esta bebida, pero si te gusta más dulce puedes añadirle un toque de edulcorante líquido o un dátil sin hueso, si te apetece.

1. Pon todos los ingredientes del batido en la jarra de una batidora de alta potencia y bátelos a velocidad alta hasta conseguir una textura suave. Si a tu batidora le cuesta batir, añade más leche de almendras, 1 cucharada cada vez (15 ml), y bate la mezcla de nuevo hasta que consigas la consistencia que quieres. Piensa que el batido debe ser bastante espeso para que los aderezos puedan quedar encima sin hundirse. Si tienes una batidora Vitamix, usa el accesorio llamado acelerador de trabajo (*tamper*) para que los ingredientes se muevan mientras los bates.

2. Vierte el batido en un bol. Añade los aderezos que quieras y sírvelo al momento.

PARA EL BATIDO

1 taza más 2 cucharadas (280 ml) de leche de almendras sin edulcorar

½ taza (125 ml) de arándanos azules congelados

2 plátanos grandes congelados, cortados

¼ de taza (60 ml) de aguacate

2 cucharadas (30 ml) de mantequilla de almendras tostadas

1 cucharadita (5 ml) de extracto puro de vainilla

1 pellizco de sal marina fina (no la añadas si usas mantequilla de almendras salada)

⅛ a ¼ de cucharadita (0,5 a 1 ml) de canela en polvo, o al gusto (opcional)

2 cubitos de hielo, más el que sea necesario

IDEAS PARA ADEREZOS

Plátano en rodajas

Corazones de cáñamo

Mantequilla de almendras tostadas

Tiras o copos grandes de coco o *virutas de coco con canela y jarabe de arce* (página 321)

Granola de supersemillas con vainilla y virutas de coco (página 58)

Versión para niños: Sirve una ración para niños en un vaso para helados y añade unas rodajas de plátano. Es un tentempié saludable y divertido.

Batido de cáñamo con chocolate salado para dos

VEGANA, SIN GLUTEN, VERSIÓN SIN FRUTOS SECOS, SIN SOJA, SIN CEREALES, SIN ACEITE, VERSIÓN PARA NIÑOS

PARA 4 TAZAS (1 L)

TIEMPO DE PREPARACIÓN: 5 MINUTOS

Relájate y alucina con este batido cremoso de chocolate y cáñamo. Te sorprenderá ver cómo un pellizco de sal marina resalta el sabor rico y complejo del chocolate. A pesar de que sabe como un batido, esta receta es increíblemente nutritiva. Los corazones de cáñamo aportan proteínas y ácidos grasos omega-3 y el polvo de cacao añade una dosis concentrada de antioxidantes. Me encanta agregar mantequilla de coco para darle una textura rica, mantecosa y suntuosa. Si a tu batidora le cuesta triturar los dátiles, te recomiendo que mejor uses jarabe de arce, o puedes poner los dátiles a remojar en agua hirviendo durante unos 20 o 30 minutos antes de añadirlos al batido.

1. En una batidora de alta potencia, combina todos los ingredientes y tritúralos a alta velocidad hasta que quede una mezcla superfina.

Sugerencia: La mantequilla de coco puede ser difícil de encontrar, pero no te preocupes porque puedes cambiarla por mantequilla de almendras o de cacahuetes en el caso de esta receta. También puedes preparar *mantequilla de coco casera* (página 319).

Versión sin frutos secos: Cambia la leche de almendras por 1 lata de 400 ml de leche de coco (fría) y usa mantequilla de coco en lugar de mantequilla de frutos secos.

Versión para niños: Reduce la cantidad de sal o prescinde de ella.

- 1¾ tazas (425 ml) de leche de almendras sin edulcorar
- 1 plátano congelado grande, cortado
- 3 o 4 dátiles Medjool grandes sin hueso, o al gusto, o 2 cucharadas (30 ml) de jarabe de arce
- 3 cucharadas (45 ml) de cacao en polvo sin edulcorar
- 3 cucharadas (45 ml) de corazones de cáñamo
- 1 cucharada (15 ml) de mantequilla de coco o de frutos secos
- ¼ de cucharadita (1 ml) de canela en polvo (opcional)
- ⅛ a ¼ de cucharadita (0,5 a 1 ml) de sal marina fina, o al gusto
- 4 cubitos de hielo

Batido en bol de pastel de lima con té verde

VEGANA, SIN GLUTEN, SIN FRUTOS SECOS, SIN SOJA, SIN CEREALES, SIN ACEITE, VERSIÓN PARA NIÑOS
PARA 1 BOL (2 TAZAS/500 ML)
TIEMPO DE PREPARACIÓN: 10 MINUTOS

Este batido contiene los sabores tropicales de la lima, el coco, el plátano y el aguacate, una mezcla exótica que mejora aún más con los beneficios nutricionales del té matcha en polvo. Si nunca has probado el té matcha en un batido antes, prepárate para recibir una buena carga energizante. Es una fuente de cafeína natural, además de ser rico en antioxidantes, que ayudan a prevenir las alteraciones físicas. Si lo tomas solo, tiene un sabor un poco amargo y tostado, pero al mezclarlo con un batido dulce y refrescante, no notarás ni una pizca su sabor. Me atrevo a decir que el sabor de este batido se parece a un pastel de lima: cremoso, ácido, tropical y dulce a la vez. ¡Esto es vida!

1. Mezcla todos los ingredientes en una batidora de alta potencia y bátelos a alta velocidad hasta que quede una mezcla fina. Prueba la mezcla y corrige la cantidad de edulcorante, si te parece necesario.
2. Vierte el batido en un bol y añade los aderezos que prefieras. Tómalo con una cuchara.

Versión para niños: No utilices el té matcha en polvo y reduce la cantidad de zumo de lima.

PARA EL BATIDO

- ½ taza (125 ml) de agua de coco
- 1 taza (250 ml) llena de espinacas *baby* frescas, compactadas
- 1 plátano congelado grande, en rodajas
- ¼ de taza (60 ml) de aguacate
- 2 cucharaditas (10 ml) de ralladura de lima (de 1 lima grande)
- 1 cucharada y 1 cucharadita (20 ml) de zumo de lima recién exprimido (de 1 lima grande)
- 2 o 3 cubitos de hielo, según sea necesario
- 2 cucharaditas (10 ml) de jarabe de arce, o al gusto
- ½ cucharadita (2 ml) de té matcha en polvo, o al gusto

IDEAS PARA ADEREZOS

Granola de supersemillas con vainilla y virutas de coco (página 58)

Rodajas de mango, piña y plátano

Mantequilla de coco fundida

Virutas grandes de coco o *virutas de coco con canela y jarabe de arce* (página 321)

Corazones de cáñamo

Batido *detox* para desayunar

VEGANA, SIN GLUTEN, SIN FRUTOS SECOS, SIN SOJA, SIN CEREALES, SIN ACEITE,
PREPARACIÓN PREVIA, VERSIÓN PARA NIÑOS
PARA 2 TAZAS (500 ML)
TIEMPO DE REPOSO: VARIAS HORAS (PARA EL TÉ)
TIEMPO DE PREPARACIÓN: 10 MINUTOS

Por lo general asociamos los batidos de color verde intenso a las propiedades desintoxicantes y purificadoras. Esta mezcla de color amarillo soleado rompe el molde y no recuerda en nada al típico batido verde, pero te prometo que está llena de propiedades saludables. Es tonificante y dulce, y el té blanco le proporciona energía natural en forma de cafeína, pero sin la desagradable excitación que provoca. Preparar el té por anticipado siempre exige un poco de planificación, pero el maravilloso sabor dulce y energético de esta bebida hace que el esfuerzo de preparar una taza de té blanco y de guardarla en la nevera toda la noche valga la pena de sobra. En algunas culturas, se considera que el limón ayuda al hígado a realizar sus procesos de desintoxicación, mientras que el jengibre puede ayudar a la digestión y hacerla más suave. La cayena es rica en capsaicina, que tiene propiedades antiinflamatorias y analgésicas, y que además provoca un agradable calor en el estómago. Dicho esto, si prefieres una bebida más suave, puedes saltarte la cayena.

1. Coloca la bolsita de té en una taza y vierte encima el agua hirviendo. Coloca la taza en la nevera (deja la bolsita de té dentro) y déjala enfriar durante unas horas, o toda la noche. Sácala de la nevera y descarta la bolsa de té; luego vierte el té en la jarra de la batidora de alta velocidad.

2. Añade el resto de los ingredientes y bátelo todo hasta que quede una mezcla fina.

1 bolsita de té blanco

1 taza (250 ml) de agua hirviendo

1 mango grande, quítale el hueso y extrae la pulpa con una cuchara, o 1 taza (250 ml) de trozos de mango congelado

1 plátano grande congelado, cortado

1 cucharada (15 ml) de zumo de limón recién exprimido

1 cucharadita (5 ml) de jengibre fresco rallado

1 pizquita de cayena (opcional)

Cubitos de hielo (opcional)

Sugerencias: Si en lugar de mango fresco usas 1 taza (250 ml) de trozos de mango congelado, te recomiendo que utilices el plátano sin congelar para evitar que el batido tenga una consistencia parecida a la del helado.

Si te encantan el jengibre y el limón, puedes añadir un poco más (o, por el contrario, reducir la cantidad si son sabores que no te entusiasman).

Versión para niños: Cambia el té por agua de coco o por agua. No utilices jengibre ni cayena, para evitar el sabor picante.

Smoothie cremoso naranja y verde

VEGANA, SIN GLUTEN, SIN FRUTOS SECOS, SIN SOJA, SIN CEREALES, SIN ACEITE, PARA NIÑOS
PARA 4 TAZAS (1 L)/2 RACIONES
TIEMPO DE PREPARACIÓN: 5 MINUTOS

Cuando era pequeña me volvían loca los *smoothies* cremosos de vainilla recubiertos de una fina capa helada con sabor a naranja. Hace poco estuve mirando qué ingredientes llevaban y vi que estaban cargados de aditivos, así que decidí combinar los deliciosos sabores de la vainilla y la naranja en este batido cremoso con un toque helado, dejando fuera los aditivos y los azúcares. La leche de coco le da una intensa textura y un sabor cremoso sin pizca de lácteos y las espinacas y el aguacate le añaden poder nutritivo. Es una bebida perfecta para los días calurosos de verano o para cuando eches de menos una promesa de felicidad en tu vida. También sirve de aperitivo sano para los niños, que lo adorarán.

1 lata de leche de coco ligera de 400 ml, fría

1¼ tazas (300 ml) de zumo de naranja recién exprimido o envasado

1 taza (250 ml) de espinacas *baby*

2 cucharadas (30 ml) de aguacate

½ cucharadita (2 ml) de extracto puro de vainilla

4 o 5 dátiles Medjool grandes sin hueso, o al gusto

6 cubitos de hielo, más los que sean necesarios

1. Mezcla todos los ingredientes en una batidora de alta potencia y tritúralos hasta que quede una mezcla suave. Prueba la bebida y añade edulcorante si le hace falta.

Sugerencia: Si los dátiles están demasiado secos, te recomiendo dejarlos a remojo en agua hirviendo de 20 a 30 minutos antes de añadirlos a la batidora.

Batido en bol arcoíris brillante

VEGANA, SIN GLUTEN, SIN FRUTOS SECOS, SIN SOJA, SIN CEREALES, SIN ACEITE,
PREPARACIÓN PREVIA, PARA NIÑOS
PARA 1 BOL (2 TAZAS/500 ML)
TIEMPO DE PREPARACIÓN: 5 A 10 MINUTOS

Este es un delicioso y refrescante tentempié para esos días calurosos del verano en los que todo lo que te apetece comer es fruta. A los niños les encanta este batido, y puedes hacer que ayuden a prepararlo pidiéndoles que escojan y preparen los aderezos. Las cantidades sirven para un bol, pero si quieres hacer más solo tienes que duplicarlas. Es importante que congeles la sandía y las fresas (o puedes usar fresas congeladas) durante la noche o varias horas antes de utilizarlas. Así el batido en bol tendrá una textura cremosa y muy fría.

1. Congela 1 taza (250 ml) de sandía (y las fresas limpias, si no usas congeladas) durante la noche o durante varias horas.

2. En una batidora de alta potencia, mezcla el resto de la sandía fresca (300 ml) a velocidad baja o media, hasta que quede líquida.

3. Añade la sandía y las fresas congeladas, y luego el aguacate. Bátelo hasta que quede una textura fina. Si tienes una batidora Vitamix, te recomiendo usar el accesorio acelerador de trabajo (*tamper*) para ayudar a mezclarlo.

4. Pruébalo y añade el jarabe de arce o los dátiles a tu gusto. Bátelo de nuevo hasta que quede una textura suave.

5. Vierte el batido en un bol poco profundo. Puedes añadir los ingredientes para servir dándole forma de arcoíris, como en la foto. Si tienes niños, me consta que les va a encantar hacerlo. Tomadlo inmediatamente, antes de que se derrita.

PARA EL BATIDO

2¼ tazas (550 ml) de sandía cortada en dados

1 taza (250 ml) de fresas sin tallos, frescas o congeladas

¼ taza (60 ml) de aguacate

1 a 2 cucharaditas (5 a 10 ml) de jarabe de arce, o 1 o 2 dátiles Medjool sin hueso, o al gusto (opcional)

IDEAS PARA ADEREZOS

Arándanos azules

Kiwis o uvas cortados

Piña cortada

Mango cortado

Sandía cortada

Fresas cortadas

Batido de jengibre, mango y té matcha

VEGANA, SIN GLUTEN, VERSIÓN SIN FRUTOS SECOS, SIN SOJA, SIN CEREALES, SIN ACEITE
PARA 3 TAZAS (750 ML)/2 RACIONES
TIEMPO DE PREPARACIÓN: 10 MINUTOS

El té matcha en polvo es una elección perfecta para las mañanas atareadas. Es una fuente de cafeína natural y de polifenoles, compuestos que han demostrado su capacidad para prevenir numerosas enfermedades. Uno de los compuestos presentes en el té matcha puede incluso ayudar a estimular el metabolismo. Te recomiendo que si puedes utilices mangos Ataúlfo para este batido si es la temporada y puedes conseguirlos. Son más pequeños y más tiernos que los de mayor tamaño y de forma oval, Tommy Atkins. También son superdulces y tienen una textura mantecosa, que es perfecta para este batido. Si no los encuentras o no es temporada, puedes encontrar mangos Tommy Atkins dulces y blandos cuando están maduros. Si no, usa 1 taza y media (375 ml) de cualquier mango fresco o congelado. Y si se diera el caso de que el mango que vas a usar no está muy dulce, puedes añadir a la mezcla 1 o 2 cucharaditas (5 a 10 ml) de algún edulcorante natural líquido.

1. Combina todos los ingredientes en una batidora de alta potencia y tritúralos hasta que quede una mezcla suave. Sírvelo y tómalo.

1 taza (250 ml) de leche de almendras sin edulcorar o de leche de coco

2 mangos Ataúlfo maduros de tamaño mediano, sin hueso y con la pulpa cortada (1½ tazas/375 ml)

1 plátano congelado mediano, cortado

¾ de cucharadita (4 ml) de té matcha en polvo, o al gusto (ver sugerencia)

1 cucharadita (5 ml) de jengibre fresco rallado

1 a 2 cucharaditas (5 a 10 ml) de zumo de lima recién exprimido, o al gusto

2 o 3 cubitos de hielo

Sugerencias: Algunas tiendas de alimentación venden té matcha en paquetes individuales. Esta receta solo lleva una ración individual (aproximadamente 3/4 de cucharadita/4 ml), pero es mejor medirlo para asegurarte de que utilizas la cantidad correcta. Si quieres sumar aún más propiedades saludables a este batido, añade un puñado de espinacas *baby* a la mezcla.

Versión sin frutos secos: Usa leche de coco en lugar de leche de almendras.

Batido saciante

VEGANA, SIN GLUTEN, VERSIÓN SIN FRUTOS SECOS, SIN SOJA, SIN CEREALES, SIN ACEITE, VERSIÓN PARA NIÑOS
PARA 2½ TAZAS (625 ML)/1 RACIÓN
TIEMPO DE PREPARACIÓN: 5 MINUTOS

Este batido que llena un montón contiene más de 20 g de proteínas (la cantidad exacta depende del tipo de proteínas en polvo que utilices), además de todos los tipos de ácidos grasos posibles de la mano de los corazones de cáñamo, la mantequilla de coco y el aguacate. Te costará encontrar un batido más saludable o con más concentración de nutrientes y que no lleve algún superalimento. Te recomiendo en especial para esta bebida que uses una batidora de alta potencia, porque los corazones de cáñamo pueden ser un hueso duro de roer para algunas batidoras. Mejor si utilizas unas proteínas sin sabor añadido, para que no alteren el sabor natural y delicioso del plátano, los arándanos azules y la canela. Yo suelo optar por las proteínas de las marcas Omega Nutrition Pumpkin Seed Protein Powder o Sunwarrior Warrior Blend en su versión natural/sin sabor.

1. Combina todos los ingredientes en una batidora de alta potencia y tritúralos hasta que quede una mezcla suave. Añade más agua o más cubitos de hielo si lo ves necesario para conseguir la consistencia que te guste.

- 1 taza (250 ml) de leche de almendras sin edulcorar
- ¼ de taza (60 ml) de agua o de agua de coco, y un poco más si hace falta
- 2 cucharadas (30 ml) de aguacate
- 3 a 4 cucharadas (45 a 60 ml) de proteínas en polvo sin sabor o con sabor a vainilla
- 2 cucharadas y 1½ cucharaditas (37 ml) de corazones de cáñamo
- ½ cucharadita (2 ml) de canela en polvo
- 1 plátano congelado grande, cortado
- ¼ de taza (60 ml) de arándanos azules congelados
- 1 cucharada (15 ml) de *mantequilla de coco casera* (página 319, opcional)
- 1 cucharadita (5 ml) de jarabe de arce (opcional)
- 1 o 2 cubitos de hielo (opcional)

Versión sin frutos secos: Usa leche de coco en lugar de leche de almendras.

Versión para niños: Si vas a preparar batido también para los niños, no añadas las proteínas en polvo a la batidora. Sirve el batido a los más pequeños y luego puedes añadir las proteínas a la jarra, mezclar otra vez y servirte tu batido.

Batido verde de menta, vainilla y pera

VEGANA, SIN GLUTEN, SIN FRUTOS SECOS, SIN SOJA, SIN CEREALES, SIN ACEITE, PARA NIÑOS

PARA 4 TAZAS (1 L)/2 RACIONES

TIEMPO DE PREPARACIÓN: 10 MINUTOS

Esta mezcla de pera dulce, vainilla fragante y menta refrescante es energizante y fortalecedora a la vez. Es una elección ideal para antes o después de la actividad física, porque los electrolitos del agua de coco y la vitamina E del aguacate fresco son geniales para rehidratarse. La vitamina E también tiene propiedades antiinflamatorias y potenciadoras del sistema inmunitario, cualidades ambas que ayudan al cuerpo a recuperarse después del ejercicio físico. La menta fresca es buena para la digestión y las espinacas *baby* contienen hierro, folato y distintos antioxidantes. Estos beneficios nutritionales, sumados al sabor suavemente dulce de este batido, lo convierten en uno de mis favoritos. Me encantan las peras Barlett por su dulzura y su jugosidad, pero puedes usar las que prefieras.

1. Combina todos los ingredientes en una batidora de alta potencia y tritúralos hasta obtener una mezcla suave. Pruébala y añade más edulcorante si lo necesita. Sírvelo y tómalo.

- 1¼ tazas (300 ml) de agua de coco
- 2 peras maduras, sin corazones y cortadas (unas 2 tazas/500 ml)
- 2 cucharadas (30 ml) de aguacate
- 1 taza (250 ml) de espinacas *baby*
- ⅓ de taza (75 ml) de hojas de menta fresca
- ½ a 1 cucharadita (2 a 5 ml) de extracto puro de vainilla, o al gusto
- 1 a 2 cucharaditas (5 a 10 ml) de sirope de arce, o al gusto (opcional)
- 5 a 7 cubitos de hielo, más los que sean necesarios

Sugerencia: Puedes prescindir del hielo y en su lugar usar peras congeladas. Tal vez necesites añadir un poco más de agua de coco porque quedará bastante espeso.

Batido en bol de sueños de chocolate y proteínas

VEGANA, SIN GLUTEN, VERSIÓN SIN FRUTOS SECOS, SIN SOJA, SIN CEREALES, SIN ACEITE
PARA 1½ TAZAS (375 ML)/1 RACIÓN
TIEMPO DE PREPARACIÓN: 5 A 10 MINUTOS

Este batido en bol es la solución perfecta para esas mañanas en las que te despiertas con un deseo irrefrenable de comer chocolate (¿de verdad solo me pasa a mí?). La textura ligera, casi esponjosa, de este batido te recordará a aquellos helados suaves que salen de una máquina al presionar la palanca y se comen en cucurucho. Por si eso fuera poco, este batido va cubierto de una colección de aderezos bien divertida: fresas, virutas de coco o granola. Una gran elección para las mañanas de verano, fría y dulce. Hace pensar en un postre para desayunar. ¿Más ventajas? Contiene al menos 15 g de proteínas, dependiendo de la marca de proteínas en polvo que utilices. Te recomiendo escoger alguna versión neutra. Ten en cuenta que el batido adquirirá el sabor de las proteínas que añadas, y algunas de ellas tienen un regusto insulso, demasiado dulce o harinoso. Yo uso las proteínas de la marca Sunwarrior Warrior Blend en su versión natural/sin sabor y Omega Nutrition Pumpkin Seed Protein Powder, y ambas funcionan bien, pero puedes emplear las que más te gusten. Si has de usar alguna con sabor, las de chocolate o vainilla quedan bien, siempre que no sea muy intenso. Por cierto, también puedes preparar este batido en una versión para llevar añadiendo más leche de almendras para que quede diluido.

1. Vierte la leche de almendras en una batidora de alta potencia, añade el resto de los ingredientes y tritúralos. El batido debe tener una consistencia espesa y suave. Si usas una batidora Vitamix, te irá bien el accesorio acelerador de trabajo (*tamper*) para mover los ingredientes mientras los trituras. Si ves que a tu batidora le cuesta batirlo todo, puedes añadir un poco más de leche.

2. Vierte el batido en un bol y añade tus aderezos preferidos. Puedes tomarlo al momento.

PARA EL BATIDO

- ½ taza (125 ml) de leche de almendras sin edulcorar, y algo más si hace falta
- 1 plátano congelado muy grande, cortado (¾ de taza/175 ml)
- 2 cucharadas (30 ml) de aguacate
- ¼ de taza/60 ml de proteínas en polvo sin sabor
- 2 cucharadas (30 ml) de cacao en polvo sin edulcorar
- 1 a 3 dátiles Medjool sin hueso o edulcorante líquido, o al gusto
- 1 o 2 cubitos de hielo (opcional)

IDEAS PARA ADEREZOS

Fresas cortadas

Coco en virutas o copos grandes de coco, sin edulcorar, o *virutas de coco con canela y jarabe de arce* (página 321)

Plátano en rodajas

Granola de supersemillas con vainilla y virutas de coco (página 58) o *bocados de granola con almendras y avellanas tostadas* (página 99)

Corazones de cáñamo

Granos de cacao tostados

Versión sin frutos secos: Cambia la leche de almendras por una leche sin frutos secos, como la de coco.

Sugerencias: Utiliza dátiles Medjool muy blandos. Si están duros, intenta ablandarlos dejándolos en agua hirviendo de 20 a 30 minutos. Si a tu batidora le cuesta triturar bien los dátiles (a muchas les ocurre), sustitúyelos por un edulcorante líquido natural. El plátano que uses tiene que estar muy maduro para darle un sabor más dulce al batido.

Batido verde reconstituyente de tamaño familiar

VEGANA, SIN GLUTEN, SIN FRUTOS SECOS, SIN SOJA, SIN CEREALES, SIN ACEITE, VERSIÓN PARA NIÑOS
PARA 5 TAZAS (1,25 L)/3 RACIONES
TIEMPO DE PREPARACIÓN: 15 MINUTOS

Este batido es de esos que llamo de tamaño familiar. Está preparado con 8 raciones de hortalizas, e incluye 5 tazas bien llenas (1,25 l) de verduras de hoja verde. El hidratante y suave pepino, junto con las peras, los plátanos y la piña, ayuda a equilibrar las beneficiosas verduras de hoja verde con la cantidad justa de dulzor natural y una sensación saludable y fresca. Solo un comentario: todos los ingredientes caben justos en la jarra de 2 l de una Vitamix; si tu batidora es más pequeña, te recomiendo preparar la versión de esta receta con la mitad de cantidades (consulta la página 53).

1. Combina todos los ingredientes en una batidora de alta velocidad (de al menos 2 l de capacidad) y tritúralos hasta que quede una mezcla suave. Si usas una Vitamix, aprovecha el accesorio acelerador de trabajo (*tamper*) para acercar los ingredientes hacia la cuchilla trituradora. Puedes añadir un poco más de agua si hace falta para facilitarle el trabajo a la batidora.

- ¼ de taza (60 ml) de agua o de agua de coco, más la que haga falta
- 1 taza (250 ml) de pepino cortado (puede ser con piel)
- 2 tazas (500 ml) de hojas de kale, lechuga romana cortada y espinacas *baby*
- 3 tazas (750 ml) colmadas de espinacas *baby*
- ½ taza (125 ml) de hojas de menta fresca
- 1 pera muy grande o 2 pequeñas maduras, sin semillas y cortadas (1¼ tazas/300 ml)
- 1½ plátanos grandes congelados, cortados
- 1 taza (275 ml) de trozos de piña congelada
- 1 cucharada (15 ml) de zumo de lima recién exprimido
- 2 o 3 cubitos de hielo (opcional)

Versión para niños: No utilices menta porque el sabor puede ser un poco fuerte para algunos niños; en su lugar usa más espinacas, kale y lechuga romana.

Batido verde reconstituyente de tamaño mediano

VEGANA, SIN GLUTEN, SIN FRUTOS SECOS, SIN SOJA, SIN CEREALES, SIN ACEITE, VERSIÓN PARA NIÑOS

PARA 3 TAZAS (750 ML)/2 RACIONES

TIEMPO DE PREPARACIÓN: 10 A 15 MINUTOS

Esta versión del batido anterior tiene todas las buenas cualidades del tamaño familiar, pero solo para un batido grande o dos pequeños. Si no eres muy fan de la menta, puedes empezar por la mitad de la cantidad que indico, y agregar más si te apetece.

1. Mezcla el agua y el pepino en una batidora de alta potencia y tritúralos hasta que el pepino se convierta en líquido (este paso ayuda a mezclar el resto de los ingredientes con mayor facilidad).

2. Añade el resto de los ingredientes y mézclalos hasta que quede una textura suave. Si usas una batidora Vitamix, el accesorio acelerador de trabajo (*tamper*) te ayudará a empujar los ingredientes hacia la cuchilla. Puedes añadir un poco más de agua para facilitarle el trabajo a la batidora.

- ¼ de taza (60 ml) de agua, más la que haga falta, o al gusto
- ½ taza (125 ml) de pepino cortado (puede ser con piel)
- 1 taza (250 ml) de hojas de kale, lechuga romana cortada y espinacas *baby*
- 1½ tazas llenas (375 ml) de espinacas *baby* frescas
- ¼ de taza (60 ml) de hojas de menta, sin comprimirlas en la taza
- 1 pera madura mediana, sin semillas y cortadas (¾ de taza/175 ml)
- 1 plátano mediano congelado, cortado
- ½ taza (140 ml) de trozos de piña congelada
- 1½ cucharaditas (7 ml) de zumo de lima recién exprimido
- 1 o 2 cubitos de hielo (opcional)

Versión para niños: No utilices menta porque el sabor puede ser un poco fuerte para algunos niños; en su lugar usa espinacas, kale y lechuga romana.

DESAYUNOS

Antes de que Adriana llegara a nuestras vidas, nuestras mañanas eran algo más lentas (y también más silenciosas), y a menudo me dedicaba a pensar en nuevas creaciones para el desayuno, al menos una vez a la semana. Ahora estamos ocupados alimentando a una bebé en edad de andar que crece a toda velocidad. Por eso me gusta tener unas cuantas recetas de desayuno sencillas que sean nutritivas y gusten a mi familia.

Me encantan los desayunos que pueden prepararse (al menos en parte) la noche antes, como el *bol energético de gachas calientes de la noche a la mañana* (página 75) o las *gachas de avena irlandesa para hacer en un momento* (página 62); las dos son recetas reconfortantes, para el tiempo invernal (sin embargo, hemos descubierto que también nos encantan frías). Además, me gustan los desayunos que pueden congelarse y descongelarse para usarlos por la mañana, como las *galletas con relleno de mermelada y mantequilla de cacahuetes* (página 67), la *granola de supersemillas con vainilla y virutas de coco* (página 58) y las *barritas energéticas con crocante de avena y fresas* (página 73). Es raro que no tenga en la nevera alguna granola o barritas energéticas para desayunar. Por supuesto, los batidos son un básico en mis rutinas matinales, como has podido comprobar en el capítulo anterior. Tomamos batidos todos los días (sí, hasta en invierno), a menudo como combustible para el cuerpo antes o después del ejercicio (ver «Batidos y batidos en bol», página 27).

Los fines de semana llevamos un ritmo algo más reposado y me encanta dedicar algo más de tiempo a preparar un desayuno-almuerzo con platos salados, como la *tostada con hummus, aguacate y nueve especias* (página 64), los *frijoles rancheros* (página 77) o el *picadillo tostado para desayunar* (página 81). Todas estas recetas también sirven como desayuno sustancioso.

Granola de supersemillas con vainilla y virutas de coco

VEGANA, SIN GLUTEN, SIN FRUTOS SECOS, SIN SOJA, PARA NIÑOS, SE PUEDE CONGELAR

PARA 6²/₃ TAZAS (1,65 L) O 20¹/₃ TAZAS (75 ML)

TIEMPO DE PREPARACIÓN: 20 MINUTOS

TIEMPO DE COCCIÓN: 23 A 28 MINUTOS

He preparado montones de recetas de granola, pero todas con frutos secos. Por eso me emociona tanto esta receta de granola que no los lleva. Aun así, es increíblemente crujiente y con sabor a frutos secos, pero es perfecta para quien tiene alergia, y a los niños les encanta. Lo mejor de todo es su increíble aroma tostado a coco, vainilla, canela y arce, un olor que deleitará a los de casa mientras horneas la receta. Debes usar copos grandes de coco (o virutas de coco crudo) en lugar de coco rallado. Las virutas le dan su textura crujiente. Prueba esta granola sobre el *bol energético de gachas calientes de la noche a la mañana* (página 75), cualquier batido en bol (ver «Batidos y batidos en bol», página 27) o la *avena tropical de la noche a la mañana* (página 85) y disfrútalas comiéndolas como refrigerio.

1. Precalienta el horno a 150 °C. Coloca una bandeja de horno supergrande (38 x 53 cm) y cúbrela con papel de hornear.

2. En un bol grande, mezcla los copos de coco, la avena, las semillas de calabaza, los corazones de cáñamo, las semillas de girasol, el azúcar, la canela y la sal.

3. Funde el aceite de coco en una cacerola pequeña y retíralo del fuego. Añade el jarabe de arce, la mantequilla de semillas de girasol y el extracto de vainilla, hasta que se mezclen bien. Añade las vainas de vainilla (o la vainilla en polvo), y si usas vainas de vainilla, resérvalas.

4. Añade la mezcla húmeda sobre la seca y remuévelo todo hasta que los ingredientes secos estén cubiertos por completo.

5. Coloca la mezcla de granola en la bandeja del horno (junto con las vainas de vainilla que has reservado, si las utilizas). Distribuye la granola uniformemente.

6. Hornéalo durante 15 minutos. Retira la bandeja del horno y remueve. Hornea la granola de 8 a 13 minutos más, hasta que comience a dorarse un poco por los bordes. La granola quedará suave cuando la saques del horno, pero se endurecerá a medida que se enfríe. Deja que se enfríe por completo en la bandeja del horno, 1 hora aproximadamente, y luego guárdala en tarros de cristal para conservarla. Si has usado vainas de vainilla, puedes ponerlas en los tarros para que la granola tome más aroma a vainilla.

7. La granola se conserva en un envase hermético de tres a cuatro semanas, o también puedes congelarla durante un par de meses. Mi método de conservación favorito es guardarla congelada en bolsas con autocierre para poder descongelar el número de porciones que necesite. Asegúrate de sacar todo el aire antes de cerrar las bolsas.

- 2½ tazas (625 ml) de copos grandes de coco sin edulcorar

- 2 tazas (500 ml) de copos de avena sin gluten

- ¾ de taza (175 ml) de semillas de calabaza crudas

- ½ taza (125 ml) de corazones de cáñamo

- ¼ de taza (60 ml) de semillas de girasol crudas o más semillas de calabaza crudas

- 2 cucharadas (30 ml) de azúcar de coco o de tu edulcorante granulado favorito

- 1½ cucharaditas (7 ml) de canela en polvo

- ½ cucharadita (2 ml) de sal marina fina

- ⅓ de taza más 1 cucharada (90 ml) de aceite virgen de coco derretido

- ⅓ de taza más 2 cucharadas (105 ml) de jarabe de arce

- 2 cucharadas (30 ml) de *mantequilla casera de semillas de girasol* (página 107) o comprada en la tienda

- 1 cucharadita (5 ml) de extracto puro de vainilla

- 2 vainas de vainilla, cortadas a lo largo y sin semillas, o ½ cucharadita (2 ml) de semillas de vainilla en polvo

Sugerencias: Si quieres puedes sustituir las semillas por frutos secos (como nueces o almendras laminadas) si tu dieta te lo permite. También puedes sustituir la mantequilla de semillas de girasol por mantequilla de frutos secos, si lo prefieres.

Leche de avellanas como la de la cafetería

VEGANA, SIN GLUTEN, SIN SOJA, SIN CEREALES, SIN ACEITE, PREPARACIÓN PREVIA
PARA 3½ TAZAS (875 ML)
TIEMPO DE REMOJO: 1 A 12 HORAS
TIEMPO DE PREPARACIÓN: 10 MINUTOS

El colmo del sibaritismo, exquisita y totalmente digna de celebración, esta leche casera de avellanas es apta para una cafetería *gourmet*. Es perfecta para una taza de café o té negro, así como para preparar cafés con leche de origen no animal. La versión supersibarita lleva un poco de cacao en polvo sin edulcorar y un toque de jarabe de arce para conseguir un sabor cremoso de chocolate caliente o unas especias chai para un reconfortante café con leche chai. Yo uso una mezcla de avellanas y almendras para preparar esta receta, pero puedes emplear solo avellanas si disfrutas de su sabor único. Puedes tomar esta leche sola, añadirle cereales o batidos o usarla para preparar gachas calientes o frías remojadas toda la noche con una textura especialmente cremosa. No importa cómo la uses, te encantarán sus notas ligeras de caramelo (gracias a los dátiles), canela y vainilla. Si no tienes una bolsa para preparar leches de frutos secos (ver la página 24), puedes usar un tamiz de malla fina forrado con gasa. La leche no quedará tan lisa, pero si la cuelas varias veces, obtendrás un buen resultado.

- ¾ de taza (175 ml) de avellanas crudas
- ¼ de taza (60 ml) de almendras crudas
- 3½ tazas (875 ml) de agua
- 3 dátiles Medjool grandes sin hueso o 1 a 2 cucharadas (15 a 30 ml) de jarabe de arce, o al gusto
- 1 vaina de vainilla, cortada o ½ a 1 cucharadita (2 a 5 ml) de extracto puro de vainilla, o al gusto
- ½ cucharadita (2 ml) de canela en polvo
- 1 pizca de sal marina fina

1. Coloca las avellanas y las almendras en un bol y cúbrelas con entre 5 y 8 cm de agua. Déjalas en remojo toda la noche, de 8 a 12 horas. Lávalas con agua y escúrrelas.

2. Coloca los frutos secos en la batidora con el resto de los ingredientes. Tritúralos durante aproximadamente 1 minuto.

3. Coloca la bolsa para preparar leche de frutos secos sobre un bol grande y vierte el líquido en ella. Escurre con suavidad la base de la bolsa para extraer la leche. Este proceso puede llevarte de 3 a 5 minutos. Debería quedarte entre ¾ y 1 taza (175 a 250 ml) de pulpa en la bolsa (consulta las sugerencias para saber cómo usar la pulpa sobrante).

4. Con un embudo, traspasa la leche desde el bol a un frasco de vidrio grande y ponle una tapa. Déjalo enfriar en la nevera. La leche se mantendrá fresca durante dos o tres días. Cada vez que vayas a servirte leche del frasco, agítalo bien antes.

Sugerencias: Si los dátiles o la vainilla están secos o duros, sumérgelos en agua hirviendo para suavizarlos antes de usarlos, de 20 a 30 minutos. Un método de remojo rápido es sumergir las avellanas y las almendras en agua hirviendo durante 1 hora. Una idea para usar la pulpa sobrante es esparcirla sobre una bandeja de horno y dejarla en el horno precalentado a 150 °C de 25 a 30 minutos, hasta que se dore un poco en algunos puntos. Luego deja que se enfríe completamente antes de guardarla. Puedes usar la pulpa tostada en recetas de granola o en cualquier ingrediente al horno con el que creas que combinará bien.

Para preparar leche de almendras y anacardos: Usa 1/2 taza (125 ml) de anacardos crudos en lugar de avellanas y aumenta la cantidad de almendras a 1/2 taza (125 ml). Sigue las mismas instrucciones.

Para preparar leche de almendras: Usa 1 taza (250 ml) de almendras crudas en lugar de avellanas. Sigue las mismas instrucciones.

Gachas de avena irlandesa para hacer en un momento

VEGANA, SIN GLUTEN, VERSIÓN SIN FRUTOS SECOS, SIN SOJA, PREPARACIÓN PREVIA, PARA NIÑOS

3 RACIONES

TIEMPO DE REMOJO: TODA LA NOCHE

TIEMPO DE PREPARACIÓN: 5 MINUTOS

TIEMPO DE COCCIÓN: 9 A 11 MINUTOS

Me encanta la avena irlandesa, pero casi nunca la preparaba porque necesita al menos media hora en el fogón. Hasta que al final encontré una manera de reducir el tiempo de cocción casi el 75 % remojando la avena la noche antes. Ahora me resulta tan fácil y rápida de preparar que la tomo habitualmente para desayunar. Al ponerla en remojo, el grano se expande y se suaviza, así que bastan 10 minutos de cocción. No debe preocuparte que así se pierda la textura característica de la avena, porque no ocurrirá. La avena retiene su deliciosa cremosidad y textura. Esta receta incluye plátano machacado y canela, lo que la convierte en una rica versión en bol del bizcocho de plátano. También es suficiente para desayunar. A menudo tomo las sobras frías, directas de la nevera, con un chorro de jarabe de arce. Una delicia.

1. Pon la avena en un tazón mediano y cúbrela con 5 cm de agua. Déjala en remojo durante toda la noche sobre la encimera de la cocina, sin taparla. Por la mañana, cuela y enjuaga la avena con agua.

2. En una olla mediana, derrite el aceite de coco a fuego lento. Agrega la avena. Sube a fuego medio y tuéstala en el aceite durante unos minutos, removiéndola con frecuencia.

3. Agrega la leche, el plátano, el azúcar (si usas), la canela y la sal. Cocina la mezcla a fuego lento, removiendo con frecuencia, entre 9 y 11 minutos, hasta que se espese. Retírala del fuego y añade la vainilla.

4. Repártela en tazones y añade los aderezos que te apetezca. Puedes conservar las sobras en un recipiente hermético en la nevera de tres a cinco días.

Sugerencias: Para conseguir un sabor a vainilla intenso en esta receta, añade semillas de vainilla. También es deliciosa con un poco de cáscara de limón recién rallada. La marca de avena Bob's Red Mill Quick Cooking Steel Cut Oats queda bien en esta receta, solo ten en cuenta que no certifican que no contenga gluten. Deja la avena a remojo durante la noche y enjuágala antes de usarla, pero utiliza solo de 3/4 a 1 taza (175/250 ml) de leche de almendras al preparar la avena. O si usas la avena que mencioné antes, de cocción rápida, no hace falta que la pongas a remojo, basta enjuagarla antes de cocerla de 5 a 7 minutos en 1 1/2 o 1 3/4 tazas (375/425 ml) de leche de almendras.

Versión sin frutos secos: Cambia la leche de almendras por una leche vegetal que no sea de frutos secos, como la de coco. Cubre la avena con semillas tostadas, en lugar de con frutos secos, o con la *granola de supersemillas con vainilla y virutas de coco* (página 58), que no lleva frutos secos.

PARA LAS GACHAS

1 taza (250 ml) de avena irlandesa sin gluten

1 cucharada (15 ml) de aceite virgen de coco

1¾ tazas (425 ml) de leche de almendras casera (página 61) o comprada en la tienda

1 plátano maduro grande aplastado

2 cucharaditas (10 ml) de azúcar de coco (opcional)

1½ cucharaditas (7 ml) de canela en polvo

1 pellizco generoso de sal marina fina

1 a 1½ cucharaditas (5 a 7 ml) de extracto puro de vainilla, o al gusto

IDEAS PARA ADEREZOS

Bocados de granola con almendras y avellanas tostadas (página 99)

Cerezas frescas deshuesadas, otras bayas o plátano en rodajas

Nueces tostadas picadas

Copos de coco grandes o coco rallado tostado sin edulcorar

Mantequilla de semillas o de frutos secos

Jarabe de arce

Tostada con *hummus*, aguacate y nueve especias

VEGANA, VERSIÓN SIN GLUTEN, SIN FRUTOS SECOS, SIN SOJA, PREPARACIÓN PREVIA, PARA NIÑOS
PARA 4 TOSTADAS (2 RACIONES)
TIEMPO DE PREPARACIÓN: 10 MINUTOS
TIEMPO DE COCCIÓN: 5 MINUTOS

Ya conoces aquella vieja pregunta: «¿Qué comida podrías comer todos los días durante el resto de tu vida?». Bueno, pues yo estoy bastante segura de que esta sería mi respuesta. Las tostadas de aguacate no son nada nuevo para la mayoría de nosotros, pero puedo prometerte que nunca has probado una tan sabrosa. El secreto está en la *mezcla de nueve condimentos* (página 297) hecha en casa, que es increíblemente sabrosa, un poco ahumada y ligeramente dulce. Me gusta tener esta mezcla a mano para que esté preparada cada vez que tengo un antojo (que es a menudo). Esta receta se empieza dejando reposar la tostada con ajo fresco. Una vez que la pruebes así, no volverás a hacer una tostada de aguacate sin ajo. Luego la cubres con *hummus*, aguacate en rodajas, una cantidad generosa de mezcla de especias, pimienta roja en hojuelas, sal marina y un chorro de aceite de oliva. Te recomiendo tener todos estos ingredientes listos antes de poner la tostada en la tostadora. De esa manera, una vez que el pan tostado salte, basta ponerlos encima para comerla. Esta receta es para dos porque si hay alguien en tu casa mientras la comes, lo más probable es que le entre un deseo irrefrenable de probarla cuando la vea. Hablo por experiencia. Sin embargo, si la preparas solo para ti, puedes simplemente usar la mitad de las cantidades que indico.

- 4 rebanadas de tu pan favorito
- 1 diente de ajo grande, cortado a lo largo por la mitad
- ¼ de taza (60 ml) de *Hummus de ajo y limón para todos los días* (página 121) o del *hummus* que prefieras
- 1 aguacate Hass, sin hueso y en rodajas
- 1 a 2 cucharaditas (5 a 10 ml) de *Mezcla de nueve condimentos* (página 297), o al gusto

Sal marina fina

Pimienta roja en hojuelas (opcional)

- 2 cucharaditas (10 ml) de aceite de oliva virgen extra o aceite de aguacate
- 1 limón o 1 lima exprimido, para servir (opcional)

1. Tuesta el pan hasta que esté dorado y bastante crujiente, ya que debe resistir bien los ingredientes sin empaparse.
2. Frota el ajo, el lado cortado hacia abajo, sobre cada trozo de pan tostado. Esto impregnará el pan con sabor a ajo sin que sea demasiado intenso.
3. Esparce 1 cucharada (15 ml) de *hummus* sobre cada rebanada de pan tostado y cúbrelo con rodajas de aguacate.
4. Agita la mezcla de especias para combinarla, si hace falta, y espolvorea de 1/4 a 1/2 cucharadita (1 a 2 ml) sobre cada rebanada de pan tostado.
5. Añade sal y pimienta roja en hojuelas (si la utilizas) al gusto y un chorro de aceite de oliva y zumo de limón, si lo deseas. Sírvelo al momento.

Sugerencia: ¿Tienes poco tiempo? Esta tostada también está muy rica sin la mezcla de especias.

Versión sin gluten: Usa pan sin gluten (ya ves que me gusta decir cosas obvias).

Galletas con relleno de mermelada y mantequilla de cacahuetes

VEGANA, SIN GLUTEN, VERSIÓN SIN FRUTOS SECOS, SIN SOJA, SIN ACEITE,
PREPARACIÓN PREVIA, SE PUEDE CONGELAR
PARA NIÑOS, SE PUEDE CONGELAR
PARA 8 GALLETAS GRANDES
TIEMPO DE PREPARACIÓN: 10 MINUTOS
TIEMPO DE COCCIÓN: 12 MINUTOS

Estas saludables galletas son suaves, muy densas y ligeramente dulces gracias al plátano fresco maduro. Los copos de avena les dan una agradable textura. Yo las veo como una versión de las gachas, pero para llevar. También son una opción perfecta para desayunar fuera de casa. Eso si puedes aguantar sin comerlas antes (yo nunca puedo). Prepáralas al principio de la semana y toma unas cuantas al salir de casa en una de esas mañanas atareadas, o simplemente tenlas a mano para tomar un refrigerio saludable. Diviértete agregando diferentes mezclas a la receta, como nueces picadas o semillas, o usando mermeladas de diferentes sabores. Siempre guardo algunas en el congelador para más tarde, porque se congelan y descongelan maravillosamente.

1. Precalienta el horno a 180 °C. Cubre una bandeja con papel de hornear.
2. Añade la avena al vaso de un robot de cocina y bátela hasta que quede parcialmente triturada. No la conviertas en polvo, se trata de que la avena conserve algo de textura.
3. Pon los copos en un bol grande. Añade el plátano, las semillas de chía, la canela y la sal y mézclalo.
4. Con una cuchara de helado con muelle interior, haz 8 montones con la masa y ponlos separados un mínimo de 2,5 cm sobre la bandeja del horno. Presiona sobre cada montón de masa con el pulgar para crear un hoyito. Luego llénalo con 1 cucharadita colmada de mermelada (6 ml).
5. Hornea las galletas de 11 a 13 minutos, hasta que estén algo firmes, pero suaves y con textura de masa en el medio.

2 tazas (500 ml) de copos de avena sin gluten

1 taza (250 ml) de plátano muy maduro, aplastado (unas 2 piezas extragrandes)

3 cucharadas (45 ml) de semillas de chía o de linaza en polvo

1 cucharadita (5 ml) de canela en polvo

⅛ de cucharadita (0,5 ml) de sal marina fina

8 cucharaditas colmadas (50 ml) de *mermelada de bayas y semillas de chía* (página 69) o de tu mermelada favorita

¼ de taza (60 ml) de mantequilla suave de cacahuetes, de almendras o de semillas de girasol, para servir (opcional)

Aceite o mantequilla de coco, para servir (opcional)

Colócalas en un estante o en la encimera y déjalas enfriar durante unos 10 minutos.

6. Pon la mantequilla de cacahuetes en una manga pastelera y viértela sobre las galletas. También puedes saltarte este paso y disfrutar las galletas tal cual o servirlas con un poco de aceite o mantequilla de coco. Puedes guardarlas en un recipiente hermético en la nevera unos días o guardarlas envueltas en plástico o en una bolsa con autocierre en el congelador entre dos y tres semanas.

Versión sin frutos secos: No uses la mantequilla de cacahuetes; en su lugar utiliza mantequilla de semillas de girasol.

Mermelada de bayas y semillas de chía

VEGANA, SIN GLUTEN, SIN FRUTOS SECOS, SIN SOJA, SIN CEREALES, SIN ACEITE, PARA NIÑOS, SE PUEDE CONGELAR

PARA 1⅓ A 1½ TAZAS (325 A 375 ML)

TIEMPO DE PREPARACIÓN: 5 MINUTOS

TIEMPO DE COCCIÓN: 13 A 22 MINUTOS

Durante años, cuando quería preparar una mermelada de forma rápida y fácil, la mermelada de semillas de chía fue mi elección. Aunque no es ni de lejos una mermelada tradicional, la verdad es que cuando tomo esta jalea fresca no echo nada de menos el azúcar refinado de las versiones tradicionales. Puedes usar las bayas que más te gusten y divertirte cambiando los añadidos, como zumo o corteza rallada de limón, zumo o corteza rallada de naranja, extracto o semillas de vainilla, canela, cardamomo y cualquier otra especia o extracto que te guste. Puesto que las bayas tienen distintos grados de dulzura, no hay problema en ajustar la cantidad de edulcorante en cada caso, a tu gusto. Te agradará saber que la mermelada de semillas de chía también se congela muy bien. Disfruto llenando con ella algunos moldes de silicona para minimagdalenas y congelándolos hasta que se solidifican. Luego extraigo la mermelada congelada y la guardo en una bolsa para congelados. Así tienes mermelada de semillas de chía siempre que la necesites. Solo tienes que dejar que se descongele en la nevera o a temperatura ambiente. Si preparo gachas durante la noche, a menudo descongelo un cubo de mermelada de semillas de chía mientras los copos de avena se espesan. Luego por la mañana todos los ingredientes están listos para usar. ¿Cómo puede ser tan fácil?

1. Pon las bayas, el jarabe de arce y la sal en una olla mediana y mézclalos bien. Cocínalo todo de 5 a 7 minutos a fuego medio-alto hasta que las bayas se hayan ablandado (soltarán mucho líquido durante este tiempo).

2. Baja el fuego y pasa con cuidado las bayas por un paspurés hasta que la mezcla quede fina. La mermelada todavía estará aguada en este punto, pero es lo normal.

3 a 4 tazas (750 ml a 1 l/unos 475 g) de fresas heladas, frambuesas, cerezas dulces deshuesadas o arándanos azules; también puedes usar una mezcla de todos ellos

¼ de taza (60 ml) de jarabe de arce, o al gusto

1 pizca de sal marina fina

2 cucharadas (30 ml) de semillas de chía

½ cucharadita (2 ml) de extracto puro de vainilla

½ cucharadita (2 ml) de vainilla en polvo, o 1 vaina de vainilla, cortada a lo largo y sin semillas

Zumo de 1 limón (opcional)

3. Agrega las semillas de chía y mézclalas bien. Hiérvelo todo a fuego medio o bajo, removiendo con frecuencia (reduce el calor si es necesario para evitar que se pegue) entre 8 y 15 minutos más, hasta que se evapore la mayor parte del líquido y la mezcla se espese un poco.

4. Retira la mezcla del fuego y agrega el extracto de vainilla, la vainilla en polvo y el zumo de limón, si lo vas a utilizar. Transfiere la mezcla a un tazón y ponlo en la nevera sin tapar al menos un par de horas. Para que se enfríe más rápido, coloca la mermelada en el congelador, sin tapar, durante 45 minutos, removiéndola cada 15 minutos. La mermelada de semillas de chía puede conservarse en un recipiente hermético en la nevera durante un máximo de dos semanas. En el congelador aguanta de uno a dos meses.

Para la mermelada de fresas y semillas de chía: Usa 3 1/2 tazas (unos 875 ml/475 g) de fresas congeladas, 1/4 de taza (60 ml) de jarabe de arce, una pizca de sal, 2 cucharadas (30 ml) de semillas de chía, 1 cucharadita (5 ml) de zumo de limón recién exprimido y 2 vainas de vainilla sin semillas o 1/2 cucharadita (2 ml) de extracto puro de vainilla en polvo.

Para la mermelada de semillas de chía con almendras y frambuesas: Usa 2 1/2 tazas (625 ml/300 g) de frambuesas congeladas o frescas, 1/4 de taza (60 ml) de jarabe de arce, 2 cucharadas (30 ml) de semillas de chía, 1/4 de cucharadita (1 ml) de extracto puro de almendras y un pellizco de sal marina fina.

Barritas energéticas con crocante de avena y fresas

VEGANA, SIN GLUTEN, **SIN FRUTOS SECOS**, SIN SOJA, PREPARACIÓN PREVIA, PARA NIÑOS, SE PUEDE CONGELAR
12 A 16 RACIONES
TIEMPO DE PREPARACIÓN: **20 A 25 MINUTOS**
TIEMPO DE COCCIÓN: 33 A 40 MINUTOS

Estas deliciosas barritas para comer en cualquier momento pueden llevarse en la fiambrera, no tienen gluten y están hechas de mermelada de semillas de chía con fresas y vainilla, sin azúcar añadido. (Con la mermelada de chía, las barritas serán ligeramente dulces; si utilizas una comprada, lo serán mucho más). Es difícil resistirse a comerlas después de cortarlas, pero en realidad saben mejor al día siguiente, después de que los sabores han tenido la oportunidad de mezclarse en la nevera durante la noche. También te recomiendo elaborar la mermelada de chía por anticipado, para que se enfríe en la nevera antes de preparar la receta. Una vez frías, las barritas se vuelven sólidas gracias al aceite de coco, pero verás que al comerlas se ablandan y prácticamente se derriten en la boca. ¡Riquísimas! De cualquier manera, te enloquecerá la cubierta de mantequilla de semillas de girasol. Disfruta las barritas como desayuno rápido, con un té o un café, como un refrigerio por la tarde cuando necesitas energía o como postre, calientes con una bola de helado (te recordará a un crujiente de bayas y granola).

1. Puedes tostar las semillas de girasol si lo deseas. Precalienta el horno a 160 °C. Extiende las semillas sobre una bandeja para hornear grande con borde, distribuyéndolas en una capa uniforme. Hornéalas de 9 a 12 minutos, hasta que estén ligeramente doradas en algunos lugares. Retíralas y resérvalas.

2. Aumenta la temperatura del horno a 180 °C. Prepara una bandeja cuadrada de 2,5 l (de 2 l si quieres barritas algo más gruesas) con papel de hornear, dejando que el papel sobresalga un poco para que sea fácil levantar las barritas más tarde.

- 1¼ tazas (300 ml) de *mermelada de bayas y semillas de chía* (página 69) o de mermelada comprada envasada

- 1 taza (250 ml) colmada de semillas de girasol

- 3 tazas (750 ml) de copos de avena sin gluten

- ¼ de cucharadita más ⅛ de cucharadita (1,5 ml) de sal marina fina

- ½ taza (125 ml) de aceite virgen de coco

- ¼ de taza (60 ml) de jarabe de arce

- 3 cucharadas (45 ml) de jarabe de arroz integral

- 1 cucharada (15 ml) de *mantequilla casera de semillas de girasol* (página 107) o comprada en la tienda

Sugerencia: Si tienes un robot de cocina con una capacidad menor de 11 tazas (2,6 l), es posible que necesites procesar la corteza en dos tandas y luego agitarlo todo en un recipiente grande antes de medir.

3. Mezcla las semillas de girasol, la avena y la sal en un robot de cocina y tritúralo todo hasta conseguir la consistencia de una harina gruesa.

4. Derrite el aceite de coco a fuego lento en una cacerola pequeña. Retírala del fuego y añade el jarabe de arce, el jarabe de arroz integral y la mantequilla de semillas de girasol y mézclalos bien. Vierte la mezcla húmeda encima de la mezcla de avena en el procesador de alimentos y procésalo de 10 a 15 segundos. La masa debe quedar muy pesada y grasa, y sin ningún grumo seco. Si lo hay, procesa la mezcla durante 5 segundos más. Si por alguna razón todavía sigue demasiado seca, añade 1 cucharadita de agua (5 ml) cada vez y vuélvelo a procesar hasta que se mezcle.

5. Separa 1 1/4 tazas (300 ml) de la mezcla de avena y resérvala para el aderezo. Extiende la mezcla de avena restante sobre la base de la cacerola distribuyéndola en una capa uniforme. Desde el centro, empuja hacia abajo con los dedos (puedes mojarlos ligeramente si se te pega la mezcla) para extenderla, formando la base de las barritas. Trabaja bien la masa e iguala los bordes con las yemas de los dedos. Pínchala con un tenedor unas nueve veces para permitir que escape el vapor.

6. Hornea la base de las barritas durante 10 minutos. Retírala del horno y déjala enfriar 5 minutos. (Si se ha hinchado al hornearla, presiónala suavemente y soltará el aire). Unta una capa uniforme de mermelada sobre la corteza. Espolvorea por encima la mezcla de avena que reservaste.

7. Hornéala sin taparla de 14 a 18 minutos más, hasta que la cobertura quede ligeramente firme (no cambiará a color dorado, seguirá teniendo el mismo color que antes de hornearla). Déjalas enfriar en la bandeja o sobre una rejilla de 45 a 60 minutos; luego transfiérela al congelador durante 30 minutos hasta que esté completamente fría. Levanta el bloque y córtalo en cuadrados o barras. Puedes guardar en la nevera las sobras, dentro de un recipiente hermético, durante varios días, o envolverlas y conservarlas en el congelador de cuatro a cinco semanas.

Bol energético de gachas calientes de la noche a la mañana

VEGANA, SIN GLUTEN, SIN SOJA, SIN ACEITE, PREPARACIÓN PREVIA
PARA 1 BOL GRANDE (UNA 1½ TAZAS/375 ML)
TIEMPO DE REMOJO: 8 HORAS O TODA LA NOCHE
TIEMPO DE PREPARACIÓN: 5 MINUTOS
TIEMPO DE COCCIÓN: 3 MINUTOS

Este es un bol de avena caliente bien sencillo, bastan unos pocos minutos por la mañana para prepararlo. Al poner la avena a remojo durante la noche, reduces considerablemente el tiempo de cocción necesario. Todo lo que tienes que hacer es calentar la avena al fuego 1 o 2 minutos antes de tomarla, y ya está lista. Este es mi desayuno favorito durante la época más fría del otoño y los meses de invierno, y es un básico para cualquier temporada atareada. Es tan fácil y nutritiva que durante las semanas que siguieron al nacimiento de Adriana, prácticamente viví de esta receta. En el verano, basta con poner a remojo los ingredientes por la noche para tener listo un bol frío por la mañana; ni siquiera hace falta calentarlo.

1. La noche antes, en un bol mediano, mezcla el plátano, las semillas de chía, la avena, la canela, la leche, el agua, la vainilla (si la utilizas) y la sal. Tápalo y déjalo en la nevera toda la noche.

2. Por la mañana, pon la mezcla en una cacerola mediana y hazla hervir a fuego medio o alto, removiendo con frecuencia. Baja el fuego a medio-bajo y sigue hirviéndola, removiendo con frecuencia, hasta que esté caliente y se espese, unos 2 o 3 minutos.

3. Vierte las gachas en un bol. Adereza con los ingredientes que te apetezca y tómalas inmediatamente.

PARA LAS GACHAS

- 1 plátano maduro mediano, aplastado
- 2 cucharadas (30 ml) de semillas de chía
- ⅓ de taza (100 ml) de copos de avena sin gluten
- ¼ de cucharadita (1 ml) de canela en polvo
- ⅔ de taza (150 ml) de leche de almendras sin edulcorar
- ⅓ de taza (75 ml) de agua
- ½ cucharadita (2 ml) de extracto puro de vainilla (opcional)
- 1 pellizquito de sal marina fina

IDEAS PARA ADEREZOS

- ¼ de taza (60 ml) de granola de supersemillas con vainilla y virutas de coco (página 58) o bocados de granola con almendras y avellanas tostadas (página 99)
- 1 cucharada (15 ml) de almendras laminadas, en remojo o tostadas (ver sugerencia)
- 1 cucharada (15 ml) de semillas de calabaza, empapadas o tostadas (ver sugerencia)
- 1 cucharadita (5 ml) de pasas
- 1 cucharadita (5 ml) de virutas o coco rallado sin edulcorar, tostadas si te gustan
- 1 pellizco de canela en polvo, jengibre y pimienta de Jamaica (o personaliza las especias a tu gusto)
- 1 a 2 cucharaditas (5 a 10 ml) de jarabe de arce o de azúcar de coco, o al gusto

Sugerencia: Me encanta dejar en remojo toda la noche las almendras, las semillas y las pasas en una taza de agua. Esto hace que los frutos secos y las semillas pierdan algunos de sus «antinutrientes» naturales y facilita la digestión, y además deja las pasas esponjosas. Por la mañana basta con lavarlas y escurrirlas antes de añadirlas a las gachas.

Frijoles rancheros

VEGANA, SIN GLUTEN, SIN FRUTOS SECOS, SIN SOJA, VERSIÓN SIN CEREALES, PARA NIÑOS, SE PUEDE CONGELAR

3 O 4 RACIONES

TIEMPO DE PREPARACIÓN: 10 MINUTOS

TIEMPO DE COCCIÓN: 15 MINUTOS

Esta es una opción estupenda para tomar como desayuno salado, y además se prepara en menos de 30 minutos. Es ideal en el apogeo del verano, cuando se disfrutan de verdad los sabores frescos y dulces del maíz, el pimiento y los jugosos tomates *cherry*. Si quieres preparar un *brunch* completo, sirve estos frijoles con mi *tostada con hummus, aguacate y nueve especias* (página 64), el *picadillo tostado para desayunar* (página 81). También puedes servirlos con arroz integral, *patatas rotas crujientes* (página 153) o incluso con maíz asado. Una cucharada de *crema agria de anacardos* (página 299) le da vida a esta receta y agrega un sabor fresco y agrio a un plato de otra manera sería picante e intenso. Me encanta preparar estos rancheros con mi *salsa casera de tomates cherry* (página 90), pero cualquier salsa envasada servirá.

1. Calienta el aceite a fuego medio en una sartén grande o en un *wok*. Añade la cebolla y saltéala durante 5 minutos o hasta que quede transparente.

2. Agrega el pimiento rojo, el jalapeño (si lo usas) y el maíz, y cocínalos 5 minutos más, o hasta que los pimientos se ablanden.

3. Agrega los frijoles, la salsa, el comino, el ajo en polvo y la sal. Con un tenedor, aplasta ligeramente algunos de los frijoles, si lo deseas, dejando la mayor parte de ellos intactos (esto le da al plato una textura similar a la de los frijoles refritos, pero es opcional). Cocínalo de 3 a 5 minutos más, hasta que la mezcla se caliente y las verduras estén tiernas. Agrega el cilantro justo antes de servir.

4. Calienta las tortillas justo antes de servir, si lo deseas (ver sugerencia).

1 cucharada (15 ml) de aceite de oliva virgen extra

1 cebolla pequeña, en dados (1½ tazas/375 ml)

1 pimiento rojo, cortado en tiras

1 jalapeño mediano, sin semillas y en dados (opcional)

½ taza (125 ml) de maíz fresco o congelado

1 lata de 398 ml de alubias negras, escurridas y lavadas con agua, o 1½ tazas (375 ml) de alubias negras cocidas

½ taza (125 ml) de *salsa casera de tomates cherry* (página 90), y algo más para servir

1 cucharadita (5 ml) de comino en polvo

1 cucharadita (5 ml) de ajo en polvo, o al gusto

½ a ¾ de cucharadita (2 a 4 ml) de sal marina fina, o al gusto

1 taza (250 ml) de cilantro fresco, cortado, y algo más para servir

6 a 8 tortillas de maíz o de trigo

1 aguacate grande sin hueso y en rodajas

Zumo de lima recién exprimido, para servir

5. Reparte la mezcla de frijoles sobre las tortillas y sírvelas con aguacate en rodajas, salsa y cilantro. Exprime un poco de zumo de lima sobre cada tortilla.

6. Guarda los frijoles sobrantes en un recipiente hermético en la nevera durante un máximo de tres días, o puedes congelar los rancheros y aguantarán bien un mes. Simplemente monta cada ranchero en una tortilla, enróllala en una capa de papel de hornear y en papel de aluminio, mételos en una bolsa de congelar y luego en el congelador. Para descongelarlos, sácalos de la bolsa y colóquelos en el horno a 200 °C de 20 a 25 minutos, dándoles la vuelta, hasta que se calienten uniformemente.

Versión sin cereales: No utilices el maíz y usa hojas de lechuga en lugar de tortillas.

Sugerencia: Para calentar las tortillas en el horno, precaliéntalo a 180 ° C y envuelve hasta 6 tortillas en papel de aluminio. Colócalas directamente sobre la parrilla del horno y caliéntalas entre 15 y 20 minutos, hasta que se calienten uniformemente. En el microondas, coloca un máximo de 6 tortillas en un plato grande y cúbrelas con un papel de cocina húmedo. Caliéntalas en intervalos de 20 segundos hasta que estén a la temperatura que te guste. Para recalentarlas al fuego, coloca una tortilla en una sartén sin aceite y caliéntala a fuego medio durante unos 30 segundos por cada lado.

Picadillo tostado para desayunar

VEGANA, SIN GLUTEN, SIN FRUTOS SECOS, SIN SOJA, SIN CEREALES, PARA NIÑOS
6 RACIONES DE GUARNICIÓN
TIEMPO DE PREPARACIÓN: 10 MINUTOS
TIEMPO DE COCCIÓN: 25 A 35 MINUTOS

He creado este sencillo guiso de patatas como una posible guarnición para los *frijoles rancheros* (página 77) y para la *tostada con hummus, aguacate y nueve especias* (página 64). Si lo que necesitas es un *brunch* fabuloso, sirve las tres recetas juntas y el *batido de jengibre, mango y té matcha* (página 43) o el *batido detox para desayunar* (página 37). La *mezcla de nueve condimentos* (página 297) le da a este guiso un sabor ahumado y dulce, y las texturas de los boniatos cremosos y de las crujientes y mantecosas patatas fingerling combinan maravillosamente. Para un aderezo sibarita, añade una *crema de cilantro y aguacate* (página 196). Y si no encuentras patatas fingerling, usa rojas o la variedad Yukon Gold.

1. Precalienta el horno a 220 °C. Pon papel de hornear sobre una bandeja grande con bordes.
2. Coloca los boniatos y las patatas en un bol grande y mézclalos con el aceite. Espolvorea por encima la *mezcla de nueve condimentos*, ajo en polvo y sal, y mézclalo todo.
3. Ponlo todo en una bandeja, distribuyéndolo en una capa uniforme, sin que los trozos se monten unos sobre otros.
4. Ásalos durante 15 minutos, dales la vuelta y ásalos de 10 a 20 minutos más, hasta que los notes tiernos al pincharlos con un tenedor y estén ligeramente tostados por la base. Sírvelos al momento.

450 g de boniatos, con piel, cortados en trozos o dados de 1 cm (3½ tazas/875 ml)

450 g de patatas de la variedad fingerling, con piel, cortadas en trozos o dados de 1 cm (3 tazas/750 ml)

2 cucharadas más 2 cucharaditas (40 ml) de aceite de oliva virgen extra o aceite de aguacate

1 cucharada (15 ml) de *mezcla de nueve condimentos* (página 297)

½ cucharadita (2 ml) de ajo en polvo

½ a ¾ de cucharadita (2 a 4 ml) de sal marina fina, o al gusto

Patatas asadas con curri: Corta en dados 900 g de patatas Yukon Gold, fingerling o rojas sin pelar y sustituye la *mezcla de nueve condimentos* por 1 cucharada (15 ml) de curri en polvo de buena calidad (a mí me encanta la marca Simply Organic).

Desayuno de boniatos ahumados: Corta en dados 900 g de boniatos con piel (no utilices las patatas fingerling) y sustituye la *Mezcla de nueve condimentos* por las siguientes especias: 1½ cucharaditas (7 ml) de pimentón, 1 cucharadita (5 ml) de cilantro en polvo, ½ cucharadita (2 ml) de comino molido, ½ cucharadita (2 ml) de ajo en polvo, ½ a ¾ de cucharadita (2 a 4 ml) de sal (o al gusto) y ¼ de cucharadita (1 ml) de cayena. Espolvorea por encima cilantro fresco picado y zumo de lima recién exprimido.

Versión sin frutos secos: Sustituye la leche de almendras por leche sin frutos secos y las pecanas o las nueces por semillas de calabaza.

Para la avena de la noche a la mañana con bizcocho de plátano: Aplasta 1 plátano grande o 2 pequeños y úsalos en lugar de la manzana. Omite la pimienta de Jamaica y el jengibre y añade en su lugar nuez moscada.

Avena con pastel de manzana de la noche a la mañana

VEGANA, SIN GLUTEN, VERSIÓN SIN FRUTOS SECOS, SIN SOJA, SIN ACEITE, PREPARACIÓN PREVIA, PARA NIÑOS

2 O 3 RACIONES

TIEMPO DE REMOJO: TODA LA NOCHE O 1 HORA COMO MÍNIMO

TIEMPO DE PREPARACIÓN: 10 MINUTOS

Esta receta sabe como una tarta de manzana recién horneada, y a la vez es increíblemente nutritiva y ligera. Lo que suelo hacer es dejar la avena a remojo durante la noche y utilizarla fría por la mañana. Si nunca has probado la avena preparada de este modo, espero que te enamores de su textura suave y cremosa y de lo increíblemente práctico que es prepararla así. La avena remojada por la noche te permite disfrutar de toda la consistencia y textura de este cereal, a la vez que puedes tomarla fría, y eso me encanta; es una opción de desayuno perfecta para los meses de verano. Esta receta es genial para agosto y septiembre, cuando está llegando la temporada de las manzanas pero la temperatura es aún cálida para tomar un desayuno caliente. Para esta receta, mis favoritas son las manzanas Honeycrisp; su sabor dulce y ácido complementa al de la avena fresca, la canela y el jarabe de arce perfectamente. Si en realidad no eres superfan de la avena fría, no te preocupes: también puedes calentarla. Si no tienes ninguna leche vegetal a mano, mi *leche de avellanas como la de la cafetería* (página 60) es un excelente sustituto de la leche de almendras corriente.

1. En un bol mediano, mezcla bien la avena, la leche de almendras, el jarabe de arce, la canela, la vainilla, la sal, la manzana rallada y las semillas de chía. Prueba la mezcla y condiméntala con pimienta de Jamaica y jengibre. Tápala y déjala enfriar en la nevera durante al menos 1 o 2 horas, o toda la noche. La mezcla se espesará y la avena se reblandecerá. Si la mezcla es demasiado espesa para tu gusto, puedes añadir uno o dos chorros de leche de almendras y mezclarlo bien.

2. Repártelo en boles y añade los aderezos que te apetezca. Sírvelo frío o caliéntalo en una cacerola y sírvelo caliente, si lo prefieres. Puedes guardar las sobras en un recipiente hermético en la nevera y aguantarán varios días.

PARA LA AVENA DE LA NOCHE A LA MAÑANA

1 taza (250 ml) de copos de avena sin gluten

1½ tazas (375 ml) de leche de almendras sin edulcorar, más la que sea necesaria

1 cucharada (15 ml) de jarabe de arce

½ a 1 cucharadita (2 a 5 ml) de canela en polvo, o al gusto

½ cucharadita (2 ml) de extracto puro de vainilla

1 pellizquito de sal marina fina

1 manzana Honeycrisp o Gala, con piel, rallada (1 taza colmada/250 ml)

3 cucharadas (45 ml) de semillas de chía

Pimienta de Jamaica molida

Jengibre en polvo

IDEAS PARA ADEREZOS

Pasas o dátiles cortados

Canela en polvo

Nueces o nueces pecanas picadas

Daditos de manzana

Un chorrito de jarabe de arce

Crema de coco montada (página 312)

Avena tropical de la noche a la mañana

VEGANA, SIN GLUTEN, SIN FRUTOS SECOS, SIN SOJA, SIN ACEITE, PREPARACIÓN PREVIA
3 RACIONES
TIEMPO DE REMOJO: TODA LA NOCHE O 1 HORA COMO MÍNIMO
TIEMPO DE PREPARACIÓN: 10 MINUTOS

Esta es una versión tropical ultracremosa de los copos de avena de la noche a la mañana. En lugar de añadir leche de almendras y semillas de chía, en esta receta mezclamos leche de coco ligera, plátano y dátiles. El resultado es una leche verdaderamente sibarita aromatizada con sabores tropicales y veraniegos. Me encanta la textura de la combinación de semillas de chía y de copos de avena en este bol cremoso, y sobre todo adoro que las semillas de chía aporten a la receta un extra de proteínas y calcio. Prepáralo todo antes de irte a la cama y levántate con este desayuno alegre, dulce y energizante. Si te encanta la leche de coco, plátano y dátiles tanto como a mí, puede que acabes tomándola sola, como capricho dulce, como hago yo.

1. En una batidora de alta velocidad, combina la leche de coco, el plátano, los dátiles y la sal. Tritúralo todo a alta velocidad hasta que quede una mezcla de textura suave.

2. Vierte esta mezcla en un bol o en un recipiente con tapa, de tamaño mediano.

3. Mezcla los copos de avena y las semillas de chía con la preparación de leche de coco. Tápalo y déjalo en la nevera toda la noche, o por lo menos 1 hora. La mezcla se espesará y la avena se reblandecerá.

4. Remueve los copos de avena cuando esté fría. Si la mezcla queda demasiado espesa para tu gusto, dilúyela con un poco de leche de coco o de almendras y remuévela otra vez.

5. Reparte la avena en boles y añade tu aderezo favorito, o guárdala con los aderezos en tarros de cristal. Sírvela al momento. Las sobras aguantan bien en un recipiente hermético durante unos días.

PARA LA AVENA DE LA NOCHE A LA MAÑANA

1 lata de 400 ml de leche de coco, y más si hace falta

1 plátano maduro grande, sin piel

3 dátiles Medjool grandes, sin hueso

1 pellizquito de sal marina fina

1 taza (250 ml) de copos de avena sin gluten

3 cucharadas (45 ml) de semillas de chía

Leche de coco o de almendras (opcional)

IDEAS PARA ADEREZOS

Rodajitas de plátano, kiwi y mango

Coco rallado o copos grandes, sin edulcorar, tostados si te gustan más

Granola de supersemillas con vainilla y virutas de coco (página 58)

Sugerencia: Si vas a dejar la mezcla 1 hora enfriándose, asegúrate de refrigerar antes la lata de leche de coco. Esto ayudará a que la avena se enfríe más rápido.

REFRIGERIOS

Una vez probé una desintoxicación solo con zumos. Tras tomar mi primer zumo verde del día, me pareció bastante fácil. Pero las horas iban pasando muy lentas, y después de lo que me parecieron años miré el reloj y solo eran las once de la mañana. «¿Cómo hace esto la gente?» —me pregunté—. Ni siquiera puedo pensar con claridad». Después de cuatro horas de tortura, mi desintoxicación con zumos terminó de golpe. ¿Qué puedo decir? ¡Me encanta comer!

Ahora que tengo una hija, agradezco los refrigerios más que nunca y me encuentro a veces probando tentempiés sanos que también le gustan a ella. Son una forma genial de alimentarte durante un día ocupado, entre las cuatro a seis horas que transcurren entre comidas. En esta sección he incluido una mezcla de caprichos salados y otros ligeramente dulces que van bien para cada ocasión o necesidad. En el lado dulce, el *pudin de semillas de chía con coco* (página 94), los *bocados de granola con almendras y avellanas tostadas* (página 99) y los *buñuelos de masa de galletas* (página 122) son deliciosos y los puedes llevar encima. Mis *barritas energéticas Glo de moca* (página 96), que eran las barritas Glo que más vendía en mi panadería Glo, son fáciles de envolver individualmente para echarlas en tu bolsa cuando sales corriendo por la puerta de casa por la mañana. También se conservan muy bien en el congelador, así que prepara un montón y guarda lo que sobre.

También puedes escoger entre opciones saladas, como mis *galletas saladas de supersemillas con ajo y tomates secados al sol* (página 109) o *galletas saladas para aguantar hasta el final* (página 118) con *salsa casera de tomates cherry* (página 90) y *guacamole superfresco* (página 93), *hummus de tomates secados al sol y ajos asados* (página 113) o *hummus de ajo y limón para todos los días* (página 121). También son siempre una buena opción las tostadas integrales cubiertas con *mermelada de bayas y semillas de chía* (página 69), el plátano en rodajas y *mantequilla casera de semillas de girasol* (página 107) (también para un desayuno rápido), y se mantienen bien en la nevera.

Salsa casera de tomates *cherry*

VEGANA, SIN GLUTEN, SIN FRUTOS SECOS, SIN SOJA, SIN CEREALES, PARA NIÑOS

PARA 2½ TAZAS (625 ML)

TIEMPO DE PREPARACIÓN: 15 MINUTOS

TIEMPO DE REPOSO: 30 MINUTOS

Esta salsa cruda es un ingrediente superfácil de preparar y de improvisar. Después de incontables pruebas en las que la salsa quedaba demasiado aguada, descubrí un truco sencillísimo para crear la textura perfecta. Todo lo que tienes que hacer es poner la mezcla de tomate procesado en un colador encima de un recipiente, echar suficiente sal y dejarla reposar una hora. La salsa perderá una buena cantidad de agua y quedará mucho más espesa. ¡Lo cambia todo! Por favor, no te pierdas la receta del *guacamole superfresco* (página 93), donde encontrarás instrucciones para convertir fácilmente esta salsa en un guacamole que hace la boca agua. Las dos recetas son geniales para servir en fiestas o reuniones con unas cortezas de maíz frito o incluso con *galletas saladas de supersemillas con ajo y tomates secados al sol* (página 109). Esta salsa también está deliciosa con los *frijoles rancheros* (página 77), con mi receta de *los tacos definitivos* (página 227) y con la *ensalada con aguacates rellenos* (página 139). Si quieres puedes sustituir los tomates *cherry* por tomates uva o de invernadero. Si además no eres muy fan del cilantro, puedes ajustar la cantidad a tu gusto o cambiarlo por perejil fresco.

- 1 diente de ajo grande, o al gusto
- 2 cebolletas, cortadas
- 1 jalapeño sin semillas, opcional (deja las semillas si quieres que pique más)
- 1 taza (250 ml) de hojas frescas de cilantro
- 675 g de tomates *cherry*
- ½ a ¾ cucharadita (2 a 4 ml) de sal marina fina, o al gusto
- 3 a 4 cucharaditas (15 a 20 ml) de zumo de lima exprimido, o al gusto
- 1½ cucharadita a 1 cucharada (7 a 15 ml) de aceite de oliva virgen extra, o al gusto
- Pimienta negra recién molida
- Pimienta roja en hojuelas
- Herbamare (página 352) o sal marina fina, para condimentar (opcional)

1. Pica el ajo en un procesador de cocina. Añade las cebolletas, el jalapeño y el cilantro. Procésalo todo hasta que quede picado muy fino.
2. Añade los tomates y mantén el botón pulsado hasta que la mezcla quede con trocitos, o déjala más tiempo procesándose si prefieres una salsa de textura más fina.
3. Pon la salsa en un colador de malla fina, sobre el fregadero o un recipiente grande para recoger el agua que vaya escurriendo. Añade 1/2 cucharadita (2 ml) de sal y sacude suavemente la salsa para que se mezcle. Déjala escurriéndose en el colador durante 30 minutos. Muévela de vez en cuando para ayudar a que se cuele.
4. Cambia la salsa a un bol mediano y añade zumo de lima, aceite de oliva, pimienta negra y pimienta roja en hojuelas al gusto. Yo también le suelo espolvorear generosamente herbamare para intensificar el sabor aún más. Esta salsa cruda está más rica si la comes el mismo día, pero se mantiene fresca en la nevera de 24 a 48 horas si la guardas en un recipiente hermético.

Guacamole superfresco

VEGANA, SIN GLUTEN, SIN FRUTOS SECOS, SIN SOJA, SIN CEREALES, PREPARACIÓN PREVIA
PARA 1½ TAZAS (375 ML)
TIEMPO DE PREPARACIÓN: 5 MINUTOS

Esta es mi receta favorita de guacamole. La improviso cada vez que preparo *salsa casera de tomates cherry* (página 90). Solo tienes que verter esta salsa encima de los cremosos aguacates y condimentarla después de probarla, eso es todo. El guacamole resultante es increíblemente sabroso y fresco y los tomates *cherry* lo hacen un poco más dulce y veraniego que las preparaciones habituales de guacamole. Suelo tomarlo con cortezas fritas de maíz, pero también está buenísimo extendido sobre tortillas, tortitas de arroz o tostadas, o poniendo una cucharada encima de una ensalada o patatas asadas para darles un toque distinto. Hay un montón de formas interesantes de tomarse un guacamole casero.

1. Machaca el aguacate en un bol mediano hasta conseguir la consistencia que te guste.
2. Añade la salsa y condiméntala con herbamare y zumo de lima, o al gusto. El guacamole está más rico si lo comes al momento o pocas horas después de prepararlo, porque el aguacate se oxida rápido. Puedes ayudar a que se conserve más tiempo si lo guardas con el hueso en un recipiente hermético en la nevera.

2 aguacates grandes maduros sin hueso

½ a ¾ de taza (125 a 175 ml) de *salsa casera de tomates cherry* (página 90), o al gusto

Herbamare (página 352) o sal marina fina

Zumo de lima recién exprimido

Pudin de semillas de chía con coco

VEGANA, SIN GLUTEN, SIN FRUTOS SECOS, SIN SOJA, SIN CEREALES, SIN ACEITE,
PREPARACIÓN PREVIA, VERSIÓN PARA NIÑOS, SE PUEDE CONGELAR
PARA 4 POSTRES
TIEMPO DE PREPARACIÓN: 15 MINUTOS
TIEMPO DE REPOSO: TODA LA NOCHE O 3 HORAS COMO MÍNIMO

El pudin de semillas de chía es superfácil de preparar, y está cargado de nutrientes como calcio, hierro, proteínas y ácidos grasos omega-3. Cuando pones las semillas de chía en líquido, se expanden y toman una textura gelatinosa. Así consigues un pudin espeso de textura parecida a la tapioca, en solo unas horas y sin tener que cocinarlo. Me encanta preparar postres helados con mis creaciones de pudin de chía, y esta es una de mis combinaciones de sabor favoritas: coco, fresa y mango con un poco de ralladura de lima o limón, para darle un toque refrescante. Aguanta bien en la nevera un par de días, y lo tienes a mano para llevártelo donde quieras o comértelo por el camino; solo tienes que echar un poco en un tarro de cristal antes de salir de casa. Hace poco descubrí que además el pudin de chía se puede congelar, así que si no tienes intención de tomarlo en unos días, solo debes seguir las instrucciones para congelarlo.

1. Prepara el pudin de semillas de chía en un bol o tarro grande de vidrio, mezclando la leche de coco, las semillas de chía, el jarabe de arce, la vainilla y la sal hasta que todo quede bien mezclado. Ponle la tapa al tarro o cúbrelo con un plástico y déjalo enfriar en la nevera durante al menos 3 horas o toda la noche, hasta que se espese. Remueve la mezcla dos o tres veces durante el tiempo de reposo para que las semillas de chía no se apelmacen.

2. Precalienta el horno a 150 ºC. Distribuye los copos de coco sobre una bandeja pequeña. Dóralos en el horno de 3 a 6 minutos. Ten cuidado de no quemarlos. Deja que se enfríen.

PARA EL PUDIN DE SEMILLAS DE CHÍA
(PARA 2 TAZAS/500 ML)

1 lata de 400 ml de leche de coco ligera

¼ de taza más 1½ cucharaditas (67 ml) de semillas de chía

2 cucharadas (30 ml) de jarabe de arce, o al gusto

½ cucharadita (2 ml) de extracto puro de vainilla, o 1 vaina de vainilla, sin semillas, o ½ cucharadita (2 ml) de vainilla en polvo

1 pizca de sal marina fina

PARA LOS POSTRES HELADOS

¼ de taza (60 ml) de copos grandes de coco o de *Granola de supersemillas con vainilla y virutas de coco* (página 58)

2 mangos Ataúlfo, sin hueso, sin piel y cortados (unas 2 tazas/500 ml)

1½ tazas (375 ml) de fresas frescas cortadas

1 chorrito de jarabe de arce (opcional)

Ralladura de lima o de limón, para servir (opcional)

3. Para el postre helado, toma cuatro tarros de cristal, del tamaño aproximado de 1 taza (250 ml), o copas de helado de vidrio. Llénalos con capas alternas de pudin de chía, mango y fresas (utilizarás 1/2 taza/125 ml de pudin de chía por postre). Repite la operación hasta que cada tarro o copa de helado esté lleno más o menos a 1 cm del borde. Espolvorea 1 cucharada (15 ml) de coco tostado encima de cada uno y luego echa un chorro de jarabe de arce y ralladura de lima o limón, opcionalmente. Tómalo de inmediato o tápalo y guárdalo en la nevera hasta dos días. También puedes conservarlo en una bolsa de congelados, quitando tanto aire como sea posible y cerrándola. Congélalo sobre una superficie plana; en el congelador aguantará hasta un mes. Descongélalo en la nevera y tómalo como harías normalmente.

Sugerencia: Si tu pudin de chía está demasiado líquido después de dejarlo reposando toda la noche, añade 1 cucharada o 2 (15 a 30 ml) de semillas de chía y deja que repose 1 hora o 2 más.

Versión para niños: Sirve rodajas de fruta al lado del pudin de chía para que los niños puedan mojar la fruta en él.

Barritas energéticas Glo de moca

VEGANA, SIN GLUTEN, VERSIÓN SIN SOJA, VERSIÓN PARA NIÑOS, SE PUEDE CONGELAR

PARA 12 BARRITAS

TIEMPO DE PREPARACIÓN: 15 MINUTOS

TIEMPO DE COCCIÓN: 6 A 9 MINUTOS

TIEMPO DE REPOSO: 10 A 15 MINUTOS

Estas barritas tienen el equilibrio perfecto entre el sabor dulce y salado y una textura crujiente y dura. El auténtico secreto, sin embargo, es su sabor y su aroma suave a café, que armoniza a la perfección con el chocolate y la mantequilla de almendras tostadas. Es un tentempié para llevar adonde quieras y tomarlo con un café. Esta era la barrita que más vendía en mi antigua panadería Glo, tanto que solía acabarse en menos de una hora. Para darle un mejor sabor, prefiero usar café recién molido, con cafeína o sin ella, como tú prefieras.

1. Precalienta el horno a 160 °C. Pon papel de hornear sobre una bandeja de 2,5 l, cortado en dos trozos, uno en cada dirección.
2. Distribuye las almendras sobre una bandeja pequeña y tuéstalas en el horno de 6 a 9 minutos, hasta que se doren un poco. Pásalas a una bandeja normal y deja que se enfríen.
3. Muele los granos de café en un molinillo hasta que quede un polvo fino. Si no tienes un molinillo, puedes intentarlo en una batidora. Lo importante es que los granos queden convertidos en un polvo muy fino.
4. Mezcla en un bol grande el café molido, los cereales, las virutas de chocolate, el coco y la sal.
5. En una cacerola pequeña mezcla el jarabe de arroz integral, la mantequilla de almendras y el aceite de coco. Haz hervir la mezcla a fuego lento, removiéndola con cuidado y vigilándola para que no se queme. Luego retírala del fuego. Añade la vainilla.

- ⅓ de taza (75 ml) de almendras crudas picadas
- 2 cucharadas colmadas (40 ml) de granos de café oscuro tostado (puedes usar granos descafeinados, si lo prefieres)
- 1⅓ tazas (325 ml) de copos de avena sin gluten
- 1 taza (250 ml) de arroz crujiente (no arroz hinchado)
- ¼ de taza (60 ml) de virutas de chocolate sin lácteos
- ¼ de taza (60 ml) de coco rallado sin edulcorar
- ¼ de cucharadita (1 ml) de sal marina fina
- ½ taza (125 ml) de jarabe de arroz integral
- ¼ de taza (60 ml) de *mantequilla casera de almendras* (página 103)
- 2 cucharaditas (10 ml) de aceite virgen de coco
- 1 cucharadita (5 ml) de extracto puro de vainilla

6. Añade las almendras tostadas a los ingredientes secos y remuévelos. Al momento, vierte la mezcla de jarabe de arroz integral sobre los ingredientes secos y mézclalo todo hasta que la avena esté completamente cubierta por la mezcla del jarabe. Puede que se te acabe cansando el brazo, pero el esfuerzo vale la pena con tal de no dejar fragmentos secos. Las virutas de chocolate se desharán durante este proceso y darán un sabor uniforme a las barras.

7. Vierte la mezcla en la bandeja que has preparado en el paso 1 y distribúyela de manera uniforme, con las manos un poco húmedas o con una cuchara. Con un rodillo de amasar, si tienes, aplasta la mezcla hasta que quede igualada y fina. O basta con presionarla con fuerza con las manos —cuanto más la aprietes, más firmes serán las barritas—. Presiona la mezcla con las yemas de los dedos en los bordes para que queden rectos.

8. Pon la bandeja en el congelador sin tapar de 10 a 15 minutos, hasta que las barritas sean lo bastante sólidas para cortarlas. Puedes usar un cortador de *pizza* para dividir el bloque en 12 barritas. Envuelve las barritas que sobren en film de plástico y guárdalas en la nevera, en un envase hermético, hasta una semana, o en el congelador hasta cuatro semanas. Las barritas se endurecerán cuando se enfríen. Si prefieres una textura más blanda, puedes dejar que reposen a temperatura ambiente entre 5 y 10 minutos antes de comerlas.

Versión sin soja: Usa virutas de chocolate sin lácteos ni soja, como los de la marca Enjoy Life.

Versión para niños: Usa granos de café descafeinado o simplemente no uses café.

Bocados de granola con almendras y avellanas tostadas

VEGANA, SIN GLUTEN, VERSIÓN SIN SOJA, PARA NIÑOS, SE PUEDE CONGELAR
PARA 6 A 7 TAZAS (1,5 A 1,75 L)
TIEMPO DE PREPARACIÓN: 20 MINUTOS
TIEMPO DE COCCIÓN: 30 A 36 MINUTOS

Oh, la granola. Se ha convertido en una obsesión para mí y para Eric (a él le gusta tanto como a mí). La primera vez que la preparé ya sabía que tenía que incluirla en este libro. Le roba el corazón a quien la come, desde los que prueban mis nuevas recetas para darme su opinión hasta mi familia y amigos. La granola lleva fragantes avellanas y almendras tostadas y está salpicada de virutas de chocolate y de cerezas secas. La mezcla de jarabe de arce, aceite de coco y mi *mantequilla de almendras y avellanas tostadas* (página 105), es una sibarita mezcla que potencia el sabor natural a frutos secos de la granola. Si no quieres preparar la mantequilla de almendras y avellanas tostadas, puedes sustituirla por un poco de *mantequilla casera de almendras* (página 103) o por almendras crudas. Aunque es difícil no guardarte toda la granola para ti, es un regalo casero encantador para los días de fiesta. Solo tienes que dejar que se enfríe bien y llenar un tarro de cristal, añadirle un lazo y una etiqueta. Es alegre y fácil y tus amigos y familiares se morirán por esta receta.

1. Precalienta el horno a 150 °C. Distribuye las avellanas sobre una bandeja pequeña y las almendras en otra. Pon las dos en el horno y tuéstalas de 12 a 14 minutos, hasta que las pieles de las avellanas se pongan oscuras, se rompan y casi se hayan desprendido. Deja enfriar los frutos secos en la bandeja durante 5 minutos aproximadamente. Pon las avellanas en un trapo húmedo y frótalas fuerte hasta pelarlas por completo. Tienes que conseguir quitarlas casi todas, aunque no te preocupes si quedan algunas. Pícalas junto con las almendras y resérvalas.

2. Pon papel de hornear sobre una bandeja y déjala en el horno a 150 °C.

- ¾ de taza (175 ml) de avellanas crudas
- ½ taza (125 ml) de almendras crudas
- 1⅓ tazas (325 ml) de copos de avena sin gluten
- ½ taza (125 ml) de coco rallado sin edulcorar
- ¼ de taza más 2 cucharadas (90 ml) de minivirutas de chocolate sin lácteos
- ½ taza (125 ml) de cerezas deshidratadas, en trozos pequeños
- 2 cucharadas (30 ml) de semillas de chía
- ¼ de cucharadita más ⅛ de cucharadita (1,5 ml) de sal marina fina
- 1 cucharada (15 ml) de aceite virgen de coco
- 4½ cucharaditas (22 ml) de jarabe de arroz integral
- ¼ de taza (60 ml) de *mantequilla de almendras y avellanas tostadas* (página 105)
- ⅓ de taza (75 ml) de jarabe de arce
- 2 cucharaditas (10 ml) de extracto puro de vainilla

3. Mezcla los frutos secos picados, la avena, el coco, las virutas de chocolate, las cerezas, las semillas de chía y la sal en un bol grande.

4. En una cacerola pequeña calienta el aceite de coco a fuego bajo. Ponlo en un bol pequeño y añade el jarabe de arroz integral, la mantequilla de frutos secos, el jarabe de arce y la vainilla hasta conseguir una mezcla de textura fina. (Normalmente prepararía esta mezcla en la misma cacerola para evitar manchar un plato, pero en este caso no queremos que la mezcla húmeda se caliente y que las virutas de chocolate se fundan).

5. Usando una espátula vierte la mezcla húmeda encima de la seca, rebañando hasta la última gota. Mézclalo bien hasta que quede bien combinado.

6. Vierte la granola en la bandeja de horno que preparaste y distribúyela en una capa fina, de no más de 0,5 a 1 cm de espesor. Intenta repartirla tanto como puedas para que tenga espacio para «respirar» mientras se cocina.

7. Hornéala durante 10 minutos; luego dale la vuelta y sigue horneando de 8 a 12 minutos más, hasta que la base y los bordes empiecen a dorarse (la granola aún tendrá un color un poco pálido). Se volverá crujiente al enfriarse.

8. Deja que se enfríe completamente en la bandeja, y luego rómpela en trozos. Se conserva en un recipiente hermético en la nevera de tres a cuatro semanas o en una bolsa de congelación con autocierre durante un par de meses. Tienes que eliminar el aire antes de congelarla (puedes usar una pajita para absorber todo el aire de la bolsa justo antes de terminar de cerrarla).

Versión sin soja: Usa virutas de chocolate sin lácteos ni soja, como las de la marca Enjoy Life.

Mantequilla casera de almendras

VEGANA, SIN GLUTEN, SIN SOJA, SIN CEREALES, SIN ACEITE
PARA 1 TAZA (250 ML)
TIEMPO DE PREPARACIÓN: 10 MINUTOS

Lo sé, comprar un tarro de mantequilla de almendras es bien fácil, yo también lo hago a menudo. Pero nunca me arrepiento de prepararla en casa. Te recomiendo usar un procesador o robot de cocina potente y capaz de rendir en los trabajos pesados (puedes ver mis recomendaciones en la página 21). Los de tamaño pequeño pueden sobrecalentarse o no dejarán la pasta de almendras con una textura fina. Usa esta mantequilla en *los brownies sin harina definitivos* (página 234), en una tostada con *mermelada de bayas y semillas de chía* (página 69) o en el *batido en bol con helado mágico* (página 31). La mantequilla tiene un sabor suave y sencillo, así que es fácil añadirla a una enorme variedad de recetas. También te ofrezco otras variaciones de esta mantequilla.

1. En un robot de cocina resistente, procesa las almendras de 8 a 12 minutos, parando para rebañar las paredes de la jarra o vaso cada 30 o 60 segundos. Puedes guardar la mantequilla en un recipiente hermético en la nevera hasta un mes.

Sugerencia: Puede que te tiente dejar de procesar la mezcla de almendras tan pronto veas que se forma la mantequilla, pero si sigues procesándola 1 o 2 minutos más, te verás recompensado con una mantequilla de almendras de textura fina y sedosa.

Para la mantequilla de almendras tostadas: Precalienta el horno a 150 °C. Distribuye las almendras en una bandeja de horno y tuéstalas de 10 a 14 minutos, hasta que notes el aroma. Deja que se enfríen durante 5 minutos antes de empezar a preparar la receta.

2 tazas (500 ml) de almendras crudas

Para la mantequilla de anacardos tostados: Usa 2 tazas (500 ml) de anacardos crudos y procésalos entre 7 y 10 minutos hasta que se forme una mantequilla fina, parando de vez en cuando para recuperar la mezcla de las paredes del recipiente del procesador.

Para la mantequilla de cacahuetes tostados: Usa 2 tazas (500 ml) de cacahuetes tostados y procésalos entre 5 y 10 minutos hasta que se forme una mantequilla fina, parando de vez en cuando para recuperar la mezcla de las paredes del recipiente del procesador.

Mantequilla de almendras y avellanas tostadas

VEGANA, SIN GLUTEN, SIN SOJA, SIN CEREALES, SIN ACEITE, PARA NIÑOS
PARA 1 TAZA (250 ML)
TIEMPO DE PREPARACIÓN: 10 MINUTOS
TIEMPO DE COCCIÓN: 12 A 14 MINUTOS

Esta es una versión deliciosa de la mantequilla de almendras tostadas tradicional. Las avellanas añaden un sabor mantecoso y dulce que queda muy bien con las almendras. Úsala en los *bocados de granola con almendras y avellanas tostada* (página 99), o simplemente úntala en una tostada con la *mermelada de bayas y semillas de chía* (página 69).

1. Precalienta el horno a 150 °C. Reparte las avellanas en una bandeja de hornear pequeña y las almendras en otra. Métalas en el horno y deja que se tuesten de 12 a 14 minutos, hasta que las pieles se oscurezcan y se rompan, y casi se caigan. Luego deja que se enfríen durante 5 minutos o más. Pon las avellanas en un trozo de tela limpio y húmedo y frótalas con energía hasta que la mayoría de las pieles se desprendan. Tienes que conseguir que se caigan casi todas, aunque no te preocupes si quedan algunas.

2. Pon las almendras y las avellanas peladas en un procesador de alimentos potente y procésalas hasta que se forme una mantequilla de textura fina, de 5 a 10 minutos, parando de vez en cuando para recuperar la mezcla de las paredes del recipiente del procesador.

3. Con el procesador en marcha, añade poco a poco el azúcar, la vainilla, la canela, y la sal y pruébala para ver si necesita corregirse.

4. Guarda la mantequilla en un recipiente hermético en la nevera, como máximo un mes.

1 taza (250 ml) de avellanas crudas

1 taza (250 ml) de almendras crudas

3 cucharadas (45 ml) de azúcar de coco o de azúcar natural de caña, o al gusto

½ cucharadita (2 ml) de extracto puro de vainilla

1 pizca de canela en polvo

Sal marina fina

Mantequilla casera de semillas de girasol

VEGANA, SIN GLUTEN, SIN FRUTOS SECOS, SIN SOJA, SIN CEREALES, PARA NIÑOS
PARA 1¾ TAZAS (425 ML)
TIEMPO DE PREPARACIÓN: 15 MINUTOS
TIEMPO DE COCCIÓN: 9 A 12 MINUTOS

Las mantequillas de cacahuetes y de almendras son las más conocidas, pero ¿se te ha ocurrido preparar una deliciosa mantequilla de semillas de girasol en casa? Te propongo esta mantequilla de semillas de girasol con aceite de coco, vainilla y sal, especialmente si tú o tus niños tenéis alguna alergia a alguno de esos frutos secos. Me encanta el sabor dulce y tostado de esta mantequilla de semillas, y verás que la uso en muchas de mis recetas, como la *granola de supersemillas con vainilla y virutas de coco* (página 58) o las *barritas energéticas celestiales sin frutos secos* (página 246). Mejor si tuestas las semillas de girasol con anticipación; eso ayuda a liberar los aceites, esencial para el proceso de preparación de la mantequilla. Como siempre que prepares mantequilla de frutos secos o de semillas, te recomiendo usar un procesador potente que resista un tiempo de procesado largo.

1. Precalienta el horno a 160 °C. Pon papel de hornear sobre una bandeja y distribuye las semillas en una capa regular. Tuéstalas de 9 a 12 minutos, hasta que algunas de ellas estén ligeramente doradas. Deja que se enfríen unos pocos minutos antes de usarlas.

2. En una batidora de alta velocidad, muele el azúcar hasta convertirlo en polvo. Déjala con la tapa puesta y ponlo a reposar para que se asiente.

3. Coloca las semillas tostadas en un procesador potente. Suelo ponerlas en una taza de medir y luego pasarlas a la batidora. Cuando tengo alrededor de 1/2 taza (125 ml) de semillas, las pongo en la bandeja que voy a utilizar y con el papel de hornear formo un «embudo» para añadir las semillas restantes en el procesador.

3 tazas (750 ml/400 g) de semillas de girasol peladas

¼ de taza (60 ml) de azúcar de coco

2 cucharadas (30 ml) de aceite virgen de coco, derretido, y más si es necesario

1 pellizco de sal marina fina

½ cucharadita (2 ml) de canela en polvo, o al gusto (opcional)

1 cucharadita (5 ml) de extracto puro de vainilla

1 vaina de vainilla, sin semillas, o ¼ de cucharadita (1 ml) de extracto de vainilla puro en polvo (opcional)

Sugerencia: Si por alguna razón las semillas no se rompen después del tiempo de procesado que indico, añade un poco de aceite de coco y sigue procesando, 1 cucharadita (5 ml) cada vez. Algunas máquinas pueden necesitar un poco más de tiempo, así que ten paciencia.

4. Procesa las semillas durante unos pocos minutos, parando para recuperar la mezcla que se pegue a las paredes del recipiente del procesador cada minuto. En este punto las semillas parecerán secas y en polvo. (Si tu procesador tiene un tubo de entrada, déjalo abierto para permitir que se escape el vapor).

5. Añade el aceite de coco y procésalo durante un par de minutos más. La mantequilla se convertirá en una bola de masa que rodará dentro del vaso durante un tiempo. Luego se deshará y volverá a tener la textura de la mantequilla. No olvides parar de vez en cuando para recuperar la mezcla de las paredes del recipiente del procesador.

6. Añade el azúcar de coco, la sal y la canela, si la utilizas. Procésalo todo unos minutos más, hasta que quede una mezcla fina. Con el motor aún en marcha, agrega poco a poco el extracto de vainilla y luego las semillas de vainilla, si las utilizas. También puedes añadir algo más de aceite si necesitas diluirla (no le pongas agua o edulcorante líquido porque hará que se endurezca). Yo la proceso durante un total de 9 a 12 minutos, pero el tiempo varía según el procesador y la textura que quieras conseguir. Algunas máquinas necesitan hasta 15 minutos para que la mantequilla de semillas quede bastante suave.

7. Pon la mantequilla en un recipiente hermético y guárdalo en un lugar frío. Aguantará hasta dos meses y se extiende con facilidad, incluso fría.

Galletas saladas de supersemillas con ajo y tomates secados al sol

VEGANA, SIN GLUTEN, SIN FRUTOS SECOS, SIN SOJA, SIN ACEITE, VERSIÓN PARA NIÑOS, SE PUEDE CONGELAR

PARA 35 GALLETAS CUADRADAS DE 5 CM

TIEMPO DE PREPARACIÓN: 20 MINUTOS

TIEMPO DE COCCIÓN: 53 A 55 MINUTOS

Estas galletas elegantes y de consistencia firme podrían venderse en cualquier panadería de gama alta. Con tomates secos, orégano, ajo, avena y un montón de semillas nutritivas, saben como la *pizza*, pero están llenas de beneficios para la salud. La combinación de semillas es rica en ácidos grasos antioxidantes y la receta está libre de gluten y frutos secos. Puede que tantos ingredientes te abrumen, pero te aseguro que se preparan increíblemente rápido y con facilidad.

Si te intimida estirar la masa de galletas, tienes que probar esta receta; ni siquiera necesita un amasador. Basta con estirarla con las manos. Prueba las galletas con *hummus de tomates secados al sol y ajos asados* (página 113), *hummus de ajo y limón para todos los días* (página 121) o sin nada. Si no eres un fan de los tomates deshidratados, asegúrate de probar la variación de las nueve especias o mis *galletas saladas para aguantar hasta el final* (página 118).

1. Precalienta el horno a 150 °C. Pon papel de hornear sobre dos bandejas de tamaño mediano (32 x 40 cm) o sobre una extragrande (38 x 53 cm).
2. Pon los tomates en un bol y cúbrelos con agua hirviendo. Déjalos en remojo de 5 a 10 minutos.
3. Mezcla el resto de los ingredientes en un bol grande.
4. Con una cuchara con ranuras, pon los tomates reblandecidos en un miniprocesador de alimentos, reservando el agua donde los pusiste a remojo. Procésalos hasta que queden picados. También puedes hacerlo a mano, solo asegúrate de picarlos muy finos para que las galletas sean fáciles de cortar. Ponlos en el bol junto a la mezcla de semillas.

⅓ de taza (75 ml) de tomates secados al sol (secos, sin conservar en aceite)

1½ tazas (375 ml) de agua hirviendo

1 taza (250 ml) de semillas de girasol crudas sin cáscara

1 taza (250 ml) de copos de avena sin gluten

¼ de taza (60 ml) de corazones de cáñamo

¼ de taza (60 ml) de semillas de calabaza crudas

¼ de taza (60 ml) de semillas de sésamo blancas

2 cucharadas (30 ml) de semillas de sésamo negras o más semillas de sésamo blancas

2 cucharadas (30 ml) de semillas de chía enteras

3 cucharadas (45 ml) de semillas de chía molidas

1¼ cucharaditas (6 ml) de ajo en polvo

1 diente de ajo grande, rallado en un rallador Microplane

2 cucharaditas (10 ml) de orégano seco

1 cucharadita (5 ml) de azúcar de coco o de azúcar natural de caña

1 cucharadita (5 ml) de albahaca seca

¾ de cucharadita (4 ml) de sal marina fina, o al gusto

⅛ de cucharadita (0,5 ml) de cayena, o al gusto (opcional)

5. Añade al bol el agua de remojar los tomates con la mezcla de semillas. Mézclalo todo durante 1 minuto, hasta que casi toda el agua quede absorbida por la mezcla de semillas y no quede nada en el fondo del bol.

6. Transfiere la mitad de la mezcla de semillas a cada bandeja de hornear (o si usas una extragrande, distribúyela sobre toda la bandeja). Con las manos, extiende la mezcla desde el centro de la bandeja hacia fuera, hasta formar un gran rectángulo imperfecto, de no más de 0,5 cm de espesor. La mezcla estará muy húmeda, pero esto es lo normal. Asegúrate de que la masa tenga un grosor uniforme y de que los bordes no sean demasiado espesos.

7. Hornéala durante 30 minutos. Saca las bandejas del horno y con un cortador de *pizza* divide la masa en galletas grandes. Dale la vuelta con cuidado a cada galleta usando una espátula o con las manos. No te preocupes si un par de ellas se rompen por algún lado. Si se pegan al papel de hornear, déjalas y las despegas después de hornearlas por segunda vez.

8. Pon otra vez las bandejas en el horno y hornea de 23 a 25 minutos más, hasta que las galletas estén doradas. Vigílalas durante los últimos 5 a 10 minutos para asegurarte de que no se quemen. Sácalas del horno y deja que se enfríen en las bandejas durante 5 minutos. Ponlas en un par de rejillas para que se enfríen por completo. Se conservan en bolsas de papel, sobre la encimera de la cocina, hasta una semana. También las puedes guardar en un recipiente hermético en la nevera hasta una semana o en una bolsa para el congelador hasta tres o cuatro semanas. Si las galletas se ablandan durante el almacenamiento (esto puede ocurrir en ambientes húmedos), ponlas en el horno a 150 °C de 5 a 7 minutos, y luego déjalas enfriar. Normalmente esto basta para que recuperen su textura crujiente.

Sugerencia para hacer polvo de semillas de chía: En una batidora de alta velocidad, muele 1/2 taza (125 ml) de semillas de chía a alta velocidad hasta formar un polvo fino. Guarda lo que sobre en la nevera, en un recipiente hermético.

Versión para niños: Sirve el *hummus de tomates secados al sol y ajos asados* (página 113) con estas galletas para mojar.

Para la mezcla de nueve condimentos: Omite los tomates secos y usa 1 1/2 tazas (375 ml) de agua a temperatura ambiente (no hace falta que esté hirviendo). Utiliza ajo en polvo, 1 diente de ajo, orégano, albahaca, sal y la cayena (unas 2 cucharadas/30 ml) de la *mezcla de nueve condimentos* (página 297). Sigue tal como indico.

Hummus de tomates secados al sol y ajos asados

VEGANA, SIN GLUTEN, SIN FRUTOS SECOS, SIN SOJA, SIN CEREALES, PARA NIÑOS
PARA 2 TAZAS (500 ML)
TIEMPO DE PREPARACIÓN: 15 MINUTOS
TIEMPO DE COCCIÓN: 35 A 40 MINUTOS

Esta receta de *hummus* es una combinación mágica de sabor: ajo asado y tomates secados al sol, concentrados e intensos, salados y algo dulces a la vez. Al asar el ajo desaparece su sabor picante y fuerte, y queda un matiz dulce, caramelizado y mantecoso que es genial para el pan de ajo o mezclado con pasta, *hummus*, sopas y muchas más preparaciones. Para aquellos a los que les sienta mal el ajo crudo, asado no causa molestias digestivas, por lo que pueden comer mucha más cantidad. Este *hummus* cremoso se puede servir con pan de pita, con *galletas saladas de supersemillas con ajo y tomates secados al sol* (página 109) o con crudités. También está riquísimo en un rollito o bocadillo.

1. Precalienta el horno a 220 °C. Retira las capas externas de las cabezas de ajo, dejando la piel de los dientes. Corta de 0,5 a 1 cm de la parte superior de cada cabeza, lo que dejará a la vista las puntas de los dientes (si esto no ocurre con algunas de ellas, usa un cuchillo de pelar para quitar las puntas).

2. Pon cada cabeza en un trozo de papel de aluminio y rocíala con 1/2 cucharadita (2 ml) de aceite de oliva virgen extra por encima, cubriendo cada diente. Envuelve las cabezas de ajo el en papel de aluminio y colócalas directamente en la rejilla del horno o en una bandeja de hornear pequeña.

3. Ásalas en el horno de 35 a 40 minutos, hasta que los dientes estén dorados y muy blandos.

4. Deja que se enfríen un poco; luego desenvuélvelas con cuidado y deja que se enfríen más. Una vez estén bastante frías, escurre con suavidad los dientes de ajo de sus pieles. Deberías obtener 1/4 de taza (60 ml) de dientes de ajo tostados.

PARA EL *HUMMUS*

2 cabezas de ajo medianas

1 cucharadita (5 ml) de aceite de oliva virgen extra

1/4 de taza (60 ml) de tomates deshidratados conservados en aceite, escurridos

2 cucharadas (30 ml) del aceite de la conserva de tomates deshidratados o de aceite de oliva de sabor ligero

2 cucharadas más 1 cucharadita (35 ml) de zumo de limón recién exprimido, o al gusto

2 cucharadas (30 ml) de pasta de sésamo

1 lata de 400 ml de garbanzos, escurridos y lavados con agua, o 1½ tazas (375 ml) de garbanzos cocidos

2 a 3 cucharadas (30 a 45 ml) de agua, más la que sea necesaria

½ a ¾ de cucharadita (2 a 4 ml) de sal marina fina, o al gusto

1 pizca de cayena (opcional)

PARA ADEREZAR

Aceite de oliva

Tomates secos picados

Hojas de albahaca fresca picadas, o un pellizco de albahaca seca (opcional)

Galletas saladas, crudités o pan

5. Pica los tomates en un robot de cocina. Añade la mitad de los ajos, aceite de oliva, zumo de limón, pasta de sésamo y garbanzos. Procésalo otra vez, rebañando las paredes del vaso del robot si hace falta. Pruébalo y añade el resto de los ajos asados si quieres (ya sabes que yo sí).

6. Agrega el agua que sea necesaria, un poco de *hummus* (según la consistencia que desees) y por último la sal y la cayena (si la utilizas). Procésalo de nuevo al menos durante 1 minuto para que el *hummus* quede con una textura fina.

7. Ponlo en un bol de servir y añade un chorrito de aceite, albahaca fresca y tomates deshidratados picados finos. Sírvelo con unas galletas saladas, crudités o pan.

Sugerencia: Te recomiendo la marca de tomates Mediterranean Organic; puedes comprarlos en tarro y vienen conservados en aceite.

Fantásticos *muffins* de bizcocho de plátano

VEGANA, SIN GLUTEN, VERSIÓN SIN FRUTOS SECOS, VERSIÓN SIN SOJA, PARA NIÑOS, SE PUEDE CONGELAR
PARA 10 MUFFINS
TIEMPO DE PREPARACIÓN: 10 MINUTOS
TIEMPO DE COCCIÓN: 17 A 19 MINUTOS

Estos fantásticos *muffins* de bizcocho de plátano son tan densos, jugosos y consistentes que recurro a ellos siempre que me entra el deseo de bizcocho de plátano pero necesito preparar algo rápido y sano. Endulzados con plátanos y dátiles, no llevan azúcares añadidos (aparte de las virutas de chocolate, que puedes cambiar por nueces si lo prefieres). Me encanta la marca Enjoy Life porque las virutas son diminutas y no necesitas usar tantas. Pruébalos calientes, servidos con un poco de mantequilla vegana o de nueces, o aceite o mantequilla de coco.

1. Precalienta el horno a 180 °C. Pon papel de hornear sobre una bandeja.

2. Incorpora los plátanos, los dátiles, el aceite de coco y la vainilla en un procesador de alimentos y procésalo todo hasta que tenga una textura fina. (Yo lo dejo funcionando durante 1 minuto o algo más, suficiente para que quede bastante fino).

3. Añade la canela, la levadura y la sal y vuelve a procesarlo hasta que quede mezclado.

4. Agrega 1 1/2 tazas (375 ml) de copos de avena y procésalo solo 4 o 5 segundos, suficiente para que los copos queden un poco compactados.

5. Retira el bol del procesador. Quita la cuchilla y guárdala. Remueve con cuidado el resto de los copos de avena, es decir, 1/2 taza (125 ml), y las virutas de chocolate. (Si tu procesador de alimentos es pequeño, puedes transferirlo todo al bol antes de mezclarlo).

6. Reparte la masa en porciones grandes (unas 3 cucharadas/45 ml) sobre una bandeja de hornear. No la presiones para aplanarla, simplemente déjala formando montoncitos sobre la bandeja.

2 plátanos maduros muy grandes (340 g) con piel

½ taza (125 ml) de dátiles Medjool sin hueso (125 g)

¼ de taza (60 ml) de aceite virgen de coco, derretido

1 cucharadita (5 ml) de extracto puro de vainilla

1 cucharadita (5 ml) de canela en polvo, o al gusto

1 cucharadita (5 ml) de levadura en polvo

¼ de cucharadita más ⅛ de cucharadita (1,5 ml) de sal marina fina

2 tazas (500 ml) de copos de avena sin gluten

¼ de taza (60 ml) de minivirutas de chocolate sin lácteos o de nueces tostadas picadas

7. Hornéalo durante 10 minutos, dale la vuelta y sigue horneándolo de 7 a 9 minutos más, hasta que se dore por encima.

8. Enseguida pon la bandeja en una rejilla para que se enfríe y déjalo durante 10 minutos. Luego destapa los *muffins* y colócalos sobre la rejilla para que se enfríen completamente. Estarán bastante húmedos incluso después de sacarlos del horno (esto es normal). Guarda lo que no te comas en el día en un recipiente hermético en la nevera (se mantendrá durante dos o tres días), o en bolsas de congelar de las que extraerás el aire, en el congelador, durante dos o tres semanas.

Sugerencia: Tienes que usar dátiles Medjool blanditos. Si están demasiado duros, ponlos en agua hirviendo de 20 a 30 minutos hasta que se ablanden; luego escúrrelos y ya puedes usarlos.

Versión sin frutos secos: Usa virutas de chocolate sin lácteos en lugar de nueces.

Versión sin soja: Usa virutas de chocolate sin soja ni lácteos, como los de la marca Enjoy Life.

Galletas saladas para aguantar hasta el final

VEGANA, SIN GLUTEN, SIN FRUTOS SECOS, SIN SOJA, SIN CEREALES, SIN ACEITE, SE PUEDE CONGELAR
PARA 25 A 30 GALLETAS
TIEMPO DE PREPARACIÓN: 10 MINUTOS
TIEMPO DE COCCIÓN: 60 A 70 MINUTOS

Estas galletas son una de las recetas de tentempiés más populares de mi blog, así que sin duda tenía que incluirlas en este libro. Después de quedar cautivada por la textura crujiente y el sabor ligero de las galletas saladas de semillas crudas del restaurante ChocolaTree Organic Oasis en Sedona (Arizona), salí decidida a hacer mi propia versión en casa. Las llamo *galletas saladas para aguantar hasta el final* porque los ácidos grasos de las semillas de chía, girasol, sésamo y calabaza te mantendrán saciado y con energía horas después de comerlas. Sin embargo, estas galletas son extremadamente ligeras y crujientes, lo que las convierte en estupendas para llevar y comer a cualquier hora del día. Con esta receta te quedará un sabor muy ligero; lo he hecho intencionadamente para que las puedas comer con diferentes salsas y untarles un buen número de ingredientes. Puedes cambiar con toda libertad los condimentos y las especias; a veces me gusta añadir 1 o 2 cucharadas (15 a 30 ml) de mi *mezcla de nueve condimentos* (página 297) para variar un poco la receta.

½ taza (125 ml) de semillas de chía

½ taza (125 ml) de semillas de girasol crudas peladas

½ taza (125 ml) de semillas de calabaza crudas

½ taza (125 ml) de semillas de sésamo blancas crudas

1 taza (250 ml) de agua

1 diente de ajo grande, picado fino

¼ de cucharadita (1 ml) de herbamare (página 352) o sal marina fina, más la que sea necesaria

1. Precalienta el horno a 150 °C. Pon papel de hornear en una bandeja amplia.

2. En un bol grande, mezcla las semillas de chía, las de girasol, las de calabaza y las de sésamo.

3. Añade el agua, el ajo y el herbamare. Mézclalo todo bien con una espátula. Deja que la mezcla se asiente un par de minutos, hasta que la chía absorba el agua. Después de 2 minutos, cuando remuevas la mezcla, no debería quedar nada de agua en el fondo del bol.

4. Con la espátula, y a mano si hace falta, extiende la mezcla en una bandeja de hornear, en dos rectángulos pequeños (cada uno de unos 30 x 18 cm y de 0,3 a 0,5 cm de espesor). Añade más herbamare por encima.

5. Hornéalos durante 35 minutos. Luego sácalos del horno y voltea con cuidado cada rectángulo con una espátula. Hornéalos de 25 a 35 minutos más, hasta que los bordes estén ligeramente dorados. Vigila la cocción hacia el final, para asegurarte de que las galletas no se quemen. Deja que se

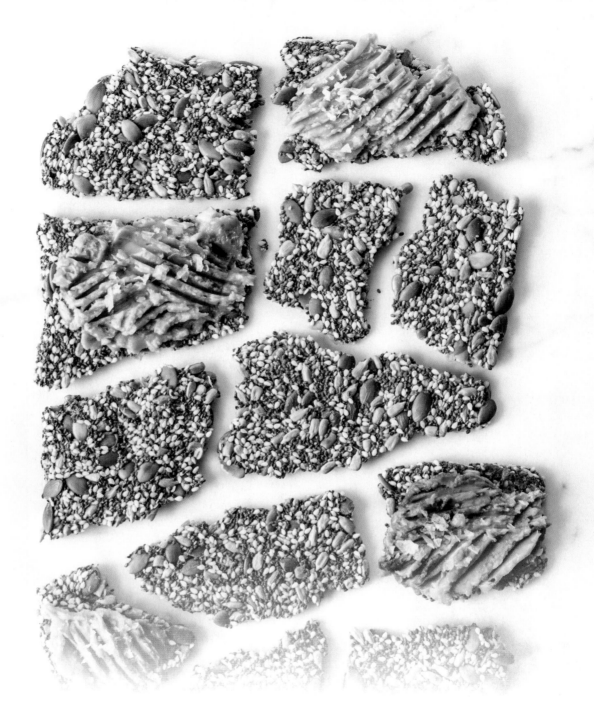

enfríen entre 10 y 15 minutos en la bandeja y luego divide los rectángulos en porciones y deja que se enfríen por completo en la bandeja. Guárdalas en un recipiente hermético o en un tarro, sobre la encimera, y aguantarán hasta dos semanas. También puedes congelarlas y guardarlas hasta un mes en bolsas de congelación. Si se ablandan durante este tiempo (es posible que pase en ambientes húmedos), tuéstalas en el horno a 150 ºC de 5 a 7 minutos y deja que se enfríen completamente. Esto suele ser suficiente para que vuelvan a estar crujientes.

Hummus de ajo y limón para todos los días

VEGANA, SIN GLUTEN, SIN FRUTOS SECOS, SIN SOJA, SIN CEREALES
PARA 1½ TAZA (375 ML)
TIEMPO DE REPOSO: VARIAS HORAS POR LA NOCHE (OPCIONAL)

Este *hummus* sabroso queda bien con muchos platos, incluidas mis queridas *tostada con hummus, aguacate y nueve especias* (página 64), el *gran bol de tabulé* (página 189), las *galletas saladas para aguantar hasta el final* (página 118) y mi *ensalada para brillar todos los días* (página 145). Para prepararlo, te sugiero usar aceite refinado de aguacate o un aceite de oliva de sabor ligero; esto ayudará a que brillen los sabores del ajo y el limón y le dará una increíble luz y suavidad a la textura de esta receta (el sabor de un aceite fuerte dominaría demasiado en este *hummus*). Sírvelo con crudités. Y muchas gracias a Christine Burke por inspirarme esta receta.

1. Pica el ajo en el robot de cocina.
2. Guarda 1 a 2 cucharadas (15 a 30 ml) de garbanzos para aderezar y añade el resto al procesador, junto con el zumo de limón y la pasta de sésamo. Procésalo hasta que quede bien mezclado. Recupera la pasta que haya quedado en el bol del procesador.
3. Echa el aceite de aguacate o de oliva sin parar el motor del procesador y procésalo durante 1 o 2 minutos, hasta que el *hummus* esté muy suave. Añade sal y pimienta al gusto y procésalo de nuevo.
4. Con una cuchara, traspasa el *hummus* a un recipiente, tápalo y déjalo enfriar durante unas pocas horas, o incluso toda la noche (esto permite que el sabor del ajo se asiente y que el resto de los sabores se mezclen). Tómalo al momento.
5. Sírvelo con un chorro de aceite y espolvoréale algo de pimentón y unas semillas de sésamo, si las vas a utilizar. Luego pon los garbanzos encima.

2 dientes de ajo pequeños/medianos (unos 7 g; ver sugerencia)

1 (400 ml) de garbanzos en conserva, colados y lavados con agua, o 1½ tazas (375 ml) de garbanzos cocidos

3 a 4 cucharadas (45 a 60 ml) de zumo de limón recién exprimido (de 1 limón grande), o al gusto

1 cucharada (15 ml) de pasta de sésamo

3 a 4 cucharadas (45 a 60 ml) de aceite refinado de aguacate o de aceite de oliva de sabor ligero, o al gusto, y un poco más para servir

¾ a 1 cucharadita (4 a 5 ml) de sal marina fina, o al gusto

¼ de cucharadita (1 ml) de pimienta negra recién molida

Pimentón dulce, para condimentar

Semillas de sésamo, para aderezar (opcional)

Sugerencia: Si no eres un gran fan del ajo, te recomiendo empezar con un diente pequeño. Siempre puedes añadir más luego si te apetece.

Buñuelos de masa de galletas

VEGANA, SIN GLUTEN, SIN SOJA, SIN ACEITE, VERSIÓN PARA NIÑOS, SE PUEDE CONGELAR
PARA 15 BUÑUELOS
TIEMPO DE PREPARACIÓN: 10 MINUTOS
TIEMPO DE CONGELACIÓN: 30 MINUTOS

Si has estado siguiendo mi blog, ya sabrás que no es un secreto que me entusiasma preparar versiones saludables de masa de galletas, lo bastante sanas para que sirvan como tentempié consistente. Esta es mi quinta versión de esta receta hasta hoy, y de verdad es la que más me gusta. La base está hecha de anacardos y copos de avena, y la endulzo con dátiles Medjool y un chorrito de jarabe de arce. Suelo añadirle 1 cucharada (15 ml) de *mantequilla de anacardos* (página 103) porque le da una calidad mantecosa y sabor a masa de galletas, pero si por cualquier razón no te va bien, puedes sustituirla por mantequilla de almendras o de cacahuetes comprada. Esta última hará que estos buñuelos sepan como galletas de virutas de chocolate con mantequilla de cacahuetes, no pasa nada. Guárdalos en tu congelador y tendrás un refrigerio para llevar en cualquier momento. Me encanta llevarme una o dos para tomarlas antes de hacer ejercicio.

1. Mezcla los anacardos y la avena en un robot de cocina y procésalos hasta que se forme una harina fina, de 30 a 60 segundos, pero no demasiado, porque se liberará el aceite y los anacardos se convertirán en mantequilla.
2. Añade los dátiles y procésalo de nuevo hasta que queden picados finos.
3. Agrega el jarabe de arce, la mantequilla de anacardos, la vainilla y la sal. Procésalo hasta que quede mezclado. La masa debe mantenerse unida cuando la presiones entre los dedos. Si queda demasiado seca, añade 1 cucharadita (5 ml) de agua y procésala de nuevo.
4. Incorpora las virutas de chocolate hasta que queden bien mezcladas.

1   taza (250 ml) de anacardos crudos

½ taza (125 ml) de copos de avena sin gluten

½ taza (125 ml) de dátiles Medjool sin hueso (ver sugerencia)

1   cucharada (15 ml) de jarabe de arce

1   cucharada (15 ml) de *mantequilla de anacardos* (página 103)

½ cucharadita (2 ml) de extracto puro de vainilla

¼ de cucharadita (1 ml) de sal marina fina, o al gusto

2   cucharadas (30 ml) de minivirutas de chocolate sin lactosa (yo utilizo la marca Enjoy Life)

Sugerencia: Estos buñuelos quedan mejor con dátiles Medjool muy blandos. Si están secos o duros, ponlos en agua hirviendo de 20 a 30 minutos. Escúrrelos bien antes de usarlos.

Versión sin soja: Puedes utilizar virutas de chocolate sin soja y sin lactosa; yo utilizo la marca Enjoy Life.

Versión para niños: Estos buñuelos pueden suponer un riesgo de asfixia para los más pequeños. Como alternativa, puedes presionar la masa en una bandeja y cortarla en pequeños trozos cuadrados.

5. Toma una bandeja grande y cúbrela con papel de hornear. Retira la cuchilla del procesador. Con la mano, y ayudándote de 1 cucharada (15 ml) de masa, dale vueltas entre las manos hasta conseguir una bola. Ponla en la bandeja y repite la misma operación con el resto de la masa.

6. Deja enfriar los buñuelos en el congelador durante 30 minutos. Esto hará que se endurezcan un poco, pero también puedes disfrutarlos a temperatura ambiente. Guarda las sobras en un recipiente hermético, en la nevera, y durarán hasta una semana, o en el congelador (en una bolsa de congelación) hasta un mes.

ENSALADAS

Siempre llevo una ensalada adondequiera que voy, tanto si es una reunión familiar como la barbacoa de unos amigos. Me gustan las ensaladas que rompen con la idea que tenemos de ellas: pueden ser mucho más que una mezcla aburrida de lechuga y tomate. Mi familia y amigos esperan mis nuevas creaciones de ensaladas sustanciosas, saciantes y sabrosas, tanto frías como calientes. Nunca me cansaré de escuchar cosas como: «No pensé que me gustaría el kale. Tío Antonio, tienes que probar esto» (consulta la receta de *la ensalada César que gusta a todos*, página 137), o «Podría comer esto cada día durante el resto de mi vida» (ver la *ensalada thai crujiente*, página 131). Cuidado, porque las recetas de este capítulo pueden robarle todo el protagonismo al plato principal.

Claro que este capítulo estaría incompleto sin mi *ensalada para brillar todos los días* (página 145): al primer golpe de vista no parece nada especial, pero cuando la pruebes entenderás mi obsesión con ella. Simplemente, la combinación de ingredientes funciona. Las ensaladas buenas son demasiado sencillas para un libro de cocina. Espero que disfrutes de la variedad de recetas de este capítulo, como la *ensalada arcoíris de quinoa con poder proteínico* (página 129), y de las recetas para los días de trabajo, como la *ensalada de garbanzos con curri* (página 143), que puedes mantener en la nevera durante unos días.

Ensalada arcoíris de quinoa con poder proteínico

VEGANA, SIN GLUTEN, SIN FRUTOS SECOS, SIN SOJA, VERSIÓN PARA NIÑOS
PARA 6 TAZAS (1,5 L)
TIEMPO DE PREPARACIÓN: 30 MINUTOS
TIEMPO DE COCCIÓN: 13 A 16 MINUTOS

Esta es una ensalada genial para llevar cuando te invitan a alguna comida, porque es fácil de transportar, y también para los días de diario. Gracias a la quinoa, los garbanzos, los corazones de cáñamo y el kale, va cargada de proteínas, y te dejará con sensación de saciedad durante horas. Yo utilizo kale lacinato (también lo llaman kale dinosaurio) porque su textura es blanda, pero el kale normal también sirve. Basta con que lo piques fino para que quede delicado y fácil de masticar. Los ingredientes van generosamente cubiertos de vinagreta, que da mucho sabor. A mí me gustan las vinagretas con gusto ácido, pero si no es tu caso, puedes añadir un poco más de jarabe de arce, y así personalizas el aliño a tu gusto. Una vez ha reposado durante más de 1 hora, los sabores de esta ensalada se suavizan un poco. Si llevas esta receta a alguna comida o cena, puedes llevar el aliño por separado y mezclarlo justo antes de servir o reavivar los sabores añadiendo un chorro de vinagre de vino tinto, zumo de limón o ralladura de limón y un poco de aceite de oliva. Esta ensalada también queda genial con el *gran bol de tabulé* (página 189).

1. **Prepara la ensalada.** Enjuaga la quinoa en un colador de malla fina. Mézclala con agua y un pellizco de sal en una cacerola mediana y remuévelo. Hazla hervir a fuego medio o alto, luego pon el fuego bajo, tapa la cacerola y déjala hervir de 13 a 16 minutos, hasta que se absorba el agua y la quinoa esté esponjosa. Retírala del calor, destápala, espónjala con un tenedor y deja que se enfríe un poco.

2. Entretanto, coloca los garbanzos en un bol extragrande. Añade el kale, la zanahoria, las cebolletas, el perejil y los tomates (si los utilizas).

PARA LA ENSALADA

- 1 taza (250 ml) de quinoa arcoíris cruda (mezcla de quinoa roja, negra y blanca), o de quinoa normal, o 3 tazas (750 ml) de quinoa cocida
- 1½ tazas (375 ml) de agua
- 1 lata o frasco de 400 ml de garbanzos en conserva, escurridos y lavados con agua, o 1½ tazas (375 ml) de garbanzos cocidos
- 3 tazas (750 ml) de kale lacinato al vapor, cortado fino
- 3 zanahorias medianas en juliana y cortadas del tamaño de un bocado (1½ tazas/375 ml)
- ½ taza (125 ml) de cebolleta cortada
- ½ taza (125 ml) de hojas de perejil fresco, picado fino
- ¼ de taza (60 ml) de tomates secos conservados en aceite, escurridos y picados finos (opcional, pero recomendado)

PARA LA VINAGRETA

- ¼ de taza (60 ml) de vinagre de vino tinto
- 2 cucharaditas (10 ml) de mostaza de Dijon
- 1 diente de ajo grande, picado
- ¼ de taza (60 ml) de aceite de oliva virgen extra
- ¼ de cucharadita (1 ml) de sal marina fina
- Pimienta negra recién molida
- 1 cucharadita (5 ml) de jarabe de arce, o al gusto
- Ralladura de 1 limón mediano (más o menos 1 cucharada/15 ml)

3. Prepara la vinagreta. En un bol pequeño, mezcla el vinagre, la mostaza de Dijon y el ajo. Mientras vas mezclándolos, ve añadiendo poco a poco un hilo de aceite de oliva. Agrega sal, pimienta, jarabe de arce y ralladura de limón y corrige los ingredientes a tu gusto si hace falta.

4. Incorpora la quinoa cocida al bol junto con los vegetales. Añade encima todo el aliño y mézclalo bien. Condimenta generosamente con sal y pimienta. Espolvorea las semillas y ya está lista para servir. Puedes guardar las sobras en un recipiente en la nevera de tres a cinco días.

Sugerencia: Tostar las semillas de calabaza. Precalienta el horno a 150 °C. Distribuye las semillas en una bandeja y tuéstalas en el horno de 9 a 12 minutos, hasta que empiecen a inflarse un poco y estén doradas por algunos sitios. Si necesitas aumentar la ensalada para servir a más gente, estas semillas son geniales para eso.

Versión para niños: A algunos niños puede costarles masticar el kale. Si es el caso de los tuyos, cambia parte del kale por la misma cantidad de alguna lechuga o verdura de hoja verde fácil de masticar, como las espinacas, picadas finamente.

PARA EL ADEREZO

Sal marina fina y pimienta negra recién molida

¼ de taza y 2 cucharadas (90 ml) de semillas de calabaza tostadas

1 cucharada (15 ml) de corazones de cáñamo

Ensalada *thai* crujiente

VEGANA, SIN GLUTEN, SIN CEREALES, PREPARACIÓN PREVIA
4 RACIONES
TIEMPO DE PREPARACIÓN: 30 MINUTOS
TIEMPO DE COCCIÓN: 20 A 25 MINUTOS

Esta ensalada de verdad quita el hipo. La combinación de *almendras tostadas con salsa de soja* (página 301), *tofu crujiente* (página 166) y verduras frescas le da una textura contrastada, por no hablar de su variedad nutricional. En mi opinión, sin embargo, lo más destacado de esta ensalada es la cremosa *salsa thai de mantequilla de almendras* (página 287) —te desafío a que no te la comas a cucharadas—. Sí, la salsa es muy sabrosa y para sibaritas, y tiene los tradicionales sabores *thai*, jengibre, ajo, lima y salsa de soja. Puedes preparar más aliño y usarlo también para mojar rollitos de primavera, tofu tostado o crudités. Si quieres convertir esta ensalada en un entrante sustancioso, puedes cambiar la lechuga romana por fideos soba cocidos.

1. Coloca la lechuga romana en un bol grande, o distribúyela en cuatro boles individuales.
2. Añade la zanahoria, el pimiento, la cebolleta, el cilantro, el tofu y las almendras.
3. Sirve la *Salsa thai de mantequilla de almendras* como acompañamiento y rocíala sobre las ensaladas justo antes de servirlas.

1 cogollo mediano de lechuga romana, picada

3 zanahorias medianas, en juliana y cortadas del tamaño de un bocado (1½ tazas/375 ml)

1 pimiento rojo mediano, sin semillas y picado, o 1¼ tazas (300 ml) de pepino picado

4 cebolletas, cortadas finas (²⁄₃ de taza/150 ml)

¹⁄₃ de taza (75 ml) de cilantro fresco picado o o de hojas de albahaca

Tofu crujiente (página 166)

Almendras tostadas con salsa de soja (página 301)

Salsa thai de mantequilla de almendras (página 287)

Sugerencia: Si no tienes un pelador en juliana, puedes usar un pelador corriente y crear lazos de zanahoria o bien rallar la zanahoria en un rallador. Si usas un rallador de cuatro caras, puedes reducir la cantidad de zanahorias a 1 taza (250 ml) para que no domine la ensalada (lee mis sugerencias de cómo cortar las zanahorias en juliana en la página 23).

Ensalada de verano con espirales de calabacín

VEGANA, SIN GLUTEN, VERSIÓN SIN FRUTOS SECOS, SIN CEREALES, PREPARACIÓN PREVIA, PARA NIÑOS
2 RACIONES
TIEMPO DE PREPARACIÓN: 10 MINUTOS
TIEMPO DE MARINADO: 30 MINUTOS O TODA LA NOCHE

Cuando el tiempo me parece demasiado cálido para usar el horno, apuesto por esta ensalada ligera y energizante. Aunque es un plato preparado con calabacines en espiral (una alternativa ligera a la pasta, y además sin cereales), es muy rico en proteínas, aportadas por el sabroso tofu italiano. Tan pronto el tofu esté marinado, necesitarás solo unos pocos minutos para acabar de preparar esta rica receta. Además, les encanta tanto a niños como a mayores. Puedes consultar mis sugerencias sobre los utensilios para preparar espirales de calabacín en la página 23.

1. Prepara el tofu. Añade el tofu y los tomates a la marinada y mézclalos bien. Marínalos durante al menos 30 minutos, y un máximo de 8 a 12 horas. Si la salsa marinada se solidifica un poco mientras se enfría (por el aceite de oliva), déjala reposar a temperatura ambiente antes de servirla.

2. Prepara las espirales de calabacín y córtalas, si quieres. Repártelas en dos boles grandes.

3. Pon una porción generosa de tofu marinado y tomates sobre cada bol y unas pocas cucharadas de salsa marinada, que servirá de aliño. Añade rodajas de aguacate, albahaca, un par de cucharadas de *queso parmesano vegano de anacardos* y, opcionalmente, puedes cubrirlo con tomates secos, pimienta roja en hojuelas y piñones.

Versión sin frutos secos: Usa la versión sin frutos secos del *queso parmesano vegano en dos versiones* (página 305) y semillas de sésamo en lugar de piñones.

Tofu italiano marinado (página 164)

1 taza (250 ml) de tomates uva o *cherry*, cortados por la mitad

1 calabacín mediano, cortado en espiral

1 aguacate, sin hueso y cortado en rodajas

¼ de taza (60 ml) de hojas de albahaca fresca, cortadas finas

Queso parmesano vegano en dos versiones (página 305), hecho con anacardos

1 a 2 cucharadas (15 a 30 ml) de tomates secados al sol conservados en aceite, escurridos y picados, o al gusto (opcional)

Pimienta roja en hojuelas (opcional)

1 puñadito de piñones o de semillas de sésamo, tostados (opcional)

Tabulé de sorgo y semillas de cáñamo peladas

VEGANA, SIN GLUTEN, SIN FRUTOS SECOS, SIN SOJA, PARA NIÑOS
PARA 5 (¾-TAZA/175 ML) DE SERVINGS
TIEMPO DE PREPARACIÓN: 20 MINUTOS
TIEMPO DE COCCIÓN: 40 A 60 MINUTOS

Este tabulé lleva corazones de cáñamo, con un montón de proteínas, y sorgo, con fibra. Se prepara con los ingredientes habituales del tabulé, incluidos el perejil, las cebolletas y los tomates, pero para darle un toque fresco, le añado un poco de menta, y uso corazones de cáñamo y sorgo (más ricos en nutrientes) en lugar de bulgur, para conseguir una textura más dura y agradable. Esta receta es genial como refrigerio o como comida ligera de verano; también me encanta servirla con *hummus* en rollito o con triángulos de pita y rodajas de calabaza. Si quieres aún más proteínas, añádele garbanzos a este plato. Si lo preparas con anticipación, te sugiero que mantengas el aliño por separado hasta justo antes de servir, porque los sabores tienden a disiparse al mezclarlos.

1. Preparar el tabulé. Para reducir el tiempo de cocción puedes dejar el sorgo a remojo toda la noche en un bol de agua, aunque es opcional. Escúrrelo.

2. Pon el sorgo en una cacerola mediana y añade agua hasta cubrirlo en unos 5 a 8 cm. Haz hervir la mezcla a fuego medio o alto, y luego reduce el fuego a medio y déjalo hervir, sin tapar, de 40 a 45 minutos si dejaste el sorgo en remojo, o de 50 a 60 minutos si no. Sabrás que está listo cuando esté suave y blando, con una textura chiclosa. Escurre el exceso de agua y pon el sorgo en un bol grande.

3. Mezcla el perejil, la menta y el ajo en un robot de cocina y procésalos hasta que queden picados finos. También puedes picarlos a mano. Pon las hierbas en el bol con el sorgo y añade los corazones de cáñamo, los tomates y las cebolletas. Remuévelo.

PARA EL TABULÉ

¾ de taza (175 ml) de sorgo crudo

1 taza (250 ml) colmada de hojas de perejil fresco

½ taza (125 ml) colmada de hojas de menta fresca

2 dientes de ajo medianos, picados

½ taza (125 ml) de corazones de cáñamo

1½ tazas (375 ml) de tomates *cherry* picados (unos 270 g)

4 cebolletas, picadas finas (aproximadamente ¾ de taza/175 ml)

PARA EL ALIÑO

Ralladura de limón fresco (yo añado 1 cucharadita/5 ml)

2 cucharadas (30 ml) de zumo de limón recién exprimido

2 cucharadas (30 ml) de aceite de oliva virgen extra, o al gusto

1 cucharadita (5 ml) de vinagre de vino tinto (opcional)

1 cucharadita (5 ml) de jarabe de arce, o al gusto

PARA EL ADEREZO

½ cucharadita (2 ml) de sal marina fina, o al gusto

Pimienta negra recién molida

Herbamare (página 352; opcional)

4. Prepara el aliño. En un bol pequeño, mezcla la ralladura y el zumo de limón, el aceite de oliva, el vinagre y el jarabe de arce. Añade el aliño al tabulé y remuévelo bien hasta que quede bien mezclado.

5. Condimenta el tabulé con una mezcla de sal y pimienta. Espolvorea también un poco de herbamare, si te apetece. Las sobras aguantarán en la nevera hasta tres días si las guardas en un recipiente hermético. Como los sabores tienden a disiparse con el tiempo, solo tienes que añadir un chorro de zumo de limón recién exprimido o vinagre de vino tinto y un pellizco de sal, y reavivarás la salsa.

Sugerencia: Busca el sorgo en la sección sin gluten u orgánica a granel de tu tienda de alimentación, o en tiendas de productos étnicos.

La ensalada César que gusta a todos

VEGANA, VERSIÓN SIN GLUTEN, SIN CEREALES, PREPARACIÓN PREVIA
6 RACIONES
TIEMPO DE REMOJO: 1 A 2 HORAS O TODA LA NOCHE
TIEMPO DE PREPARACIÓN: 35 A 40 MINUTOS
TIEMPO DE COCCIÓN: 35 MINUTOS

Esta es una de las recetas más populares de mi web, y una vez que la pruebes, entenderás por qué. Empiezo con un aliño cremoso y ácido con un sabor y una textura parecidos a los de la ensalada César. ¿Mis ingredientes mágicos? Salsa vegana Worcestershire y alcaparras, que le dan a este aliño su toque a la ensalada César, y anarcados crudos, que le aportan cremosidad. En lugar de crostones, utilizo garbanzos tostados y crujientes, que son muy nutritivos. Encima de la ensalada añado un adictivo parmesano vegano, que puedes usar también en pastas y otras ensaladas. Este aliño se mantiene en la nevera, en un recipiente cerrado, durante al menos cinco días, y puedes aumentarlo fácilmente para un grupo más grande. Cuando se enfría se espesa un poco, así que asegúrate de dejarlo reposar a temperatura ambiente para que se derrita antes de usarlo. Si prefieres una alternativa más tradicional a los crostones tostados redonditos, puedes usar mis *crostones de ajo superfáciles* (página 295). Muchas gracias a todos los compañeros de Vega por inspirarme esta receta de aliño.

1. Para el aliño. Pon los anacardos en un bol y añade agua hasta que queden cubiertos unos 5 cm. Déjalos en remojo de 1 a 2 horas o toda la noche. Enjuágalos con agua limpia y escúrrelos.

2. Pon los anacardos en una batidora de alta velocidad y añade el resto de los ingredientes del aliño, menos la sal. Mézclalo todo a alta velocidad hasta que el aliño quede bien fino. Puedes incorporar más agua si es necesario para seguirlo procesando. Añade sal y ajusta el resto de los condimentos, si hace falta, y mézclalo solo durante un momento. Déjalo aparte.

PARA EL ALIÑO

- ½ taza (125 ml) de anacardos crudos
- ¼ de taza (60 ml) de agua
- 2 cucharadas (30 ml) de aceite de oliva virgen extra
- 1 cucharada (15 ml) de zumo de limón recién exprimido
- 1½ cucharaditas (7 ml) de mostaza de Dijon
- 1 o 2 dientes de ajo, o al gusto
- ¼ a ½ cucharadita (1 a 2 ml) de ajo en polvo, o al gusto
- 1½ cucharaditas (7 ml) de salsa vegana Worcestershire (salsa perrins o salsa inglesa)
- 2½ cucharaditas (12 ml) de alcaparras
- ½ cucharadita (2 ml) de pimienta negra recién molida, o al gusto
- ½ cucharadita (2 ml) de sal marina fina, o al gusto

PARA LOS GARBANZOS TOSTADOS CON AJO

- 1 lata de garbanzos de 400 ml, escurrida y lavada con agua, o 1½ tazas (375 ml) de garbanzos cocidos
- 1 cucharadita (5 ml) de aceite de oliva virgen extra
- ½ cucharadita (2 ml) de ajo en polvo
- ½ cucharadita (2 ml) de sal marina fina
- ⅛ a ¼ de cucharadita (0,5 a 1 ml) de cayena, o al gusto (opcional)

3. Prepara los garbanzos tostados con ajo. Precalienta el horno a 200 °C. Pon papel de hornear sobre una bandeja para el horno. Coloca los garbanzos en un paño seco y frótalos (no te preocupes si se les caen algunas pieles). Distribúyelos sobre la bandeja. Añade el aceite de oliva y, con las manos, remuévelos hasta que queden bañados de aceite. Espolvorea el ajo en polvo, la sal y la cayena (si la usas) y agita con suavidad la bandeja hasta que quede todo mezclado. Tuéstalos durante 15 minutos, luego muévelos con suavidad por la bandeja y tuéstalos otros 15 a 20 minutos, hasta que estén un poco dorados. Sácalos del horno y deja que se enfríen unos 10 minutos. Los garbanzos estarán blandos cuando los saques del horno, pero se endurecerán a medida que se enfríen.

4. Prepara la ensalada. Coloca la lechuga romana y el kale en un bol extragrande. Añade el aliño y mézclalo hasta que quede todo impregnado. Echa por encima los garbanzos tostados y el queso parmesano. Añade pimienta negra recién molida y sirve al momento.

PARA LA ENSALADA

2 cogollos pequeños de lechuga romana, picados (unas 10 tazas/2,4 l)

1 puñado pequeño/mediano de kale lacinato, sin tallos y con las hojas picadas finas, o más lechuga romana (unas 5 tazas/1,25 l)

1 preparación de *queso parmesano vegano en dos versiones* (página 305), hecho con anacardos

Pimienta negra recién molida

Sugerencia: Si tienes que remojar los anacardos y no tienes tiempo de dejarlos toda la noche en agua, sumérjelos en agua hirviendo entre 30 y 60 minutos.

Versión sin gluten: Usa una salsa Worcestershire que certifique que no contiene gluten.

Ensalada con aguacates rellenos

VEGANA, VERSIÓN SIN GLUTEN, SIN FRUTOS SECOS, SIN SOJA, VERSIÓN PARA NIÑOS
6 RACIONES
TIEMPO DE REMOJO: TODA LA NOCHE (OPCIONAL)
TIEMPO DE PREPARACIÓN: 30 MINUTOS
TIEMPO DE COCCIÓN: 20 A 40 MINUTOS

Si lo que quieres es una ensalada consistente y saciante, que por sí sola sirva de comida, esta es tu receta. El cremoso aguacate proporciona ácidos grasos sanos para el corazón, mientras que los granos de espelta y las alubias negras añaden montones de proteínas y fibra a este plato. La ensalada es deliciosamente crujiente y de textura fibrosa, el complemento perfecto para una base mantecosa de aguacate. Me pierde la combinación de comino y zumo de lima fresco, tanto que a menudo preparo doble cantidad de este aliño para usarlo en otras ensaladas. Las cantidades de esta receta bastan para seis (por eso necesitarás tres aguacates, medio por persona), pero si no tienes tanta gente a comer, basta reducir la cantidad de aguacates, porque son mucho mejores cuando los sirves recién abiertos. Si tienes un poco por casa, mi *salsa casera de tomates cherry* (página 90) está riquísima encima de esta ensalada.

1. Prepara la ensalada de alubias negras. Puedes dejar los granos de espelta toda la noche en un bol grande de agua. Esto no hará más que reducir el tiempo de cocción, pero es opcional. Enjuágalos con agua limpia y escúrrelos.

2. Pon los granos de espelta en una cacerola mediana y tápala. Hazlos hervir a fuego medio o alto, luego reduce a fuego medio y deja que hierva durante 20 minutos, si dejaste los granos en remojo, o hasta 40 minutos si no los remojaste, hasta que estén tiernos pero con una textura fibrosa. Enjuágalos con agua limpia y déjalos enfriar entre 5 y 10 minutos.

3. Pon los granos de espelta en un bol grande y añade las alubias negras, el cilantro, la cebolleta, el pimiento y el maíz. Mézclalo todo bien.

PARA LA ENSALADA DE ALUBIAS NEGRAS

1 taza (250 ml) de granos de espelta o de granos de trigo crudos

1 lata de 400 ml de alubias negras, escurridas y lavadas con agua, o 1½ tazas (375 ml) de alubias negras cocidas

½ taza (125 ml) de hojas de cilantro fresco, picado fino

½ taza (125 ml) de cebolleta picada fina

1 pimiento rojo mediano o grande, picado fino (1 taza colmada/275 ml)

¾ de taza (175 ml) de granos de maíz fresco (de aproximadamente una mazorca pequeña)

PARA EL ALIÑO DE COMINO Y LIMA

¼ de taza (60 ml) de zumo de lima exprimido (de unas 2 limas grandes)

2 a 3 cucharadas (30 a 45 ml) de aceite de oliva virgen extra, o al gusto

2 o 3 dientes de ajo medianos, picados

1 cucharadita (5 ml) de comino en polvo

1½ cucharaditas (7 ml) de jarabe de arce, o al gusto

½ cucharadita (2 ml) de sal marina fina, o más al gusto

Pimienta negra recién molida

Cayena (opcional)

3 aguacates maduros grandes

Aliño de pasta de sésamo con limón (página 303; opcional)

4. Prepara el aliño. En un bol pequeño, mezcla el zumo de lima, el aceite de oliva, el ajo picado, el comino, el jarabe de arce, la sal y la pimienta negra.

5. Añade el aliño encima de la ensalada de alubias negras y remueve bien. Pruébala y añade más aliño, si hace falta. Suelo añadir otro 1/4 de cucharadita (1 ml) de sal, más pimienta negra y comino, un chorro de zumo de lima y unos pocos golpes de cayena para darle un toque picante. Puedes servir la ensalada al momento o guardarla en la nevera de 30 a 60 minutos para que los sabores se mezclen.

6. Para rellenar los aguacates, córtalos por la mitad los aguacates y quítales el hueso. Quítales la cáscara con cuidado para que no se rompan. Coloca la mitad de un aguacate en un plato y pon encima la ensalada de alubias negras. Deja que la ensalada rebose y se extienda por el plato. Repite con el resto de los aguacates. Puedes echar por encima un chorro de *aliño de pasta de sésamo con limón*, opcionalmente. Puedes guardar las sobras de esta ensalada en la nevera, en un recipiente hermético, de tres a cinco días, aunque el aguacate es mucho más bueno recién abierto. Remueve la ensalada antes de servirla cada vez para repartir bien el aliño. Si la ensalada pierde sabor, puedes revivirlo con un chorrito de zumo de lima, un pellizco de sal y una pizca de especias.

Sugerencia: ¿No te va mucho el aguacate? Disfruta la ensalada de alubias negras sola como guarnición, o sírvela en una tortilla o en un pan de pita con un poco de *hummus*.

Versión sin gluten: Cambia los granos de espelta por 1 taza (250 ml) de sorgo crudo y para cocinarlo sigue las instrucciones de la página 325. Si no tienes sorgo, usa 1 taza (250 ml) de quinoa cruda. La quinoa absorbe los sabores del aliño mucho más que los granos de espelta, así que es mejor que el aliño sea más ligero (si vas a guardar la ensalada algún tiempo, añade un chorro de zumo de lima, un pellizco de sal y un chorro de aceite de oliva, o al gusto).

Versión para niños: Aplasta un poco las alubias con el dorso de un tenedor. Sírvela con nachos o con pan de pita.

Ensalada de garbanzos con curri

VEGANA, SIN GLUTEN, SIN FRUTOS SECOS, VERSIÓN SIN SOJA, SIN CEREALES, SE PUEDE CONGELAR
3 RACIONES
TIEMPO DE PREPARACIÓN: 15 MINUTOS

Esta ensalada de garbanzos va ligeramente especiada con curri, solo lo suficiente para darle personalidad, pero sin que domine el sabor de la ensalada. Añade las especias que quieras, a tu gusto, más o menos jengibre, curri en polvo o cúrcuma. Puedes servirla sobre hojas de lechuga Boston o Bibb, dentro de un pan de pita integral o con *galletas saladas para aguantar hasta el final* (página 118). Si tienes previsto hacer un pícnic o un viaje por carretera, te gustará saber que te la puedes llevar también. Aguanta bien en la nevera durante tres o cuatro días, así que no temas hacer más de la que necesitas y guardar un poco para otro día.

1. En un bol grande, tritura los garbanzos con un pasapurés, hasta convertirlos en copos.
2. Añade las cebolletas, el pimiento, el cilantro, la mayonesa, el ajo, el jengibre, la cúrcuma y el curri en polvo hasta que estén mezclados.
3. Agrega el zumo de limón, la sal y la pimienta negra, ajustando las cantidades a tu gusto. Añade una pizca o dos de cayena si quieres darle un toque picante.
4. Sírvelo con pan tostado, con galletas, dentro de rollitos integrales o encima de una ensalada verde sencilla. La ensalada se conserva en un recipiente hermético en la nevera durante tres o cuatro días. Remuévela bien antes de servirla. También puedes guardarla en una bolsa de congelación con autocierre, extrayendo el aire antes de cerrarla, y congelarla durante un mes.

Versión sin soja: Si quieres una versión sin soja, usa mayonesa vegana sin soja.

1 lata de garbanzos de 400 ml , escurrida y lavada, o 1½ tazas (375 ml) de garbanzos cocidos

3 cebolletas, picadas finas

½ taza (125 ml) de pimiento rojo picado fino

¼ de taza (60 ml) de hojas frescas de cilantro, picado fino

3 cucharadas (45 ml) de *mayonesa vegana casera* (página 307) o comprada en la tienda

1 diente de ajo, picado

½ cucharadita (2 ml) de jengibre rallado al momento, o al gusto

½ cucharadita (2 ml) de cúrcuma en polvo

¼ de cucharadita (1 ml) de curri en polvo, o al gusto

1 a 1½ cucharaditas (5 a 7 ml) de zumo de limón recién exprimido, o al gusto

¼ de cucharadita más ⅛ de cucharadita (1,5 ml) de sal marina fina, o al gusto

Pimienta negra recién molida

Cayena (opcional)

Para la ensalada de garbanzos con eneldo y limón: Omite el cilantro, el jengibre, la cúrcuma y el curri en polvo. Sustitúyelos por 1½ cucharaditas (7 ml) de mostaza amarilla y 2 cucharaditas (10 ml) de eneldo fresco picado y aumenta el zumo de limón entre 1½ y 3 cucharaditas (7 a 15 ml), o al gusto.

Ensalada para brillar todos los días

VEGANA, SIN GLUTEN, SIN FRUTOS SECOS, VERSIÓN SIN SOJA, SIN CEREALES, PREPARACIÓN PREVIA

2 RACIONES

TIEMPO DE PREPARACIÓN: **20 MINUTOS**

Esta es una ensalada práctica para todos los días, que siempre me carga de energía. Lleva algunas de mis hortalizas favoritas y mi aliño de sésamo y limón. Siempre intento tener estos ingredientes en mi verdulero, para poder prepararla en menos que canta un gallo. Pero también es verdad que parte de la gracia de esta ensalada es ir variando los ingredientes de hoja verde, las hortalizas, los aderezos y el aliño. Los corazones de cáñamo te dan un buen estímulo a base de proteínas, pero si quieres aún más, te recomiendo sin duda que le añadas mi receta de *tofu italiano marinado* (página 164), *las mejores lentejas marinadas* (página 158) o *tofu crujiente* (página 166) por encima. Si tengo algunas a mano, a menudo también añado un puñado de germinados y *almendras tostadas con salsa de soja* (página 301).

1. Pon la lechuga en un bol grande. Coloca las verduras cortadas encima, luego los corazones de cáñamo y las semillas de calabaza. Añade algún ingrediente con proteínas, si quieres. Puedes poner 1 cucharada de *hummus* encima y luego un chorro de aliño. Sírvela al momento.

Versión sin soja: En lugar de tofu utiliza cualquier otra de las opciones de proteínas.

---

4 tazas (1 l) de lechuga romana cortada o de tu verdura de hoja verde favorita

½ taza (125 ml) de tomates *cherry* o de uva, cortados por la mitad

½ taza (125 ml) de pepino inglés cortado

½ taza (125 ml) de pimiento rojo, amarillo o naranja en dados

½ taza (125 ml) de zanahoria rallada o en juliana

½ aguacate, sin hueso, en rodajas o picado

2 cebolletas, picadas finas

2 cucharadas (30 ml) de corazones de cáñamo

2 cucharadas (30 ml) de semillas de calabaza tostadas

AÑADIDOS OPCIONALES CON PROTEÍNAS

Tofu crujiente (página 166), *Las mejores lentejas marinadas* (página 158)

Ensalada de garbanzos con curri (página 143)

Tofu italiano marinado (página 164) o garbanzos cocidos u otras legumbres.

1 cucharada de *hummus de ajo y limón para todos los días* (página 121) o de *hummus* preparado.

Aliño de pasta de sésamo con limón (página 303)

La mejor ensalada de tiras de kale

VEGANA, SIN GLUTEN, VERSIÓN SIN FRUTOS SECOS, SIN SOJA, SIN CEREALES
4 RACIONES
TIEMPO DE PREPARACIÓN: 25 MINUTOS
TIEMPO DE COCCIÓN: 8 A 12 MINUTOS

Si eres un amante de la ensalada, seguro que tú también has probado las ensaladas de kale. Créeme cuando te digo que, no importa cuántas hayas probado, esta que te propongo rompe el molde. La clave para esta receta es picar el kale muy finamente. El aliño de limón y ajo cubrirá cada trocito de kale, obrando sus poderes mágicos y añadiendo mucho sabor. En lugar de queso, cubro la ensalada con mi parmesano casero de nueces pecanas tostadas, que le da un sabor delicioso, mantecoso y salado. Dos puñados de kale pueden parecer demasiado, pero una vez está cortado, da para unas 8 tazas (2 l), y después de marinarlo se reduce casi a la mitad. Si la preparas para más de cuatro personas, te sugiero que dupliques la cantidad de todos los ingredientes. La ensalada puede servirse con sopa para una comida ligera o con tubérculos asados y garbanzos para una comida sustanciosa de otoño.

1. Prepara el parmesano de nueces pecanas tostadas. Precalienta el horno a 150 °C. Pica las nueces en trocitos. Extiéndelas sobre una bandeja de hornear y tuéstalas en el horno de 8 a 12 minutos, hasta que liberen su olor y estén un poco doradas.

2. Ponlas en un bol mediano, añade el ajo, la levadura nutricional, el aceite de oliva y la sal, y remuévelo bien hasta mezclarlo. Resérvalo.

3. Prepara la ensalada y el aliño. Pica muy finas las hojas de kale, en tiras de 0,5 y de 2,5 a 5 cm de largo. Deberías obtener unas 8 tazas (2 l) de kale picado. Ponlo en un bol grande.

4. Pica el ajo en un minirrobot de cocina. Añade el limón, la sal y la pimienta y procésalo hasta que quede bien mezclado.

PARA EL PARMESANO DE NUECES PECANAS TOSTADAS

1 taza (250 ml) de nueces pecanas crudas

1 diente de ajo grande, rallado en un rallador Microplane

3 a 4 cucharaditas (15 a 20 ml) de levadura nutricional, o al gusto

4½ cucharaditas (22 ml) de aceite de oliva virgen extra

¼ de cucharadita (1 ml) de sal marina fina

PARA LA ENSALADA Y EL ALIÑO

2 puñados grandes de kale lacinato, sin tallos

2 dientes de ajo grandes

¼ de taza (60 ml) de zumo de limón recién exprimido (de 1 limón extragrande)

3 a 4 cucharadas (45 a 60 ml) de aceite de oliva virgen extra, o al gusto

¼ de cucharadita (1 ml) de sal marina fina

¼ de cucharadita (1 ml) de pimienta negra recién molida (o al gusto)

1 cucharadita (5 ml) de jarabe de arce, o al gusto (opcional)

1 o 2 puñados de arándanos o cerezas secos, para aderezar

5. Añade el aliño al kale y frótalo con las manos sobre las hojas durante 30 segundos o hasta que esté bien bañado. Prueba la ensalada y añade jarabe de arce si quieres un aliño más dulce.

6. Espolvorea el parmesano sobre el kale. Añade 1 o 2 puñados de arándanos secos. Tápalo y déjalo enfriar de 30 a 60 minutos, o sírvelo inmediatamente.

Versión sin frutos secos: Cambia el parmesano de nueces pecanas tostadas por la versión sin frutos secos de mi *queso parmesano vegano en dos versiones* (página 305).

GUARNICIONES Y SOPAS

Este capítulo te dará los elementos clave para crear un buen repertorio de comidas. Vuelve a él cada vez que necesites combinar recetas o si estás buscando una forma de convertir un entrante o una ensalada en una comida completa. Durante la parte más fría del otoño, los platos como mis *patatas con rúcula y pesto de albahaca con ajo asado* (página 155), la *cazuela de boniatos* (página 162), el *beicon de coco con coles de Bruselas asadas* (página 160) y las *patatas rotas crujientes* (página 153) son reconfortantes. Durante los meses más cálidos, *el gazpacho original* (página 179) y *las mejores lentejas marinadas* (página 158) se comen todas las semanas en casa. He convertido a Eric en un fan de la sopa fría con la receta de gazpacho, y espero hacer lo mismo contigo. No dejes de probar el *bol de setas Portobello marinadas* (página 224), en el capítulo de entrantes; es una guarnición increíble para un gran número de platos, y de lo más reconfortante.

Las sopas son ideales para combinar: con una simple ensalada sirven de cena o almuerzo ligero, y también como entrante para una comida sustanciosa y nutritiva. He incluido unas cuantas recetas nuevas en este capítulo. Si quieres recuperarte después de una comida festiva demasiado abundante, mi *sopa de repollo picante estimulante del metabolismo* (página 169) te ayudará a recuperar la forma (si no eres un fan de la sopa de col, en cuanto la pruebes cambiarás de idea). Nos encanta preparar una olla de *sopa thai cremosa de boniato y zanahoria* (página 170) y el *estofado de lentejas francesas* (página 176) para una comida sencilla entre semana que sea sana y supersaludable. La sopa también puede congelarse con resultados maravillosos, así que puedes preparar una doble ración y saborear lo que sobre otro día.

Patatas rotas crujientes

VEGANA, SIN GLUTEN, SIN FRUTOS SECOS, VERSIÓN SIN SOJA, SIN CEREALES, PARA NIÑOS

PARA 6 A 8 PATATAS MEDIANAS (3 O 4 RACIONES)

TIEMPO DE PREPARACIÓN: 20 MINUTOS

TIEMPO DE COCCIÓN: 45 A 55 MINUTOS

Esta es una de mis maneras favoritas de disfrutar las patatas Yukon Gold: rotas, crujientes y servidas con un alioli de ajo y aguacate que acaba siendo adictivo. También te encantará la alegría que el perejil fresco y el limón añaden a esta receta sustanciosa y reconfortante. Este plato es una guarnición impactante, que engullirán tanto niños como adultos. Eric, Adriana y yo nos acabamos comiendo solos la cacerola, así que te recomiendo doblar las cantidades (incluido el alioli) si lo preparas para un grupo. Si quedan sobras, puedes calentar las patatas en el horno (asegúrate de preparar y servir el alioli fresco, porque el color cambiará si reposa demasiado tiempo). Si no tienes patatas Yukon Gold a mano, puedes usar de las nuevas o las rojas. Mejor no utilices patatas de hornear (las russet), porque su textura es demasiado seca. Cómpralas orgánicas si es posible.

1. Prepara las patatas. Pon las patatas en una cacerola grande (no hace falta pelarlas, incluso la textura es mejor con piel) y añade agua hasta cubrirlas. Hierve el agua a fuego fuerte, luego redúcelo ligeramente y deja que hierva de 20 a 25 minutos, hasta que notes las patatas blandas cuando las pinches con un tenedor. Cuélalas en un colador y deja que se enfríen durante 10 minutos.

2. Precalienta el horno a 230 °C. Coloca las patatas en una bandeja de hornear ligeramente engrasada. (Aquí no hace falta poner papel de hornear porque las patatas salen un poco más crujientes si se asan directamente sobre la bandeja, pero puedes usarlo si lo prefieres). Con la base de una taza o de un vaso medidor, aplasta cada patata hasta que quede plana, con 1 cm de grosor. Algunas patatas pueden deshacerse un poco, pero esto es normal.

PARA LAS PATATAS

900 g de patatas Yukon Gold, rojas o nuevas

2 a 3 cucharadas (30 a 45 ml) de aceite de oliva virgen extra o aceite de aguacate

Sal marina fina y pimienta negra recién molida

Ajo en polvo

⅓ a ½ taza (75 a 125 ml) de hojas de perejil fresco picado

PARA EL ALIOLI DE AJO Y AGUACATE

1 diente de ajo grande o 2 pequeños

1 aguacate maduro grande, por la mitad y sin el hueso

1½ cucharaditas (7 ml) de zumo de limón recién exprimido

¼ de taza (60 ml) de *mayonesa vegana casera* (página 307), o envasada

Sal marina fina y pimienta negra recién molida

3. Añade 1 cucharadita de aceite (5 ml) y espolvoréale una cantidad generosa de sal y pimienta. Finalmente, espolvorea algo de ajo en polvo.

4. Asa las patatas de 25 a 30 minutos hasta que estén crujientes y doradas, y marrones por la parte superior. Vigílalas porque el tiempo de cocción varía dependiendo de su tamaño. Retíralas del horno y espolvoréales perejil. Condiméntalas con más sal marina y pimienta.

5. Mientras, prepara el alioli de ajo y aguacate. Pica el ajo en un procesador de alimentos. Añade el resto de los ingredientes y procésalos hasta que quede una textura fina, rebañando el bol. Añade sal y pimienta al gusto.

6. Sirve las patatas al momento con el alioli. Puedes añadir una gran cucharada de alioli encima de cada patata o transferirlo a una bolsa de plástico, cortar una esquina y verterlo encima, al modo de una manga pastelera.

Versión sin soja: Usa mayonesa sin soja.

Patatas con rúcula y pesto de albahaca con ajo asado

VEGANA, SIN GLUTEN, SIN FRUTOS SECOS, SIN SOJA, SIN CEREALES, PARA NIÑOS
4 RACIONES
TIEMPO DE PREPARACIÓN: 15 MINUTOS
TIEMPO DE COCCIÓN: 40 MINUTOS

Esta es una de esas increíbles guarniciones que desaparecen del plato antes de que te des cuenta. Es una receta sofisticada, de nivel de restaurante, que sin duda impresionará a tus invitados (si tienes muchos, te recomiendo doblar las cantidades de esta receta, que es solo para cuatro raciones). Si eres reticente respecto a la rúcula, te animo a darle una oportunidad a este ingrediente; el verde picante con sabor a pimienta queda de maravilla con el intenso y alegre pesto. Si no encuentras rúcula *baby*, puedes picar la normal en trocitos del tamaño de un bocado para que sea más fácil comerla. Los corazones de cáñamo añaden un extra de proteínas y ácidos grasos omega-3. Este plato es increíble servido caliente, pero las sobras frías también saben genial.

1. Precalienta el horno a 200 °C. Cubre una bandeja extragrande (38 x 53 cm) con papel de hornear.

2. Prepara las patatas. Coloca las patatas sobre la bandeja y cúbrelas con aceite de oliva. Distribúyelas uniformemente por la bandeja. Condiméntalas con un par de pellizcos de sal y pimienta.

3. Prepara el ajo asado. Corta la punta superior de la cabeza de ajo, de modo que todos los dientes queden iguales. Coloca la cabeza en un cuadrado de papel de aluminio (de unos 20 cm) y échale por encima aceite de oliva. Envuelve la cabeza de ajo en el aluminio y colócala en la bandeja del horno con las patatas.

4. Asa las patatas y el ajo durante 20 minutos; luego saca la bandeja del horno y dales la vuelta a las patatas con una espátula. Devuelve las patatas y el ajo al horno y continúa asándolos de 15 a 20 minutos más, hasta que las patatas estén doradas y puedas hundir bien un tenedor.

PARA LAS PATATAS

900 g de patatas Yukon Gold o patatas rojas, sin piel, cortadas en cubos de 2,5 cm (unas 6 tazas/1,5 l)

1 cucharada más 1½ cucharaditas (22 ml) de aceite de oliva virgen extra

Sal marina fina y pimienta negra recién molida

PARA EL AJO ASADO

1 cabeza de ajo grande

½ cucharadita (2 ml) de aceite de oliva virgen extra

PARA EL PESTO

1 taza (250 ml/20 g) de hojas de albahaca frescas sin comprimirlas en la taza

3 a 4 cucharadas (45 a 60 ml) de corazones de cáñamo

¼ de taza (60 ml) de aceite de oliva virgen extra

2 cucharadas (30 ml) de zumo de limón recién exprimido, o al gusto

¼ de cucharadita (1 ml) de sal marina fina

Pimienta negra recién molida

PARA LA ENSALADA

3 tazas (750 ml) de rúcula *baby*, cortada

Zumo de limón recién exprimido, para servir (opcional)

1 cucharada (15 ml) de corazones de cáñamo, para aderezar

5. Prepara el pesto. Combina los ingredientes en un robot de cocina y procésalos hasta que quede una mezcla fina, parando para recuperar lo que se pegue a las paredes del bol, si es necesario. Mantén el pesto en el procesador porque añadiremos el ajo asado en el último paso.

6. Retira las patatas y el ajo del horno. Desenvuelve la cabeza de ajo con cuidado y deja que se enfríe de 5 a 10 minutos, hasta que puedas tocarla con las manos.

7. Apaga el horno y vuelve a meter las patatas pero deja la puerta entreabierta para que se mantengan calientes. También puedes ponerlas en un plato para horno (resistente al calor) para que el plato se mantenga caliente al servirlo. Presiona la cabeza de ajo con la mano para que salten los dientes. Deberías obtener unas 2 cucharadas colmadas (30 ml) de ajo asado. Añádelo al pesto que dejaste en el robot de cocina. Procésalo hasta que esté bastante fino (puedes añadir un poco más de aceite si es necesario).

8. Monta la ensalada. Esta es una parte importante en la que has de actuar rápido. Me gusta montar la ensalada muy rápido para que se mantenga caliente cuando la sirvo. Toma un bol de servir de tamaño grande y coloca la rúcula en el fondo (puedes partirla en trocitos más pequeños con tus propias manos). Luego retira las patatas del horno y rápidamente colócalas encima de la rúcula. Mezcla las patatas y la rúcula con el pesto hasta que todo quede bien combinado. Pruébalo y sazónalo con sal y pimienta. Algunas veces añado un chorro más de zumo de limón si veo que el plato necesita algo más de acidez. Espolvorea por encima los corazones de cáñamo y sirve inmediatamente.

Sugerencia: En el poco probable caso de que te sobre algo de este plato, he descubierto que combina especialmente bien con la ensalada de patata fría. Sírvela directamente del congelador.

Las mejores lentejas marinadas

VEGANA, SIN GLUTEN, SIN FRUTOS SECOS, SIN SOJA, SIN CEREALES, SE PUEDE CONGELAR
PARA 4 TAZAS (1 L)
TIEMPO DE PREPARACIÓN: 15 MINUTOS
TIEMPO DE COCCIÓN: 20 A 25 MINUTOS

Cualquier vegetariano necesita guarniciones rápidas, saciantes, versátiles, con un buen contenido en proteínas y que pueda preparar con rapidez. He creado este plato con la intención de que esté listo en menos de media hora y pueda guardarse en la nevera durante toda la semana. Los tomates deshidratados añaden un profundo sabor *umami*, mientras que la vinagreta ácida y con sabor a mostaza aporta acidez al sabor terroso de las lentejas. Quedan deliciosas encima de una ensalada, envueltas en hojas de lechuga Bibb, como relleno de rollitos o pitas o simplemente servidas como la principal fuente de proteínas en cualquier comida. Es ideal para acompañar verduras de temporada salteadas, rápidas y fáciles de preparar. Conseguirás la mejor textura hirviendo las lentejas en casa, en lugar de comprarlas hervidas. Si tienes lentejas hervidas en casa, necesitarás unas 3 ½ tazas (875 ml) para esta receta.

1. Selecciona las lentejas y descarta cualquier lenteja negra o piedrecita. Lávalas con agua y escúrrelas; luego ponlas en una olla mediana con 4 tazas (1 l) de agua. Hazlas hervir a fuego medio o fuerte, y luego reduce el fuego a medio. Deja que hiervan sin tapar de 20 a 25 minutos, hasta que estén tiernas.

2. En un bol grande, mezcla el aceite de oliva, el vinagre, el zumo de limón, la mostaza, el jarabe de arce, la sal y la pimienta. Añade también las cebolletas, el perejil y los tomates.

3. Cuela bien las lentejas. Ponlas en el bol donde mezclaste el resto de los ingredientes (no te preocupes si aún están un poco templadas) y mézclalo todo bien. Añade más sal y pimienta.

1 taza (250 ml) de lentejas francesas verdes secas

½ taza (125 ml) de lentejas verdes o marrones secas

2 cucharadas (30 ml) de aceite de oliva virgen extra

2 cucharadas más 1½ cucharaditas (37 ml) de vinagre de vino tinto, o al gusto

1 cucharada (15 ml) de zumo de limón recién exprimido

1½ cucharaditas (7 ml) de mostaza de Dijon

1½ cucharaditas (7 ml) de jarabe de arce

1 cucharadita (5 ml) de sal marina fina, o al gusto

¼ de cucharadita (1 ml) de pimienta negra recién molida

1 a 1½ tazas (250 a 375 ml) de cebolletas picadas finas (aproximadamente 1 manojo mediano), solo las partes verdes claras y oscuras

⅓ de taza (75 ml) de hojas de perejil fresco, picadas

½ taza (125 ml) tomates secos conservados en aceite, escurridos y picados finos

4. Sírvelas al momento o deja que se enfríen un poco y luego tápalas y déjalas marinar en la nevera un par de horas o toda la noche. Remuévelas bien antes de servir. Esta receta se mantiene en la nevera hasta una semana, si la guardas en un recipiente hermético, o puedes congelarla en una bolsa de congelación con autocierre hasta un mes, si le quitas todo el aire. Cuando la descongeles, te recomiendo añadir más aliño y sal para reavivar el sabor.

Beicon de coco con coles de Bruselas asadas

VEGANA, SIN GLUTEN, SIN FRUTOS SECOS, VERSIÓN SIN SOJA, SIN CEREALES

4 RACIONES

TIEMPO DE PREPARACIÓN: 20 MINUTOS

TIEMPO DE COCCIÓN: 25 A 30 MINUTOS

Este es un plato divertido y una versión vegetal de las tradicionales coles de Bruselas con beicon que conserva todos los sabores dulces y ahumados del plato original. El beicon de coco es salado, aromático y un poco dulce, y aunque no sabe exactamente como el beicon (milagros no, por favor), es delicioso por sí mismo. Para prepararlo, es mejor usar copos grandes de coco sin edulcorar (se venden como chips o virutas de coco), no coco rallado. En el extraño caso de que te sobre algo de este plato, te recomiendo distribuirlo sobre una bandeja cubierta con papel de hornear y recalentarlo en el horno a 180 °C hasta que esté todo bien caliente.

1. Prepara las coles de Bruselas. Precalienta el horno a 200 °C. Pon papel de hornear sobre una bandeja.

2. Coloca las coles de Bruselas en un bol grande. Añade el aceite y el jarabe de arce y mézclalo todo bien. Espolvorea por encima el ajo y vuelve a mezclarlo. Condimenta con sal, pimienta negra, cayena (si la utilizas) y ajo granulado. Distribuye las coles de Bruselas sobre la bandeja, en una capa uniforme.

3. Hornéalas durante 15 minutos; luego dales la vuelta con cuidado y hornéalas de 10 a 20 minutos más, hasta que estén un poco tostadas en algunos puntos y las notes tiernas al pincharlas con un tenedor. Prefiero que queden un poco tostadas porque les da un mejor sabor, pero vigílalas para que no se quemen.

4. Mientras, prepara el beicon de coco. En un bol, mezcla los copos y la savia de coco, el jarabe de arce, la sal, el pimentón, la cayena y el humo líquido, si lo utilizas. Pon la mezcla de coco en una sartén grande y tuéstala a fuego medio de 5 a 10 minutos, removiendo a menudo. Es mejor que

PARA LAS COLES DE BRUSELAS

900 g de coles de Bruselas, limpias y cortadas por la mitad

1 cucharada (15 ml) de aceite de oliva virgen extra

1 cucharada (15 ml) de jarabe de arce

2 dientes de ajo, picados o rallados en un rallador Microplane

Sal marina fina y pimienta negra recién molida

1/8 de cucharadita (0,5 ml) de cayena o 1/4 de cucharadita (1 ml) de pimienta roja en hojuelas (opcional)

1/8 a 1/4 de cucharadita (0,5 a 1 ml) de ajo granulado o en polvo, o al gusto

PARA EL BEICON DE COCO

1/2 taza (125 ml) de virutas o copos de coco de tamaño grande (no coco rallado)

1 1/2 cucharaditas (7 ml) de savia de cocotero (aminos de coco) o de salsa de soja baja en sodio

1/2 cucharadita (2 ml) de jarabe de arce

1/8 de cucharadita (0,5 ml) de sal marina fina

1/8 de cucharadita (0,5 ml) de pimentón

1 pellizco de cayena

1/8 de cucharadita (0,5 ml) de humo líquido (opcional)

Sal marina fina y pimienta negra recién molida

1/8 a 1/4 de cucharadita (0,5 a 1 ml) de ajo granulado, o al gusto

Versión sin soja: Usa savia de cocotero (aminos de coco) en lugar de salsa de soja.

conectes la campana y abras la ventana de la cocina, porque el olor ahumado es bastante fuerte. Retira enseguida el coco de la sartén y ponlo sobre una bandeja cubierta con papel de hornear para que no se pegue mientras se seca.

5. Coloca las coles de Bruselas en un plato de servir. Espolvorea por encima el beicon. Condiméntalo con más sal, pimienta y ajo granulado. Sírvelo al momento.

Cazuela de boniatos

VEGANA, SIN GLUTEN, VERSIÓN SIN SOJA, PARA NIÑOS, SE PUEDE CONGELAR

8 RACIONES

TIEMPO DE PREPARACIÓN: 35 MINUTOS

TIEMPO DE COCCIÓN: 29 A 38 MINUTOS

Este es uno de esos platos que uno quiere tener adornando su mesa en las comidas especiales. El crujiente de frutos secos sabe como una galleta de avena y el cremoso relleno de boniato tiene notas de canela y vainilla que ayudan a complementar la dulzura natural de la receta. Te recomiendo añadir encima de cada ración una nuez de mantequilla o de aceite de coco. Y si quieres un toque sibarita, sírvela con *crema de coco montada* (página 312).

1. Precalienta el horno a 190 °C. Engrasa ligeramente una cazuela de 2,5 l con aceite de coco o con mantequilla vegana.

2. Prepara el puré de boniato. Coloca los boniatos en una olla grande y añade agua hasta cubrirlos. Calienta el agua a fuego alto, luego reduce a medio y hierve los boniatos de 15 a 20 minutos, hasta que los notes tiernos al pincharlos con un tenedor. Escúrrelos y ponlos de nuevo en la olla.

3. Añade la mantequilla y el aceite de coco y tritúralos hasta que queden blandos. Incorpora el jarabe de arce, la vainilla, la canela, la nuez moscada y la sal. Pruébalo y corrige los condimentos, si ves que hace falta. Si quieres diluirlo un poco para que sea más fácil de untar, añade un poco de leche de almendras y remuévelo de nuevo. Pon la mezcla en una cacerola y aplana la parte superior.

4. Prepara el crujiente de nueces pecanas. En un procesador de alimentos, pica la avena hasta que quede un triturado tosco (no la conviertas en harina; se trata de mantener algo de textura). En un bol mediano, mezcla la avena, las nueces pecanas picadas, la harina de almendras, la canela y la sal. Añade la mantequilla fundida, el aceite de coco fundido y el jarabe de arce. Mézclalo hasta que quede bien combinado.

PARA EL PURÉ DE BONIATOS

2 a 2,25 kg de boniatos (4 o 5 grandes), pelados y cortados en cubos de 2,5 cm

4 cucharaditas (20 ml) de mantequilla vegana

4 cucharaditas (20 ml) de aceite virgen de coco (o más mantequilla vegana)

2 cucharadas más 1½ cucharaditas (37 ml) de jarabe de arce, o al gusto

1 cucharadita (5 ml) de extracto puro de vainilla

¾ de cucharadita (4 ml) de canela en polvo

⅛ de cucharadita (0,5 ml) de nuez moscada rallada

½ a ¾ de cucharadita (2 a 4 ml) de sal marina fina, o al gusto

Leche de almendras, la que sea necesaria

PARA EL CRUJIENTE DE PACANAS

1 taza (250 ml) de copos de avena sin gluten

1⅓ tazas (325 ml) de nueces pecanas, picadas

¼ de taza (60 ml) de harina de almendras con o sin piel

1 cucharadita (5 ml) de canela en polvo

¼ de cucharadita (1 ml) de sal marina fina

2 cucharadas (30 ml) de mantequilla vegana fundida

2 cucharadas (30 ml) de aceite virgen de coco (o más mantequilla vegana), fundido

2 cucharadas más 1½ cucharaditas (37 ml) de jarabe de arce

Mantequilla vegana o aceite de coco, para servir

5. Cubre el crujiente con la mezcla de boniato, en una capa igualada.

6. Hornéalo entre 14 y 18 minutos, hasta que todo el plato esté caliente. La parte superior quedará de un color claro. Emplátalo y sírvelo al momento con una nuez de mantequilla vegana o aceite de coco. Este plato aguanta en la nevera, bien envuelto, durante cuatro o cinco días, o congelado en la nevera hasta un mes. Algunas veces preparo esta receta en dos platos resistentes al calor, cocino uno de ellos y congelo el otro para otra ocasión.

Sugerencia: Si no quieres que tenga un ligero sabor a coco, es mejor que uses aceite de coco refinado.

Versión sin soja: Usa mantequilla vegana sin soja.

Tofu italiano marinado

VEGANA, SIN GLUTEN, SIN FRUTOS SECOS, SIN CEREALES, PREPARACIÓN PREVIA, PARA NIÑOS
4 RACIONES
TIEMPO DE PREPARACIÓN: 10 MINUTOS
TIEMPO DE MARINADO: 30 MINUTOS O TODA LA NOCHE

Esta es una forma sencilla y rápida de añadir un montón de sabor al tofu, y además no necesita horno. El tofu tiene un sabor muy neutro cuando lo sirves solo, pero la ventaja es que absorbe los sabores muy bien. Una marinada puede marcar la diferencia entre un tofu insípido y otro sensacional. Esta tiene un fantástico sabor entre dulce y ácido, gracias al vinagre balsámico, mejorado con una generosa cantidad de hierbas aromáticas y ajo. Después de crear esta mezcla, me quedé completamente enganchada. Estos cubos marinados son geniales como aderezo para la ensalada, y no tener que usar el horno en verano es una gran ventaja. Si te gustan más calientes, puedes soasar ligeramente los cubos de tofu en una sartén. Si no, simplemente añade el tofu a la marinada y déjalo reposar el tiempo que puedas (30 minutos o hasta toda la noche, como tú quieras). Yo incluso dejo las sobras en la nevera, tofu y marinada juntos, durante unos días. La marinada es una base perfecta para modificar y crear diferentes sabores. Puedes probar con tus hierbas aromáticas favoritas, tanto frescas como secas. Prueba el tofu marinado en un rollito, un revuelto o una ensalada, para un sabroso aporte de proteínas.

- 1 bloque de tofu duro o extraduro (340 a 450 g), escurrido y secado con papel de cocina
- 1/3 de taza (75 ml) de aceite de oliva virgen extra
- 1/3 de taza (75 ml) de vinagre balsámico
- 2 cucharadas (30 ml) de salsa de soja baja en sodio
- 4 dientes de ajo medianos, rallados con un rallador Microplane
- 1 cucharadita (5 ml) de jarabe de arce, o a tu gusto
- 1 cucharadita (5 ml) de ralladura de limón
- 1/2 cucharadita (2 ml) de albahaca seca
- 1/2 cucharadita (2 ml) de orégano seco
- 1/4 de cucharadita (1 ml) de tomillo seco
- 1/4 de cucharadita (1 ml) de sal marina fina
- 1/8 de cucharadita (0,5 ml) de pimienta negra recién molida

1. Corta el tofu en unos 64 cubos de 1 cm. Yo corto el bloque entero por la mitad transversalmente, a continuación corto cada mitad en cuatro columnas largas y luego corto cada trozo en ocho filas (puedes ver el tutorial en imágenes en la página 358). Coloca los cubos de tofu en un recipiente grande con una tapa o en una bolsa grande con autocierre.

2. Añade el aceite de oliva, el vinagre, la salsa de soja, el ajo, el jarabe de arce, la ralladura de limón, la albahaca, el orégano, el tomillo, la sal y la pimienta y tápalo o cierra la bolsa. Mézclalo hasta que el tofu esté bien cubierto por la salsa marinada.

3. Deja el tofu en la nevera durante al menos 30 minutos, o más tiempo, si lo tienes. Algunas veces yo lo dejo marinándose durante 1 hora; otras veces, toda la noche. Verás que el sabor va mejorando cuanto más tiempo lo dejes. Puedes guardar las sobras en la nevera durante tres o cuatro días. La salsa tiende a solidificarse cuando se enfría, por efecto del aceite de oliva. Si esto ocurre, simplemente deja el recipiente o la bolsa sobre la encimera a temperatura ambiente y se fundirá otra vez.

Tofu crujiente

VEGANA, SIN GLUTEN, SIN FRUTOS SECOS, SIN CEREALES, PREPARACIÓN PREVIA, PARA NIÑOS
4 RACIONES
TIEMPO DE PREPARACIÓN: **10 MINUTOS**
TIEMPO DE PRENSADO: **30 MINUTOS O TODA LA NOCHE**
TIEMPO DE COCCIÓN: **8 A 12 MINUTOS**

Muchos encuentran que la textura del tofu es demasiado blanda y le falta consistencia. Pero con este método de preparación podemos crear un tofu crujiente y con un sabor ligero que queda estupendo con un montón de platos diferentes, y que bien puede conseguir el beneplácito de tus amigos y familiares que detestan el tofu. Con toda la intención, he mantenido suave el sabor en esta receta, para que se mezcle con los sabores de cualquier plato al cual quieras añadirla, armónicamente sin anularlos. Pruébalo con mi *aliño de pasta de sésamo con limón* (página 303) o añádelo como aderezo en mi *ensalada para brillar todos los días* (página 145), o como una forma fácil de obtener proteínas en la *ensalada de fideos soba* (página 218). La receta está pensada para prepararla en una sartén de hierro fundido, porque así se intensifica la corteza crujiente del tofu. Si no tienes una, puedes usar una sartén normal de freír, lo único es que el tofu no te quedará tan crujiente.

- 1 bloque de tofu (340 a 450 g) firme o extrafirme
- 3 cucharaditas (15 ml) de aceite de aguacate, de semillas de uva o de oliva
- 1 cucharadita (5 ml) de ajo en polvo
- ¼ de cucharadita (1 ml) de sal marina fina
- ¼ de cucharadita (1 ml) de cebolla en polvo (opcional)

1. Siguiendo las instrucciones de la página 309, prensa el tofu toda la noche, o al menos 30 minutos.
2. Corta el tofu prensado en 9 o 10 rectángulos de 1 cm de grosor y luego corta cada rectángulo en 6 cuadrados, lo que dará un total de 54 a 60 trozos de tofu.
3. Calienta una sartén de hierro fundido (o antiadherente) a fuego medio o fuerte durante varios minutos.
4. En un bol grande, mezcla con cuidado el tofu con 1 1/2 cucharaditas (7 ml) de aceite hasta que quede recubierto. Añade el ajo en polvo, la sal y la cebolla en polvo, si la utilizas.

5. La sartén estará en su punto de temperatura cuando al echarle una gota de agua, chisporrotee. Añade 1 1/2 cucharaditas (7 ml) de aceite e inclina la sartén para que se distribuya uniformemente por toda la superficie. Agrega el tofu a la sartén en una única capa (cuidado: como el aceite puede salpicar, usa una tapa si quieres, pero asegúrate de que todos los trozos estén extendidos en contacto con la sartén). Si tu sartén es demasiado pequeña para cocinar todo el tofu de una vez, hazlo por turnos.

6. Cocina el tofu por un lado de 4 a 7 minutos, hasta que la corteza adquiera un tono dorado con algunos puntos marrones (la corteza debe ser de 1,5 mm de grosor). Dale la vuelta a cada trozo con un tenedor (lo sé, esta parte es un poco laboriosa) y cocínala de 4 a 5 minutos más, hasta que se dore. Sírvelo al momento; la corteza del tofu se reblandece a medida que se enfría.

Sopa de repollo picante estimulante del metabolismo

VEGANA, SIN GLUTEN, VERSIÓN SIN FRUTOS SECOS, SIN SOJA, SIN CEREALES, SE PUEDE CONGELAR
PARA 8 TAZAS (2 L)/4 RACIONES
TIEMPO DE PREPARACIÓN: 20 A 25 MINUTOS
TIEMPO DE COCCIÓN: 25 A 30 MINUTOS

La col no es uno de mis vegetales favoritos, y le pasa a mucha gente, tal vez a ti también. Pero esta sopa ha cambiado mi opinion sobre la humilde col. Forma parte de una dieta sana, sin llegar a saber como una sopa dietética. La tomo religiosamente durante todo el invierno, como una forma genial de compensar los excesos habituales de la dieta de vacaciones. Las recetas tradicionales de sopa de col tienden a ser insípidas y sin proteínas, así que decidí usar mi *mezcla de nueve condimentos* (página 297) para mejorar el sabor y un puñado de lentejas rojas para darle contenido en proteínas. El resultado es una sopa sabrosa y picante de repollo, cargada de proteínas y fibra, y además su sabor se intensifica a medida que reposa. Gracias a las lentejas, esta sopa sirve como almuerzo, sobre todo si la acompañas con un poco de pan.

1. En una olla sopera, calienta el aceite a fuego medio. Añade la cebolla y el ajo y saltéalos durante 5 o 6 minutos, hasta que la cebolla quede blandita. Añade 2 cucharadas (30 ml) de *mezcla de nueve condimentos* y cocínalo durante 1 o 2 minutos, hasta que desprenda su aroma.

2. Incorpora el repollo y los tomates picados con su jugo. Hiérvelo a fuego medio-alto durante unos 5 minutos.

3. Añade el caldo, las lentejas rojas y las patatas. Remuévelo. Tápalo y déjalo hervir a fuego medio de 15 a 20 minutos, o hasta que las lentejas y las patatas estén tiernas.

4. Condimenta con sal y pimienta a tu gusto. También puedes añadir de 1 a 1 1/2 cucharaditas más (5 a 7 ml) de *mezcla de nueve condimentos* si quieres la sopa un poco más picante.

5. Sírvela con un poco de *crema agria de anacardos*. La crema se mezclará rápidamente con la sopa, dando lugar a una sopa cremosa. Puedes guardarla en la nevera hasta una semana y en el congelador, entre uno y dos meses.

- 4 cucharaditas (20 ml) de aceite de oliva virgen extra
- 1 cebolla dulce grande, picada
- 3 dientes de ajo, picados
- 2 cucharadas (30 ml) de *mezcla de nueve condimentos* (página 297), o al gusto
- 450 g de col verde (¼ de un repollo grande), sin el corazón y cortada en tiras finas (unas 5 tazas/1,25 l)
- 1 lata de 400 ml de tomates en dados, con su jugo
- 4 tazas (1 l) de caldo vegetal bajo en sodio
- ½ taza (125 ml) de lentejas rojas crudas
- 2 patatas Yukon Gold medianas o 1 boniato pelado (225 g), cortado en cubos de 1 cm
- ½ a 1 cucharadita (2 a 5 ml) de sal marina fina
- Pimienta negra recién molida
- *Crema agria de anacardos* (página 299), para servir (opcional)

Sugerencia: Es importante cortar las patatas pequeñas para que se cocinen rápido y bien. Una buena medida es cortarlas en dados de 1 cm.

Versión sin frutos secos: No utilices crema de anacardos para servir.

Sopa *thai* cremosa de boniato y zanahoria

VEGANA, SIN GLUTEN, VERSIÓN SIN SOJA, SIN CEREALES, SE PUEDE CONGELAR
PARA 8 TAZAS (2 L)/4 RACIONES
TIEMPO DE PREPARACIÓN: 25 MINUTOS
TIEMPO DE COCCIÓN: 20 A 26 MINUTOS

Esta es mi sopa favorita con varios ingredientes, y durante el otoño y el invierno no hemos dejado de tomarla una vez a la semana. La tenemos en reserva, como nos gusta decir. La sopa tiene todo el sabor de la pasta de curri rojo, un auténtico ingrediente tailandés. Es reconfortante y picante, pero no es demasiado fuerte, y las notas de cilantro, ajo, jengibre y pimienta la mejoran, creando sabores ricos y elaborados al instante. La sopa también posee una rica textura espesa, que realmente te reconforta cuando llega el tiempo frío. Si no tienes mantequilla de almendras, puedes usar mantequilla de cacahuetes. También es muy rica servida con un montón de arroz cocido encima del bol, que hace este plato más consistente. Muchas gracias a mi amiga Angela Simpson, la bloguera de eat-spin-run-repeat.com, por inspirarme esta deliciosa receta.

1. En una cacerola grande calienta el aceite de oliva a fuego medio.

2. Añade la cebolla, el ajo y el jengibre y saltéalos durante 5 o 6 minutos, hasta que la cebolla quede transparente.

3. Añade la pasta de curri.

4. En un bol pequeño, mezcla un poco de caldo con la mantequilla de almendras hasta que quede una textura fina. Añade la mezcla a la cacerola, junto con el resto del caldo, las zanahorias, los boniatos, la sal y la cayena, si la utilizas. Mézclalo bien.

5. Haz hervir la sopa a fuego medio o alto y luego redúcela. Tápala y déjala hervir de 15 a 20 minutos, hasta que los boniatos y las zanahorias estén blandos al pincharlos con un tenedor.

PARA LA SOPA

1 cucharada (15 ml) de aceite virgen de coco

2 tazas (500 ml) de cebolla dulce en dados

2 dientes de ajo, picados

1 cucharada (15 ml) de jengibre fresco picado

2 cucharadas (30 ml) de pasta de curri rojo

4 tazas (1 l) de caldo vegetal bajo en sodio, y más si es necesario

¼ de taza (60 ml) de mantequilla de almendras crudas

3 tazas (750 ml) de zanahorias sin piel en dados de 1 cm

3 tazas (750 ml) de boniatos pelados en dados de 1 cm

½ cucharadita (2 ml) de sal marina fina, o más al gusto

¼ de cucharadita (1 ml) de cayena (opcional)

Pimienta negra recién molida

IDEAS PARA ADEREZOS

Cilantro fresco picado

Almendras tostadas con salsa de soja (página 301)

Zumo de lima recién exprimido

6. Vierte la sopa con cuidado en la batidora. Seguramente tendrás que prepararla en un par de tandas, según el tamaño de tu batidora. Con la tapa ligeramente separada para dejar que salga el vapor, bátela despacio y ve aumentando la velocidad hasta que la sopa quede con una textura completamente fina. También puedes usar una batidora tipo minipimer y triturar la sopa directamente en la olla.

7. Devuelve la sopa a la cacerola y condiméntala con sal y pimienta negra. Si te gusta más líquida, puedes diluirla con un poco más de caldo, a tu gusto. Caliéntala de nuevo si es necesario.

8. Reparte la sopa en boles y cúbrela con cilantro picado, las *almendras tostadas con salsa de soja* y un chorro de zumo de lima, opcionalmente. Esta sopa aguanta en la nevera hasta una semana y congelada de uno a dos meses.

Versión sin soja: Prepara las *almendras tostadas con salsa de soja* con savia de cocotero (aminos de coco) en lugar de con salsa de soja.

Sopa de queso y seis vegetales

VEGANA, SIN GLUTEN, SIN FRUTOS SECOS, SIN SOJA, VERSIÓN SIN CEREALES
PARA 8 A 10 TAZAS (2 A 2,5 L)/4 RACIONES
TIEMPO DE PREPARACIÓN: 25 MINUTOS
TIEMPO DE COCCIÓN: 20 MINUTOS

Esta suculenta sopa es un plato diario fácil de preparar, ideal para las estaciones más frías, de textura fina y elaborada con seis sanísimos vegetales. La levadura nutricional le da un ligero sabor como a queso, tan rico que limito el número de especias, para permitir que este sabor destaque. La ventaja de preparar esta sopa triturada es que no tienes que pasarte el tiempo cortando verduras cuidadosamente, porque las vas a triturar. Esto significa que tardas menos en prepararla. Para darle algo de textura, prueba a aderezarla con *crostones de ajo superfáciles* (página 295) y semillas de calabaza tostadas para hacerla un poco crujiente.

1. En una olla grande, calienta el aceite de oliva a fuego medio. Añade la cebolla, el ajo y un par de pellizcos de sal y saltéalo a fuego medio durante 3 o 4 minutos hasta que la cebolla se ablande.
2. Agrega el apio, las zanahorias, el brócoli y el boniato. Continúa salteándolo a fuego medio durante unos 5 minutos. Remuévelo con frecuencia.
3. Incorpora el caldo y mézclalo. Hierve la sopa a fuego lento. Tápala y hazla hervir a fuego medio de 12 a 15 minutos, o hasta que los vegetales estén tiernos al pincharlos con un tenedor.
4. Apaga el fuego y retira la tapa. Deja que la sopa se enfríe durante 5 minutos.
5. Vierte con cuidado la sopa en una batidora (tal vez debas hacerlo en dos turnos, dependiendo del tamaño de tu batidora). Añade 3 cucharadas de levadura nutricional, 1/2 cucharadita de sal y pimienta y la cayena si la utilizas. También puedes usar una batidora de mano, tipo minipimer.

2 cucharadas (30 ml) de aceite de oliva virgen extra

1 cebolla grande o mediana, picada (unas 2 a 2½ tazas/500 a 625 ml)

3 dientes de ajo grandes, picados

1 taza (250 ml) de apio, picado (unos 2 o 3 tallos)

1 taza (250 ml) de zanahorias peladas y picadas (unas 2 zanahorias pequeñas o medianas)

6 tazas colmadas (1,5 l) de cogollos de brócoli (aproximadamente un brócoli entero grande)

2 tazas (500 ml) de boniatos pelados y en dados (1 boniato pequeño)

5 a 6 tazas (1,25 a 1,5 ml) de caldo vegetal bajo en sodio, más el que sea necesario

3 a 4 cucharadas (45 a 60 ml) de levadura nutricional, o al gusto

Sal y pimienta al gusto (yo uso aproximadamente 1 cucharadita/0,5 ml)

¼ de cucharadita (1 ml) de cayena (opcional)

Vinagre de vino blanco o zumo de limón recién exprimido al gusto (suelo añadir 1 a 2 cucharaditas/5 a 10 ml de vinagre de vino blanco para añadir sabor)

Semillas de calabaza tostadas, para servir

Crostones de ajo superfáciles (página 295), para servir

6. Con la tapa de la batidora un poco separada, para dejar que el vapor salga, bate con cuidado la mezcla empezando a velocidad baja y aumentándola hasta que la sopa tenga una textura fina.

7. Devuelve la sopa triturada a la olla. Mézclala y añade más sal al gusto. Luego añade más levadura nutricional (opcional), pimienta negra y vinagre al gusto.

8. Reparte la sopa en boles individuales. Aderézala con semillas de calabaza y crostones, opcionalmente.

9. Puedes guardar las sobras en un tarro de cristal de cinco a siete días en la nevera. Para ello, deja que se enfríe antes de cerrar la tapa. Para congelarla, pon la sopa fría en un recipiente o jarra de cristal, dejando 2,5 cm de espacio sin llenar porque el líquido se expandirá. Enrosca la tapa y congélala. Se conservará de uno a dos meses.

Versión sin cereales: Sirve esta sopa sin los *crostones de ajo superfáciles*.

Estofado de lentejas francesas

VEGANA, SIN GLUTEN, VERSIÓN SIN FRUTOS SECOS, SIN SOJA, SIN CEREALES, PREPARACIÓN PREVIA,
VERSIÓN PARA NIÑOS, SE PUEDE CONGELAR
PARA 8 TAZAS (2 L)/4 RACIONES
TIEMPO DE REMOJO: 1 A 2 HORAS O TODA LA NOCHE
TIEMPO DE PREPARACIÓN: 20 A 25 MINUTOS
TIEMPO DE COCCIÓN: 36 A 43 MINUTOS

Este estofado es especialmente rico y cremoso, gracias a la base de crema sin lácteos, que puede estar preparada a base de cereales o semillas. La cúrcuma le da su vistoso y alegre color, por no mencionar sus beneficios antiinflamatorios; la curcumina, uno de los compuestos de la cúrcuma, ha demostrado que reduce la hinchazón y la inflamación. Por cierto, cuando estaba creando esta receta, probé este estofado con anacardos y crema de semillas de girasol, y los dos quedan estupendamente bien.

Es una receta adecuada para los alérgicos a los frutos secos, siempre y cuando puedan tomar semillas de girasol. El estofado está especiado con tomillo y comino, y lleva además una importante cantidad de verduras de hoja verde (kale o acelgas) y otras hortalizas como la zanahoria y el apio. Las lentejas francesas tienen una textura deliciosa, pero puedes usar también lentejas verdes o marrones, si no dispones de otras. El estofado será algo más espeso, porque estas variedades de lentejas se deshacen con más facilidad.

1. Pon los anacardos en un bol y cúbrelos con 5 centímetros de agua. Déjalos en remojo de 1 a 2 horas o toda la noche. (Una forma rápida de remojarlos es cubrirlos con agua hirviendo y dejarlos reposar de 30 a 60 minutos). Enjuágalos con agua y escúrrelos. Ponlos en una batidora de alta velocidad junto con 1/2 taza (125 ml) de agua. Tritúralos a alta velocidad hasta que la textura sea supersuave y cremosa. Reserva la crema.

- 1/2 taza (125 ml) de anacardos crudos, o 1/4 de taza y 2 cucharadas (90 ml) de semillas de girasol crudas

- 2 tazas (500 ml) de agua

- 2 cucharadas (30 ml) de aceite de oliva virgen extra

- 1 cebolla dulce o amarilla grande en dados o 2 puerros limpios y cortados en rodajitas finas (unas 2 tazas/ 500 ml)

- 4 dientes de ajo grandes, picados (2 cucharadas/30 ml)

- 1 a 1½ cucharaditas (5 a 7 ml) de sal marina fina, o al gusto, y un par de pizcas más

- 2 zanahorias medianas en dados (1 taza/275 ml)

- 2 tallos de apio en dados (3/4 de taza/175 ml)

- 2 cucharaditas (10 ml) de comino en polvo

- 1½ cucharaditas (7 ml) de tomillo seco

- 1 cucharadita (5 ml) de cúrcuma en polvo

- 1 lata (400 ml) de tomates picados con su jugo

- 3/4 de taza (175 ml) de lentejas francesas verdes crudas, seleccionadas y lavadas con agua

- 4 tazas (1 l) de caldo vegetal bajo en sodio

- 3 tazas (750 ml) de hojas de acelga o de kale

- Pimienta negra recién molida

- 1 a 2 cucharaditas (5 a 10 ml) de vinagre de vino blanco, o al gusto

2. En una olla de hierro grande o en una olla sopera, calienta el aceite de oliva a fuego medio. Añade la cebolla, el ajo y un par de pellizcos de sal y saltéalo hasta que la cebolla esté blanda, de 4 a 6 minutos.

3. Agrega la zanahoria y el apio y cocínalos durante varios minutos. Añade el comino, el tomillo y la cúrcuma y remueve hasta que estén mezclados.

4. Incorpora los tomates picados con su jugo, las lentejas, el caldo y el agua restante. Aumenta el fuego a alto y hazlo hervir a fuego fuerte. Redúcelo a medio y deja que hierva a fuego lento sin tapar de 30 a 35 minutos, hasta que las lentejas estén tiernas.

5. Añade la crema de anacardos y las acelgas. Luego más sal, la pimienta y el vinagre al gusto (el papel del vinagre es aportar alegría a la sopa; añádelo poco a poco y sigue probándola hasta alcanzar el punto deseado, porque el sabor del vinagre puede acabar resultando demasiado fuerte). Cocínalo durante un par de minutos a fuego bajo o medio, hasta que las acelgas se ablanden, y luego sírvelo. Este estofado puede guardarse en un recipiente hermético en la nevera hasta cinco días, o puedes congelarlo durante uno o dos meses (siempre deja que se enfríe por completo antes de guardarlo). El estofado se espesará después de asentarse en la nevera; puedes diluirlo con un poco de caldo cuando lo recalientes, si quieres, o simplemente servirlo con algo de pan tostado.

Sugerencia: Cuando la crema de anacardos (o de semillas de girasol) se mezcla en la sopa, verás que se forman una especie de puntos, debido a la reacción con el vinagre. Esto es normal y no afecta al delicioso sabor de la sopa.

Versión sin frutos secos: Usa crema de semillas de girasol en lugar de crema de anacardos.

Versión para niños: Esta sopa tiene muchos ingredientes ricos en nutrientes, lo que puede significar masticar un montón, algo que puede costarles mucho a los niños. Puedes triturar sus raciones en la batidora y servirlas con mis *crostones de ajo superfáciles* (página 295) cortados en tiras, para mojar en la sopa.

El gazpacho original

VEGANA, SIN GLUTEN, SIN FRUTOS SECOS, SIN SOJA, SIN CEREALES, SIN ACEITE, SE PUEDE CONGELAR
PARA 8 TAZAS (2 L)/4 RACIONES
TIEMPO DE PREPARACIÓN: 10 MINUTOS

Esta es la sopa perfecta para servir en un día de verano, y puntos extra para ti si además lo tomas al aire libre. Tal vez el gazpacho parece una sopa difícil de preparar, o al menos eso pensaba yo antes. Me costó encontrar el equilibrio de sabores. Después de un montón de pruebas, encontré mi versión perfecta, y esta receta nunca me decepciona. Es mi forma favorita de usar los tomates de temporada. En verano, lo preparo una vez a la semana. Te recomiendo que uses los tomates más pequeños, como los Roma, que son los más sabrosos. También ten presente que esta receta es para una buena cantidad de gazpacho (casi 8 tazas, 2 l). Los ingredientes caben en mi Vitamix de 2 l. Si tu batidora es más pequeña, te recomiendo prepararlo en varias tandas antes de mezclarlo todo al final, o simplemente usa el método del procesador que te explico más adelante, y conseguirás una sopa con tropezones. No te preocupes por el resultado. Engullirás esta sopa fría rápidamente, y las sobras ganan sabor con el transcurso de los días. A veces me puedes pillar bebiéndolo directamente de la jarra. Estoy segura de que eso no te sorprenderá. Si quieres un pequeño cambio en el sabor, añádele a la mezcla un par de cucharadas de albahaca fresca (30 ml), cilantro o perejil.

1. Para un gazpacho de textura fina. En una batidora, mezcla los tomates, el pimiento, el pepino, la cebolleta, el ajo, el cóctel de verduras y el zumo de lima y mézclalo a velocidad lenta hasta conseguir la textura que desees. Condiméntalo con sal, vinagre, pimienta negra y cayena, si la utilizas, y bátelo un momento otra vez para mezclarlo. La intensidad del color rojo cambiará según los tomates y los ingredientes que uses.

675 g de tomates maduros (6 o 7 pequeños), sin semillas y cortados

1 pimiento rojo grande, sin semillas y cortado

1 pepino inglés (unos 450 g), pelado y troceado

¼ de taza (60 ml) de cebolletas picadas

1 diente de ajo grande

2 tazas (500 ml) de cóctel de verduras o zumo de tomate (ver sugerencias)

1 cucharada (15 ml) de zumo de lima recién exprimido

Sal marina fina

3 a 4 cucharadas (20 a 45 ml) de vinagre de Jerez o vinagre balsámico, o al gusto

Pimienta negra recién molida

Cayena (opcional)

IDEAS PARA ADEREZOS

Aguacate cortado

Chorrito de aceite de oliva virgen extra

Crostones de ajo superfáciles (página 295)

Pepino picado y pimiento rojo

Albahaca fresca picada, perejil o cilantro

2. Para un gazpacho con tropezones. Pica el ajo en el procesador. Añade los tomates, el pimiento, el pepino y la cebolleta y deja que se triture hasta conseguir la textura que te guste. Pon la mezcla en un bol grande o en un tarro o jarra grande, añade el resto de los ingredientes y tápalo.

3. Deja que se enfríe durante 3 o 4 horas o toda la noche.

4. Repártelo en boles y aderézalo con tus ingredientes favoritos. Esta sopa aguanta en la nevera durante tres días y congelada, de uno a dos meses. Mézclalo (o agítalo, si lo guardas en un tarro) antes de servirlo, porque los ingredientes tienden a separarse.

Sugerencias: Me encanta el cóctel de verduras bajo en sodio Very Veggie, de la marca R.W. Knudsen Family. La ventaja de usar un cóctel vegetal es que añade mucho sabor; pero si quieres puedes usar simplemente zumo de tomate sin más. Si optas por preparar un gazpacho de textura fina, lo puedes tomar en un vaso, como si fuera un zumo vegetal. A mí me encanta ponerlo en un tarro de vidrio y meterlo en el refrigerador para tomar una bebida fría a base de verduras.

El caldo de las curaciones milagrosas

VEGANA, SIN GLUTEN, SIN FRUTOS SECOS, SIN SOJA, SIN CEREALES, SE PUEDE CONGELAR
PARA 1½ TAZAS (375 ML)/1 O 2 RACIONES
TIEMPO DE PREPARACIÓN: 5 A 10 MINUTOS
TIEMPO DE COCCIÓN: 10 MINUTOS

Un día que me encontraba hecha polvo estaba buscando algo que pudiera preparar sin mucho esfuerzo en unos pocos minutos. Hice una lista de mis ingredientes curativos favoritos, y lo eché todo en una cazuela. Bueno, he de decir que ya en el primer intento, el resultado me emocionó. Todavía me cuesta creer qué bien sabe este caldo regenerativo, que a la vez es increíblemente nutritivo. Lleva ajo fresco, muy beneficioso para el sistema inmunitario, además de jengibre fresco, con propiedades antibacterianas y antiinflamatorias. La base lleva leche de coco, y eso le da al caldo una textura supercremosa y exquisita, con un toque sibarita. Para conseguir una textura aún más suave, suelo colar el caldo. Un poco de zumo de limón recién exprimido y la cayena le dan a esta receta un extra de propiedades beneficiosas para el sistema inmunitario, además de un sabor ácido y picante. Prepáralo siempre que necesites un verdadero chute de energía o cuando te estés recuperando de un resfriado.

- 1 cucharada (15 ml) de aceite virgen de coco
- 1½ tazas (375 ml) de cebolla picada
- 6 dientes de ajo pequeños/medianos, rallados con un rallador Microplane (1 cucharada colmada/15 ml; ver sugerencia)
- 1 cucharada (15 ml) de jengibre fresco rallado
- ½ cucharadita (2 ml) de cúrcuma en polvo, o al gusto
- 1 lata (400 ml) de leche de coco ligera
- ¼ de cucharadita (1 ml) de sal marina fina, o al gusto
- ⅛ de cucharadita (0,5 ml) de pimienta negra recién molida, o al gusto
- Hasta ⅛ de cucharadita (0,5 ml) de cayena, o al gusto
- ½ cucharadita (2 ml) de zumo de limón recién exprimido, o al gusto

1. En una olla mediana, calienta el aceite de coco a fuego bajo o medio.
2. Añade la cebolla, el ajo y el jengibre y remuévelo todo hasta mezclarlo bien. Saltéalo a fuego medio, removiendo con frecuencia, durante unos 5 minutos, o hasta que la cebolla se ablande.
3. Agrega la cúrcuma y mézclala bien con el resto de los ingredientes, y luego la leche de coco. Hierve la mezcla despacio a fuego medio o alto.
4. Añade la sal, la pimienta negra, la cayena y el zumo de limón al gusto. Hiérvelo a fuego lento durante 3 o 4 minutos, o más, si te parece que hace falta.

Sugerencia: Si rallas los dientes de ajo en un rallador Microplane le aportarás mucho más sabor a la sopa. Si no tienes un rallador de este estilo, puedes picarlos en un miniprocesador o con un cuchillo. Ve despacio cuando ralles ajo: no vayas a rallar también algún dedo.

5. Pon un colador de malla fina sobre un bol. Vierte el caldo encima del colador, con cuidado. Con una cuchara, presiona suavemente los ingredientes sólidos para que liberen un poco más de líquido. Utiliza los restos sólidos para hacer compost.

6. Vierte el caldo en una o dos tazas y bébelo. Las sobras puedes guardarlas en un recipiente hermético en la nevera un par de días o congelarlas durante uno o dos meses. Para recalentarlas, pon el caldo en una olla pequeña a fuego medio, remuévelo y caliéntalo ligeramente.

ENTRANTES

Eric y yo tenemos un negocio, y como es de esperar no siempre disponemos de tiempo para sentarnos a comer, pero Adriana nos ha dado la motivación para traer este ritual de vuelta a nuestras vidas de forma habitual y hacer un esfuerzo extra para procurar que nuestras comidas sean equilibradas. Este capítulo contiene algunas de nuestras cenas favoritas para las noches de entre semana, como los *fusilli con lentejas y champiñones a la boloñesa* (página 193), los *boniatos rellenos* (página 196) y la *pasta con tomates secados al sol* (página 221). A menudo también disfrutamos preparando comidas con un par de guarniciones distintas, o con una sopa sustanciosa, como el *estofado de lentejas francesas* (página 176) con pan crujiente, así que acuérdate de este capítulo cuando tengas que planificar recetas para cenar. Si se presenta una ocasión especial o algún tiempo extra durante el fin de semana, prueba mis *tacos definitivos* (página 227), los *nachos con queso y chili* (página 202) o el *pastel del pastor* (página 199). Estas recetas requieren más tiempo de preparación, pero son de verdad espectaculares. Algunas comidas para congelar siempre van bien, como las *hamburguesas veganas ¡Oh, Dios mío!* (página 190), la *salsa marinara a prueba de fallos* (página 209), los *fusilli con lentejas y champiñones a la boloñesa* (página 193) y las *lentejas rojas reconfortantes y curri de garbanzos* (página 215), opciones que son ideales para preparar con antelación y congelar. Ten por seguro que tu familia devorará estos platos; según dicen los que prueban mis recetas habitualmente, mi familia y mis amigos, estas comidas sencillas satisfacen por igual tanto a vegetarianos como a omnívoros.

Gran bol de tabulé

VEGANA, SIN GLUTEN, SIN FRUTOS SECOS, SIN SOJA
4 O 5 RACIONES
TIEMPO DE PREPARACIÓN: 45 MINUTOS (TODA LA RECETA)
TIEMPO DE COCCIÓN: 50 A 60 MINUTOS (TODA LA RECETA)

Este bol ocupa una de las primeras posiciones de mi lista de comidas favoritas. La receta combina muchos de mis platos favoritos, incluido el *tabulé de sorgo y semillas de cáñamo peladas*, el *hummus de ajo y limón para todos los días*, el *aliño de sésamo con limón* y el *falafel de garbanzos especiados*. Por todo esto, el tiempo de preparación es más largo, pero si tienes alguna de esas recetas ya preparadas, tardarás solo un momento en dejarla lista para comer. Es una forma estupenda de usar las sobras del aliño o del *hummus*. Sírvelos con pan de pita fresco (o si quieres un toque crujiente, con las *galletas saladas para aguantar hasta el final*, página 118), aceitunas (si te gustan), calabacines gratinados, hierbas frescas y semillas de sésamo. O puedes mezclar y combinar las recetas con las que tengas a mano. Hay un montón de posibilidades increíbles que te llenarán de energía, alegría y satisfacción.

1. Prepara el tabulé, el *hummus* y el aliño, si puedes con anticipación para tenerlos listos para usar.

2. Prepara el falafel de garbanzos especiados. En un bol grande, mezcla los garbanzos y el aceite de oliva, y remuévelos bien. Añade el resto de los ingredientes y remuévelos hasta que queden bien combinados.

3. Enciende la parrilla a potencia baja o media, o pon una sartén a fuego medio. Baña cada rodaja de calabacín con aceite y luego colócalas en la parte más alta de la parrilla (o en la sartén). Deja que se hagan unos minutos por cada lado, o hasta que los calabacines estén tiernos y tengan las marcas de la parrilla.

4. Añade en cada bol la cantidad que desees de tabulé, *hummus*, garbanzos, calabacines, pan de pita y aceitunas, si las usas. Agrega por encima el aliño. Adereza con unas semillas de sésamo, hierbas frescas y gajos de lima al gusto.

PARA EL BOL

Tabulé de sorgo y semillas de cáñamo peladas (página 135)

Hummus de ajo y limón para todos los días (página 121)

Aliño de pasta de sésamo con limón (página 303)

PARA EL FALAFEL DE GARBANZOS ESPECIADOS

1 lata de garbanzos de 400 ml, escurridos y lavados con agua, o 1½ tazas (375 ml) de garbanzos cocidos

1 cucharadita (5 ml) de aceite de oliva virgen extra

½ cucharadita (2 ml) de ajo en polvo

½ cucharadita (2 ml) de cebolla en polvo

½ cucharadita (2 ml) de comino en polvo

½ cucharadita (2 ml) de cilantro molido

½ cucharadita (2 ml) de pimentón dulce o pimienta de Jamaica

½ cucharadita (2 ml) de sal marina fina

PARA MONTAR EL PLATO

2 calabacines medianos, o más si lo deseas, en rodajas

Aceite para gratinar

Pan de pita cortado en triángulos

Aceitunas (opcional)

Semillas de sésamo (opcional)

Hierbas frescas picadas, como perejil, menta o cilantro (opcional)

Gajos de limón (opcional)

Hamburguesas veganas ¡Oh, Dios mío!

VEGANA, VERSIÓN SIN GLUTEN, VERSIÓN SIN FRUTOS SECOS, SIN SOJA,
PREPARACIÓN PREVIA, VERSIÓN PARA NIÑOS, SE PUEDE CONGELAR
PARA 11 O 12 HAMBURGUESAS MEDIANAS (11 O 12 RACIONES)
TIEMPO DE PREPARACIÓN: 40 MINUTOS
TIEMPO DE COCCIÓN: 25 A 35 MINUTOS

Esta es la nueva receta de hamburguesa vegana preferida por mi familia. Para escribir este libro, habré probado unas veinticinco recetas de hamburguesa vegana, y al final acabé dando con una versión que estoy segura de que gustará a todos. Lleva boniato (o calabaza, como tú quieras), alubias negras, salsa barbacoa, ajo y una colección de especias sabrosas, y además de cocinarse perfectamente y de mantenerse compacta, la textura es perfecta. Mis aderezos favoritos para esta hamburguesa son la salsa barbacoa, la mayonesa vegana, el aguacate, el tomate y sal y pimienta. Pruébalo tú mismo y verás.

Admito que requieren bastante preparación, pero créeme cuando te digo que vale la pena; con las cantidades de esta receta te saldrán unas 11 o 12 hamburguesas que puedes congelar después de cocinarlas y dejarlas enfriar. Para ahorrar tiempo, te recomiendo asar el boniato y preparar la *mezcla de nueve condimentos* el día antes. También asegúrate de picar los ingredientes muy finos y del mismo tamaño, porque esto ayudará a que las hamburguesas sean compactas. Siempre recomiendo que se lea la receta entera antes de empezar, pero en este caso, en el que hay que seguir tantos pasos, es especialmente importante, cuando hay tantos pasos.

1. Precalienta el horno a 190 °C. Pon papel de hornear sobre dos bandejas.

2. Pela los boniatos y córtalos en dados de 1 cm (o pela, quita las semillas y corta en dados la calabaza). Deberías obtener 4 tazas (1 l) de boniato cortado. Distribuye los dados sobre una de las bandejas y mézclalos con 1 cucharada (15 ml) de aceite de oliva. Condiméntalos con un pellizco de sal. Ásalos durante 15 minutos, luego dales la vuelta y ásalos

PARA LAS HAMBURGUESAS

- 565 g de boniato o calabaza (ver sugerencia)
- 1 cucharada y 2 cucharaditas (25 ml) de aceite de oliva virgen extra
- ¼ a ½ cucharadita (1 a 2 ml) de sal marina fina, o al gusto, más una pizca
- 1 taza (250 ml) de nueces picadas finas o ½ taza (125 ml) de semillas de girasol
- ⅔ de taza (150 ml) de cebolla picada fina
- 3 cucharadas (45 ml) de ajo picado (6 o 7 dientes grandes)
- 2 latas de 400 ml de alubias negras, escurridas y lavadas con agua
- 2 a 3 cucharadas (30 a 45 ml) de *mezcla de nueve condimentos* (página 297), o al gusto
- ¼ de taza (60 ml) de perejil fresco de hoja plana, picado fino
- ⅓ de taza (75 ml) de la *salsa barbacoa fácil* (página 293), o comprada en la tienda
- 1 taza (250 ml) de crostones de pan de espelta o de tus crostones favoritos
- 2 cucharadas (30 ml) de harina de avena sin gluten
- Bollitos, para servir

IDEAS PARA ADEREZOS

- *Mayonesa vegana casera* (página 307), o preparada
- *Salsa barbacoa fácil* (página 293), o comprada en la tienda
- Aguacate en rodajas
- Cebolla roja picada
- Rodajas de tomate

durante 15 o 20 minutos más, hasta que puedas pincharlos con un tenedor. Deja que se enfríen en una bandeja de 5 a 10 minutos y resérvalos.

3. En una sartén grande, tuesta las nueces a fuego medio durante 5 o 6 minutos, hasta que desprendan su olor y estén un poco doradas. Ponlas en un bol extragrande.

4. Limpia la sartén si hace falta y calienta las restantes 2 cucharaditas (10 ml) de aceite de oliva a fuego medio. Añade la cebolla y el ajo, mézclalos y saltea entre 3 y 5 minutos, hasta que se ablanden. Ponlos en el bol con las nueces y mézclalos.

5. En un procesador, tritura las alubias hasta obtener una mezcla de pasta de alubias, alubias troceadas y enteras. Ten cuidado de no triturarlas demasiado, el objetivo es conservar un poco de textura. Ponlas en un bol.

6. Mide 2 tazas (500 ml), poco llenas, de boniatos asados y ponlos en un bol grande con los ingredientes anteriores. Con un tenedor, aplástalos con suavidad.

7. Añade la *mezcla de nueve condimentos*, sal, perejil, la *Salsa barbacoa fácil*, los crostones de pan y la harina de avena al bol. Remuévelo hasta que todo quede bien combinado. Puedes trabajar la masa con las manos si te resulta más fácil, o seguir removiendo. Pruébala y corrige los condimentos, si ves que hace falta.

8. Pon 1/3 de taza (75 ml) de la masa y dale una forma redonda de hamburguesa, uniforme, apretándola con fuerza a medida que la amasas en tus manos. Colócala en la bandeja cubierta de papel de hornear (suelo usar la misma donde asé los boniatos). Repite hasta tener 11 o 12 hamburguesas en total, dejándolas en la bandeja con una separación mínima de 2,5 cm entre ellas.

9. Hornéalas durante 15 minutos, dales la vuelta con una espátula y hornéalas de 10 a 20 minutos, hasta que queden firmes y un poco doradas. Con una espátula, ponlas con cuidado en una rejilla para que se enfríen durante 20 minutos antes de servirlas (esto ayudará a que ganen consistencia). Sirve la hamburguesa en un bollito junto con tus aderezos favoritos.

10. Si te sobran hamburguesas, deja que se enfríen completamente antes de guardarlas en un recipiente hermético en la nevera hasta tres días. También puedes envolverlas individualmente en papel de aluminio, ponerlas en una bolsa de congelación, extraer el aire y congelarlas durante tres o cuatro semanas. Para comerlas, deja que se descongelen sobre la encimera o en la nevera antes de recalentarlas en una sartén engrasada a fuego medio o alto durante unos minutos por cada lado.

Sugerencia: Para esta receta necesitarás 2 tazas (500 ml) de boniatos o de calabaza asada. Si te sobra algo puedes servirlo como guarnición con las hamburguesas, así que no dudes en preparar más cantidad de la que indico.

Versión sin gluten: Usa crostones de pan sin gluten en lugar de crostones de pan de espelta.

Versión sin frutos secos: Usa semillas de girasol peladas en lugar de nueces.

Versión para niños: Haz hamburguesas pequeñas y sírvelas en bollitos pequeños. Tendrán el tamaño perfecto para sus manitas.

Fusilli con lentejas y champiñones a la boloñesa

VEGANA, VERSIÓN SIN GLUTEN, SIN FRUTOS SECOS, SIN SOJA, VERSIÓN PARA NIÑOS, SE PUEDE CONGELAR

6 A 8 RACIONES

TIEMPO DE PREPARACIÓN: 15 MINUTOS

TIEMPO DE COCCIÓN: 15 A 20 MINUTOS

Inventé esta receta una tarde lluviosa de otoño. Estábamos buscando un plato reconfortante, algo que pudiera prepararse rápido y fuese nutritivo. Desde luego es reconfortante, y ha resultado ser uno de los mayores éxitos de todas las recetas que he creado, adorada por adultos, niños, bebés y adolescentes. Este plato de pasta da para una gran olla, y lo que sobra lo acabamos comiendo directamente de la nevera o calientes, al día siguiente. La boloñesa tradicional es una salsa a base de carne, pero mi versión vegana con alto contenido en fibra está hecha con lentejas. El ingrediente «secreto» (la pasta de sésamo) le da una sorprendente y deliciosa cremosidad. Prueba a servirla con una sencilla guarnición de ensalada de verduras marinadas (prueba la *vinagreta balsámica para agitar y tomar*, página 311) y algo de pan crujiente para completar la comida. Es supersencillo y divino, e impresionará también a tus invitados. Esta pasta también es genial servida con una cucharada de *salsa de queso para todo* (página 288), una versión exquisita para quienes disfrutan del queso. Prepárate para cocinar esta receta una y otra vez.

1. Hierve una olla grande de agua para la pasta.

2. En una olla de hierro o una sartén, calienta el aceite de oliva a fuego medio. Añade la cebolla, el ajo y un pellizco de sal y remuévelo. Saltéalo durante 4 o 5 minutos, hasta que la cebolla esté blanda.

3. Añade los champiñones, el orégano, la albahaca y el tomillo y cocínalo durante 7 u 8 minutos a fuego medio o alto, hasta que desaparezca casi toda el agua.

4. Cuando el agua de la pasta comience a hervir, añade la pasta y déjala hervir hasta que esté al dente, siguiendo las instrucciones del envase.

- 2 cucharadas (30 ml) de aceite de oliva virgen extra

- 1 cebolla dulce mediana, en dados (unas 2 tazas/500 ml)

- 3 dientes de ajo grandes, picados

- ¼ a ¾ de cucharadita (1 a 4 ml) de sal marina fina, o al gusto, más un pellizco

- 450 g de champiñones cremini en rodajitas

- 1 cucharadita (5 ml) de orégano seco, o al gusto

- 1 cucharadita (5 ml) de albahaca seca, o al gusto

- 1 cucharadita (5 ml) de tomillo seco

- 400 g de *fusilli* (unas 6½ tazas/1,625 l de pasta cruda)

- 3 tazas (750 ml) de *salsa marinara a prueba de fallos* (página 209) o salsa marinara comprada envasada

- 1 frasco de lentejas de 400 ml, escurridas y lavadas con agua, o 1½ tazas (375 ml) de lentejas cocidas

- ¾ de taza (175 ml) de pimiento asado en conserva, escurrido y picado

- 2 cucharadas (30 ml) de pasta de sésamo líquida (ver Sugerencia)

- ½ cucharadita (2 ml) de pimienta negra recién molida

- ½ cucharadita (2 ml) de pimienta roja en hojuelas (opcional, pero recomendado)

5. Echa en la olla de los champiñones la salsa marinara, las lentejas, el pimiento rojo asado y la pasta de sésamo y remuévelo. Asegúrate de removerlo bien para que se mezcle la pasta de sésamo. Deja que se cocine a fuego medio, sin tapar, durante unos minutos.

6. Lava la pasta con agua fría y escúrrela. Échala en la mezcla de lentejas y hortalizas hasta que queden bien mezcladas. Pruébala y condiméntala con sal, pimienta negra y pimienta roja en hojuelas, si la utilizas. Caliéntala un par de minutos o hasta que se caliente uniformemente. Sírvela y tómala. Puedes guardar lo que sobre en un recipiente hermético en la nevera hasta cinco días. Este plato está delicioso incluso frío, recién sacado de la nevera. También puedes congelar la pasta, una vez fría, en un recipiente hermético o en una bolsa con autocierre de la que extraigas el aire, y durará de dos a tres semanas. Después de descongelarla, añade un poco de marinara y condiméntala mientras la recalientas.

Sugerencias: Te recomiendo usar una pasta de sésamo fácil de untar, más bien líquida, para que se mezcle bien con la pasta. No utilices la pasta seca y dura que suele quedar al fondo del tarro. Para ahorrar tiempo de preparación, puedes comprar champiñones cortados.

Versión sin gluten: Usa pasta sin gluten.

Versión para niños: Reduce la cantidad de champiñones a la mitad y córtalos muy pequeños (más pequeños que un guisante) para que se pierdan entre la pasta. No se notarán, pero tu plato mantendrá los beneficios para el sistema inmunitario.

Boniatos rellenos

VEGANA, SIN GLUTEN, SIN FRUTOS SECOS, SIN SOJA, SIN CEREALES, VERSIÓN PARA NIÑOS
2 RACIONES COMO PLATO PRINCIPAL O 4 RACIONES SI SE USA DE GUARNICIÓN
TIEMPO DE PREPARACIÓN: 20 MINUTOS
TIEMPO DE COCCIÓN: 45 A 75 MINUTOS

Esta es una de las comidas más sencillas para las noches entre semana. Pongo los boniatos en el horno y mezclo la crema de cilantro y aguacate y el relleno unos 15 minutos antes de que se acaben de asar. Los boniatos tardan un rato en estar, pero no tienes que hacerles nada mientras se asan, así que puedes dedicarte a otras cosas fuera de la cocina. Si de verdad te urge poner la comida en la mesa, puedes cortar los boniatos en dados pequeños y asarlos a 200 °C de 20 a 35 minutos, dándoles la vuelta una vez, y luego cúbrelos con la guarnición. Algo de ensalada verde, arroz o mazorcas de maíz son una guarnición perfecta para este plato calentito, aunque es más que satisfactorio solo. Una forma divertida de modificar esta receta es cambiar los boniatos por patatas russet asadas y la crema cilantro y aguacate por mi *salsa de queso para todo* (página 288).

1. Precalienta el horno a 200 °C. Cubre una bandeja con papel de hornear.
2. Haz varios orificios en cada boniato, con un tenedor. Colócalos sobre la bandeja y hornéalos de 45 a 75 minutos (el tiempo depende del tamaño), hasta que la carne esté tierna y puedas deslizar un cuchillo por el centro con facilidad. Después de asarlos, deja que se enfríen entre 5 y 10 minutos.
3. Prepara la crema de cilantro y aguacate. En un procesador, procesa el cilantro y el ajo hasta que queden bien picados. Añade el resto de los ingredientes y procésalo hasta que quede una textura muy fina. Puede que queden trocitos pequeños de cilantro, pero no tiene importancia.

2 boniatos medianos

PARA LA CREMA DE CILANTRO Y AGUACATE

½ taza (125 ml) de cilantro fresco, sin los tallos grandes

1 diente de ajo pequeño

1 aguacate maduro pelado mediano o grande, sin hueso

4 cucharaditas (20 ml) de zumo de lima recién exprimido, o al gusto

1 cucharada (15 ml) de agua

¼ de cucharadita (1 ml) de sal marina fina, o al gusto

PARA EL RELLENO DE LOS BONIATOS

1 cucharada (15 ml) de aceite de oliva virgen extra

1 taza (250 ml) de boniatos en dados

2 dientes de ajo medianos, picados

¼ de cucharadita (1 ml) de polvo de chile, y más para servir

¼ de cucharadita (1 ml) de comino en polvo, y más para servir

1 lata de alubias negras de 400 ml, escurridas y lavadas con agua, o 1½ tazas (375 ml) de alubias negras cocidas

Sal marina fina y pimienta negra recién molida

Zumo de lima recién exprimido

2 cebolletas, picadas finas

4. Prepara el relleno de los boniatos. Calienta el aceite de oliva en una sartén mediana a fuego medio. Añade la cebolleta y el ajo y saltéalos de 3 a 5 minutos, hasta que se ablanden. Agrega el chile en polvo, el comino y las alubias negras y cocínalo todo durante 1 o 2 minutos más. Añade la sal, la pimienta y el zumo de lima y remuévelo para mezclarlo.

5. Rellena los boniatos. Corta cada boniato por la mitad a lo largo. Con un cuchillo, corta la carne con un patrón entrecruzado y aplástala con cuidado con un tenedor. Espolvoréale por encima algo de sal marina y pimienta.

6. Añade una capa de crema de cilantro y aguacate y alubias negras sobre cada mitad. Adereza cada una con cebolleta, un pellizco de chile en polvo y comino y un poco de sal y pimienta. Sírvelo al momento.

Sugerencia: Si te sobran alubias negras, puedes congelarlas para usarlas más adelante (como en mi receta de *frijoles rancheros*, página 77).

Versión para niños: Pon aguacate encima de los boniatos en lugar de la crema de cilantro y aguacate.

Pastel del pastor

VEGANA, SIN GLUTEN, SIN FRUTOS SECOS, VERSIÓN SIN SOJA, VERSIÓN SIN CEREALES, PREPARACIÓN PREVIA, PARA NIÑOS
8 RACIONES
TIEMPO DE PREPARACIÓN: 30 MINUTOS
TIEMPO DE COCCIÓN: 40 MINUTOS

Esta es una de esas recetas para ocasiones especiales que requieren un poco más de tiempo de preparación del habitual, pero vale la pena invertirlo sobre todo si tienes muchos invitados o para una cena especial de domingo con tu familia. Es una receta cargada de los sabores rústicos y reconfortantes del romero y el tomillo, y obtiene textura y sabor *umami* de los champiñones cremini. Una pequeña cantidad de vino tinto le aporta un sabor sofisticado, con el añadido de poder disfrutar el resto de la botella durante la comida, pero si preparas esta receta para los niños o prefieres no usarlo, en su lugar puedes añadir más caldo. Mi secreto es usar una bolsa de verduras variadas congeladas —te ahorra un montón de trabajo de preparación y de tiempo—. Escoge una bolsa que lleve zanahorias cortadas en daditos, guisantes, maíz y judías verdes. Si quieres un cambio en el aderezo de patatas trituradas, puedes usar el *bol de setas Portobello marinadas* (página 224). *La salsa jugosa* (página 317) también es un acompañamiento delicioso para el pastel, pero tengo que reconocer que lo disfrutamos solo, tal cual.

1. Precalienta el horno a 200 °C. Engrasa ligeramente una cazuela de 3 o 4 l.

2. Pon las patatas en una olla grande y añade agua hasta cubrirlas por encima unos 5 cm. Llévalas a ebullición, reduce a fuego a medio y deja que hiervan de 15 a 20 minutos, o hasta que las notes tiernas al pincharlas con un tenedor. Escúrrelas y devuélvelas a la olla. Agrega el ajo picado, el ajo en polvo, la sal y la mantequilla. Aplástalas hasta que quede una pasta cremosa, añadiendo leche de almendras para que tengan una consistencia que permita untarlas. Resérvalas.

PARA EL ADEREZO DE LAS PATATAS

- 1,125 kg de patatas Yukon Gold, amarillas, rojas o de la variedad fingerling, peladas, si te gustan sin piel, y cortadas

- 2 dientes de ajo grandes, picados

- 1 cucharadita (5 ml) de ajo en polvo, o al gusto

- 1 a 1¼ cucharaditas (5 a 6 ml) de sal marina fina, o al gusto

- ¼ de taza (60 ml) de mantequilla vegana

- 4 a 6 cucharadas (60 a 90 ml) de leche de almendras sin edulcorar ni saborizar, más la que haga falta

PARA EL RELLENO

- 2 cucharadas (30 ml) de aceite de oliva virgen extra

- 2 puerros medianos, o 1 cebolla dulce grande, picada (aproximadamente 2½ tazas/625 ml)

- 6 dientes de ajo medianos, picados (2 cucharadas/37 ml)

- 450 g de champiñones cremini, en rodajitas finas

- 1 bolsa de 450 g de una mezcla de verduras congeladas

- 2 cucharadas (30 ml) de almidón de patata

- ¾ de taza (175 ml) de caldo vegetal bajo en sodio

- ¼ de taza (60 ml) de vino tinto seco (tipo Merlot o Cabernet Sauvignon)

- ¼ de cucharadita (1 ml) de pimienta roja en hojuelas (opcional)

3. Mientras las patatas se hierven puedes preparar el relleno. En una olla grande, calienta el aceite de oliva a fuego medio. Añade los puerros, el ajo y un par de pellizcos de sal. Remuévelo y saltéalo hasta que los puerros estén blandos, de 3 a 5 minutos.

4. Añade los champiñones, remueve y sube a fuego medio o alto. Saltéalo hasta que la mayoría del líquido liberado por los champiñones se evapore, de 10 a 13 minutos. (Esto es importante para que el relleno no quede demasiado líquido).

5. Incorpora la bolsa de verduras congeladas (no hace falta que las descongeles antes) y saltéalas unos pocos minutos, hasta que estén todas calientes. Añade y mezcla bien el almidón de patata.

6. Agrega el caldo y el vino y remueve hasta mezclarlo bien. Haz hervir la mezcla a fuego medio-alto hasta que se espese un poco. Añade la pimienta roja en hojuelas, si la utilizas, la sal, el romero, el tomillo y las lentejas. Saltéalo un par de minutos más.

7. Pon el relleno en la cazuela que engrasaste en el paso 1 y extiéndelo uniformemente.

8. Con una cuchara (y la mano engrasada con un poco más de aceite, si hace falta), extiende las patatas sobre el relleno, en una capa uniforme. Espolvorea la pimienta y algunas hojas de tomillo por encima de las patatas trituradas.

9. Hornéalo durante 25 minutos; luego enciende solo el gratinador y gratina el pastel de 4 a 7 minutos, hasta que de los bordes empiecen a salir burbujas. Es mejor que lo vigiles mientras se gratina para evitar que se queme.

10. Sírvelo con *salsa jugosa* y, mucho mejor, con el vino que te sobre, si lo has utilizado. Si lo envuelves se conservará bien en la nevera durante cuatro o cinco días.

1½ cucharaditas (7 ml) de sal marina fina, o al gusto

2½ cucharaditas (12 ml) de hojas de romero fresco picado, o 1 cucharadita (5 ml) de romero seco

2½ cucharaditas (12 ml) de hojas de tomillo fresco, o 1 cucharadita (5 ml) de tomillo seco, y algo más para servir

1 lata de 400 ml de lentejas, escurridas y lavadas con agua, o 1½ tazas (375 ml) de lentejas cocidas

Pimienta para servir

Hojas de tomillo fresco, para servir

Salsa jugosa (página 317), para servir

Versión sin soja: Usa mantequilla vegana sin soja.

Versión sin cereales: Sírvelo sin la *salsa jugosa*.

Nachos con queso y chili

VEGANA, SIN GLUTEN, SIN SOJA, PREPARACIÓN PREVIA, PARA NIÑOS, SE PUEDE CONGELAR

4 O 5 RACIONES

TIEMPO DE PREPARACIÓN: 30 MINUTOS (INCLUYENDO LA SALSA DE QUESO)

TIEMPO DE COCCIÓN: 25 MINUTOS

De niña era una gran fan de los nachos con queso y chili de Wendy's (¡tenían un menú de 99 centavos!). Aunque hace años que no voy, a veces aún me entra el deseo irrefrenable de comerlos. Al final he acabado creando una versión sana que no lleva alimentos procesados, pero que conserva el sabor intenso de la receta original. Te sorprenderá el sabor sofisticado de esta salsa de queso tan sana, y lo saciantes que son las lentejas y las alubias riñón con chili. Este plato es genial para un aperitivo o tapa —solo recuerda acompañarlo de una cuchara para que los invitados se sirvan lo que quieran en su plato—, o puedes servirlo para cenar, como hacemos en casa a menudo, porque con esta receta te llegará fácilmente para cuatro personas. Si tienes muchos invitados, pon la salsa en una cazuela de hierro caliente para mantener la temperatura. Como me gusta más picante, la sirvo con jalapeños encurtidos cortados por encima, un toque que le añade un punto picante y jugoso.

1. Calienta el aceite de oliva a fuego medio en una cacerola grande. Añade la cebolla, el ajo y un pellizco de sal, remuévelo y cocínalo durante 5 minutos, hasta que la cebolla empiece a ablandarse.

2. Agrega el jalapeño fresco y 1 taza (250 ml) de pimiento y guísalo durante unos minutos más. Añade el chile en polvo, el comino, el orégano y el pimentón y remuévelo para mezclarlo bien.

3. Añade los tomates cortados con su jugo y remuévelo. Sube el fuego a medio-alto y deja que hierva.

4. Ahora puedes incorporar la pasta de tomate, las lentejas y las alubias. Utiliza un machacador de patatas para

1 cucharada (15 ml) de aceite de oliva virgen extra

1 cebolla amarilla mediana, en cubos (unas 2 tazas/500 ml)

3 dientes de ajo grandes, picados (1 cucharada/15 ml)

½ a ¾ de cucharadita (2 a 4 ml) de sal marina fina, o al gusto, más una pizca

1 jalapeño mediano o grande, sin semillas, si no te gustan, y picado fino

1 pimiento rojo pequeño, en cubos (aproximadamente 1⅓ tazas/325 ml)

1 cucharada (15 ml) de chile en polvo

1 cucharadita (5 ml) de comino molido

1 cucharadita (5 ml) de orégano seco

1 cucharadita (5 ml) de pimentón

1 lata de 400 ml de tomates en dados, con su jugo

1 cucharada (15 ml) de pasta de tomate

1 lata de lentejas de 400 ml, escurridas y lavadas, o 1½ tazas (375 ml) de lentejas cocidas

1 lata de alubias rojas (400 ml), escurridas y lavadas

1½ cucharaditas (7 ml) de vinagre de sidra de manzana

Pimienta negra recién molida

Sriracha (salsa de chili fermentado) u otra salsa picante

2 raciones de *salsa de queso para todo* (página 288)

Jalapeños encurtidos cortados y escurridos, para servir

Nachos de maíz, para servir

machacar una tercera parte de la mezcla. No hace falta que quede muy triturada, solo un poco espesa.

5. Añade el vinagre, sal, la pimienta negra y la *sriracha*. Cocina a fuego medio de 5 a 10 minutos, o más si quieres, hasta que se espese a tu gusto.

6. Pon una capa de chili en boles individuales, en platos o en una olla de hierro fundido de 2,5 a 3 l. Cúbrela con una capa de *salsa de queso para todo*. Repite hasta que el chili esté cubierto y hayas añadido tanta salsa de queso como te apetezca. (Generalmente reservo 1/2 taza/125 ml de la salsa para otro uso). Cubre la salsa con el resto del pimiento y el jalapeño y espolvoréale sal marina.

7. Sírvelo al momento con nachos. Si te quedan sobras, deja que se enfríen completamente (si no, el vapor soltará agua en la salsa) antes de ponerlas en un recipiente, que puedes guardar en la nevera hasta cinco días. Recalienta las sobras en una olla mientras remueves para mezclar la salsa de queso. Las sobras frías pueden congelarse en bolsas de congelación con autocierre, extrayendo el aire, o en algún recipiente lleno hasta arriba para evitar que el aire entre en contacto con el alimento. Congelado, aguanta hasta un mes.

Berenjenas con parmesano

VEGANA, VERSIÓN SIN GLUTEN, SIN SOJA, PREPARACIÓN PREVIA, PARA NIÑOS
PARA 8 A 12 RODAJAS (4 A 6 RACIONES)
TIEMPO DE PREPARACIÓN: 25 A 30 MINUTOS
TIEMPO DE COCCIÓN: 16 A 22 MINUTOS

Esta receta consigue que la berenjena le guste a quien antes la odiaba. O al menos ese es el caso de Eric, mi marido. Las rodajas de berenjena van cubiertas con *queso parmesano vegano en dos versiones*, sin frutos secos, y luego se hornean hasta que quedan crujientes y doradas. Te aseguro que querrás comerlas antes de que se hayan enfriado, pero vale la pena dejar que se ablanden en la *salsa marinara a prueba de fallos* o en tu marinada comprada favorita y acompañarlas de un poco de pasta recién preparada.

1. Espolvorea en cada rodaja tanta sal como gustes (no te preocupes, las lavaremos más adelante). Colócalas en un escurridor grande y déjalas durante 20 minutos sobre el fregadero de la cocina o sobre un bol grande mientras la sal va haciendo que pierdan líquido. Las berenjenas «sudan» durante este tiempo.

2. Precalienta el horno a 230 °C. Forra una bandeja con papel para hornear.

3. En un bol mediano mezcla la leche de almendras, la harina de espelta, el vinagre, sal y pimienta a tu gusto, el orégano y la albahaca. Coloca el *queso parmesano vegano en dos versiones* en un plato grande poco profundo.

4. Enjuaga la sal de las rodajas de berenjena y sécalas con papel de cocina. Baña cada una en la mezcla de leche y harina y sacude suavemente el exceso de líquido. Al momento, baña la rodaja en el parmesano, apretando con suavidad para que el parmesano se pegue a ella. Dale la vuelta y haz lo mismo en la otra cara. Si queda algún trozo sin cubrir, espolvoréale más parmesano. Pon las rodajas sobre la bandeja de hornear que has preparado antes y haz lo mismo con el resto de las berenjenas, dejando una separación de

1 berenjena grande (675 a 900 g), pelada y cortada en rodajas transversales de 2 cm de grosor

½ cucharadita (2 ml) de sal marina fina, más la que sea necesaria

1 taza (250 ml) de leche de almendras sin edulcorantes ni saborizantes

¾ de taza (175 ml) de harina de espelta blanca/ligera o integral

1 cucharadita (5 ml) de vinagre de sidra de manzana

Pimienta negra recién molida

1 cucharadita (5 ml) de orégano seco

1 cucharadita (5 ml) de albahaca seca

3 raciones de *queso parmesano vegano en dos versiones* (página 305), con semillas de calabaza

Pasta cocida, para servir

Salsa marinara a prueba de fallos (página 209) o comprada envasada

unos 5 cm entre rodajas cuando las distribuyas en la bandeja. Para facilitar la operación, lávate las manos después de preparar una o dos rodajas. Cuando acabes, probablemente te sobrará algo de rebozado, pero es lo normal. Simplemente descártalo.

5. Hornea las rodajas entre 16 y 22 minutos, dándoles la vuelta una vez, hasta que estén doradas y crujientes. Hacia el final del tiempo de horneado tienes que vigilar más, para evitar que la berenjena se queme. Sírvela encima de pasta cocida cubierta de salsa marinara.

Sugerencia: Para recalentar las rodajas sobrantes, hornéalas a 230 °C durante 5 minutos por las dos caras. En la nevera se pondrán blandas; para que vuelvan a estar crujientes solo hay que calentarlas en el horno.

Versión sin gluten: Utiliza harina para todos los usos sin gluten en lugar de harina de espelta.

Salsa marinara a prueba de fallos

VEGANA, SIN GLUTEN, SIN FRUTOS SECOS, SIN SOJA, SIN CEREALES, SE PUEDE CONGELAR
PARA 5 TAZAS (1,25 L)
TIEMPO DE PREPARACIÓN: 10 MINUTOS
TIEMPO DE COCCIÓN: 35 MINUTOS

Tienes que probar esta increíble salsa marinara con ajo y albahaca como acompañamiento de pasta, fideos de calabacín o espaguetis de calabaza, o con *berenjenas con parmesano* (página 205). Puedes usar tomates en dados, triturados o machacados, en lata o en tarro, lo que tengas en la despensa. Para triturar la salsa puedes usar una batidora de mano (tipo minipimer) o simplemente dejarla con trocitos, para que tenga textura; prueba a añadir un chorrito de vinagre balsámico y pimienta roja en hojuelas para darle un toque sabroso.

1. Calienta el aceite de oliva a fuego medio en una olla grande. Añade la cebolla, el ajo y un pellizco de sal y mézclalo. Saltea la mezcla a fuego medio durante 4 o 5 minutos, o hasta que la cebolla se ablande.

2. Añade el tomate con su jugo, las hojas de laurel, el orégano y sal y pimienta al gusto. Deja que se cocine durante al menos 30 minutos, hasta que la salsa se espese. Debería reducirse el volumen en un tercio o en la mitad. Luego desecha las hojas de laurel.

3. En este punto, si prefieres una salsa fina, puedes triturarla en el vaso de la batidora o directamente en la olla con una batidora de mano. Si no, puedes dejar la salsa con trocitos, que es lo que yo suelo hacer porque me gusta la textura que tiene.

4. Retira la salsa del fuego y añade la albahaca. Pruébala y corrige la sal y la pimienta, si no te gusta. Guarda la salsa fría en un recipiente hermético en la nevera hasta una semana, o en el congelador, en una bolsa de congelación con autocierre o en un recipiente hermético de uno a dos meses.

¼ de taza (60 ml) de aceite de oliva virgen extra

1 cebolla dulce mediana o grande, en dados (2 a 3 tazas/500 a 750 ml)

5 o 6 dientes de ajo medianos, picados (aproximadamente 2 cucharadas/ 30 ml), o al gusto

1 cucharadita (5 ml) de sal marina fina, o al gusto, y una pizca más

2 latas de 800 ml de tomate triturado o en dados sin sal añadida, con su jugo

2 hojas de laurel

1 cucharadita (5 ml) de orégano seco

Pimienta negra recién molida

½ taza (125 ml) de hojas de albahaca seca, cortada fina

Sugerencia: Para esta receta me gusta usar los tomates triturados de Eden Organic, mejor en tarro de cristal (prefiero esa opción si está disponible). Los tarros llevan solo 700 g de tomates, a diferencia de las latas de 800 g, pero esa cantidad también sirve para esta receta.

Macarrones con guisantes

VEGANA, VERSIÓN SIN GLUTEN, SIN SOJA, PREPARACIÓN PREVIA, PARA NIÑOS
3 RACIONES COMO PLATO PRINCIPAL O 4 COMO GUARNICIÓN
TIEMPO DE PREPARACIÓN: 15 MINUTOS
TIEMPO DE COCCIÓN: 20 MINUTOS

Esta receta lleva mi querida *salsa de queso para todo*. Es sin duda un plato de pasta diferente de los tradicionales macarrones con queso, pero si aprecias los sabores más sutiles, y la cremosidad que las verduras añaden a la salsa, te prometo que te va a encantar. En casa devoramos esta pasta porque nos enloquece su sabor sofisticado y reconfortante, y aun así es un plato ligero. No me sorprende que les encante a los niños. Si vas a prepararlo para ellos, puedes saltarte la salsa *sriracha* (salsa de chili fermentado) y el vinagre, para que los sabores sean más delicados. Después de mezclar la salsa de queso con la pasta, tienes que probarla y corregir el condimento. Luego puedes intensificar los sabores con un chorro de vinagre de vino blanco, *sriracha*, herbamare (o cualquier otro tipo de sal), pimienta, ajo en polvo y pimentón dulce. Te aseguro que estos añadidos llevan esta receta a otro nivel, y te animo a que experimentes con ellos.

1. Pon a hervir agua en una olla grande. Hierve la pasta según las indicaciones del envase. Escúrrela.
2. Devuelve la pasta a la olla y añade los guisantes y la salsa de queso. Remuévelo y ponlo a fuego lento hasta que se caliente bien y se espese un poco.
3. Prueba la pasta y condiméntala con vinagre, *sriracha*, herbamare, pimienta, pimentón y ajo en polvo al gusto. Sírvela al momento con tus aderezos favoritos o tómala tal cual.

Sugerencias: Cambia los guisantes por brócoli asado o al vapor. Para descongelar rápido los guisantes, añádelos a la olla de pasta durante el último minuto de cocción y luego escúrrelos junto a la pasta. Para añadir más proteínas, cambia los guisantes por edamame (aunque ten en cuenta que en este caso la recete incluiría soja).

225 g de pasta seca (como macarrones o *fusilli*)

1¼ taza (300 ml) de guisantes congelados, previamente descongelados (ver sugerencias)

Salsa de queso para todo (página 288)

Vinagre de vino blanco (empieza con ½ cucharadita/2 ml y añade más, si lo prefieres)

Sriracha (salsa de chili fermentado) u otra salsa picante

Herbamare (página 352) o sal marina fina

Pimienta negra recién molida

Pimentón dulce

Ajo en polvo

IDEAS PARA ADEREZOS

Aguacate cortado

Tomates secos, rehidratados (si hace falta) y cortados

Sriracha (salsa de chili fermentado) u otra salsa picante

Versión sin gluten: Usa tu pasta preferida, pero sin gluten.

Boniatos, garbanzos y curri con coco y espinacas

VEGANA, SIN GLUTEN, SIN SOJA, VERSIÓN SIN CEREALES, SE PUEDE CONGELAR
6 RACIONES
TIEMPO DE PREPARACIÓN: 25 MINUTOS
TIEMPO DE COCCIÓN: 25 MINUTOS

Este curri es divino. La leche de coco unifica la combinación, suavizándola e integrando las especias a la vez que añade un dulzor suave que queda maravillosamente bien con el boniato. Es la comida reconfortante perfecta, un curri espeso, tipo guisado, que no se parece a una sopa. Es el tipo de plato que uno disfruta con un buen trozo de pan. Puesto que la receta se prepara rápido, es mejor que tengas los ingredientes listos para echarlos en la olla cuando sea el momento. (Mantenlos separados una vez los prepares, porque se añaden por pasos). Esto te ayudará a evitar que se quemen las especias. También te recomiendo cortar los boniatos en trozos muy pequeños (de 0,5 mm a 1 cm), así se cocinan mucho antes. Mi objetivo es llenar nuestras barrigas tan rápido como sea posible.

1. Calienta el aceite de coco a fuego medio en una olla grande. El aceite está a la temperatura correcta cuando un grano de comino chisporrotea al echarlo en la olla. Añade las semillas de comino y tuéstalas durante 1 minuto, hasta que liberen su aroma y el color se oscurezca un poco (ten cuidado de no quemarlas). Al momento añade la cebolla, condiméntala con un pellizco de sal y cocínala de 3 a 5 minutos, o hasta que esté blanda y transparente.

2. Añade el ajo, el jengibre, la cúrcuma, el cilantro y la pimienta roja en hojuelas. Mézclalo todo y saltéalo un par de minutos, hasta que el ajo se ablande.

3. Agrega el boniato, los garbanzos, los tomates con su jugo y la leche de coco. Remuévelo para mezclarlo, tápalo y déjalo hervir a fuego medio de 20 a 30 minutos, hasta que los boniatos estén tiernos al pincharlos con un tenedor. En este punto, siempre aplasto un tercio de la mezcla para

4 cucharaditas (20 ml) de aceite virgen de coco

1 cucharada (15 ml) de semillas de comino

1 cebolla mediana, picada fina (unas 2 tazas/500 ml)

¾ a 1 cucharadita (4 a 5 ml) de sal marina fina, o al gusto, más una pizca

3 dientes de ajo grandes, picados

4 cucharaditas (20 ml) de jengibre fresco rallado

1 cucharadita (5 ml) de cúrcuma en polvo

1 cucharadita (5 ml) de cilantro rallado

¼ de cucharadita (1 ml) de pimienta roja en hojuelas, o al gusto

1 boniato mediano o grande, pelado y cortado en dados de 0,5 a 1 cm (unas 3 tazas/750 ml)

1 lata de garbanzos de 400 ml, escurridos y lavados, o 1½ tazas (375 ml) de garbanzos cocidos

1 lata de 400 ml de tomates cortados, con su jugo

1 lata de 400 ml de leche de coco ligera

1 paquete de 142 g de espinacas *baby*

Pimienta negra recién molida

PARA SERVIR

Arroz basmati cocido, quinoa, mijo o sorgo

Hojas de cilantro fresca cortadas

Copos de coco grandes o coco en tiras sin edulcorar

Gajos de lima (opcional)

espesar la salsa (con un machacador de patatas), pero esto es opcional.

4. Añade las espinacas y cocínalas hasta que estén blandas. Condiméntalo con sal y pimienta negra a tu gusto.

5. Sírvelo sobre un lecho de arroz cocido, aderezado con cilantro y coco. Puedes exprimir unos gajos de lima sobre el curri. El curri frío se puede guardar en un recipiente hermético en la nevera, durante cuatro o cinco días, o en el congelador hasta un mes.

Versión sin cereales: Sirve este curri sin cereales cocidos.

Lentejas rojas reconfortantes y curri de garbanzos

VEGANA, SIN GLUTEN, SIN FRUTOS SECOS, SIN SOJA, VERSIÓN SIN CEREALES, PARA NIÑOS, SE PUEDE CONGELAR
6 RACIONES, CON GUARNICIÓN
TIEMPO DE PREPARACIÓN: 20 MINUTOS
TIEMPO DE COCCIÓN: 20 MINUTOS

Este plato cargado de proteínas y de especias antiinflamatorias te energizará y te mantendrá funcionando durante horas. Es fácil y rápido de preparar, además de reconfortante, saciante y delicioso. Es ideal para una cena entre semana, y además te sobrará para el almuerzo del día siguiente. Si tienes espinacas *baby* a mano, añádelas al final de la cocción para enriquecer el plato con un ingrediente saludable y vistoso. Sirve este curri sobre un lecho de arroz basmati y corónalo con un poco de *conserva agridulce de manzana y mango*, ligeramente dulce, y disfrutarás de una comida inolvidable.

1. Enjuaga las lentejas en un colador de malla fina; luego ponlas en una cacerola mediana y añade de 2 1/2 a 3 tazas (625 a 750 ml) de agua. Caliéntalas a fuego medio-alto hasta que hiervan y luego reduce a fuego medio-bajo, tápalas y deja que hiervan de 8 a 15 minutos, hasta que estén tiernas, añadiendo más agua si hace falta. Escúrrelas. Las lentejas tendrán el aspecto de una pasta, pero eso es lo normal.

2. Calienta el aceite a fuego medio en una sartén grande. Añade la cebolla y el ajo y cocínalos hasta que la cebolla esté blanda y transparente, de 4 a 5 minutos. Añade el jengibre y cocínalo de 1 a 2 minutos más.

3. Agrega la pasta de curri, el curri en polvo, la cúrcuma, el comino, la sal y el azúcar. Sube el fuego a medio-alto y cocínalo todo, removiendo con frecuencia hasta que libere su olor, de 1 a 2 minutos.

4. Añade los tomates, los garbanzos y las lentejas previamente cocidas. Caliéntalo, reduciendo el calor si es necesario o hirviéndolo más tiempo si quieres.

1 taza (250 ml) de lentejas rojas secas, o 1¾ tazas (425 ml) de lentejas rojas cocidas

4 cucharaditas (20 ml) de aceite de coco virgen o refinado o aceite de oliva virgen extra

1 cebolla dulce mediana, en dados (unas 2 tazas/500 ml)

3 dientes de ajo medianos picados

2 cucharaditas (10 ml) de jengibre fresco picado

2 cucharadas (30 ml) de pasta de curri rojo, o al gusto (ver sugerencia)

1 cucharada (15 ml) de curri en polvo de buena calidad

½ cucharadita (2 ml) de cúrcuma en polvo

1 cucharadita (5 ml) de comino en polvo

½ a ¾ de cucharadita (2 a 4 ml) de sal marina fina, o al gusto

1 cucharadita (5 ml) de azúcar de caña natural

1½ tazas (375 ml) de tomate triturado o puré de tomate (yo uso un tarro de 400 g de tomate triturado Eden Organic sin sal añadida)

1 lata de 400 ml de garbanzos, escurridos y lavados con agua, o 1½ tazas (375 ml) de garbanzos cocidos

2 a 3 tazas (500 a 750 ml) de arroz basmati cocido o de tu arroz favorito, para servir

Conserva agridulce de manzana y mango (página 315), para servir

Cilantro fresco cortado, para servir (opcional)

5. Sírvelo sobre un lecho de arroz caliente con 1 cucharada de *conserva agridulce de manzana y mango* por encima y cilantro espolvoreado, a tu elección. Puedes guardar el curri frío en un recipiente hermético en la nevera durante cuatro o cinco días, o congelarlo y consumirlo durante el mes siguiente. Congelo las sobras en bolsas de congelación con autocierre.

Sugerencia: Este curri solo es un poco picante, pero si no eres muy fan del picante, te recomiendo empezar con 1 cucharada (15 ml) de pasta de curri e ir aumentando la cantidad, si quieres que pique más.

Versión sin cereales: Sírvelo sin arroz.

Ensalada de fideos soba

VEGANA, SIN GLUTEN, SIN FRUTOS SECOS, PREPARACIÓN PREVIA, PARA NIÑOS
6 RACIONES
TIEMPO DE PREPARACIÓN: 20 MINUTOS
TIEMPO DE COCCIÓN: 30 MINUTOS

Una vez empiezo a comer esta ensalada, me cuesta mucho parar. Es ligera y energizante, pero los fideos soba ricos en fibra y el tofu crujiente le aportan un montón de proteínas y resistencia. El sencillo aliño de pasta de sésamo es dulce y ácido a la vez, gracias a la combinación de vinagre de arroz y jarabe de arce, y algunas veces me gusta añadir un revuelto de cereales en grano a este plato.

La ensalada de fideos soba puede servirse caliente o fría, lo que la convierte en una opción excelente para cualquier estación. Si te gusta experimentar con distintas texturas, puedes usar pasta espiral o lazos, o incluso fideos de zanahoria o calabacín en lugar de fideos soba.

1. Prepara el *tofu crujiente*.
2. Prepara el aliño. En un bol pequeño, mezcla los ingredientes del aliño hasta que quede una salsa de textura fina. Tápala y déjala para que se espese un poco.
3. Prepara la ensalada. Hierve una olla de agua. Cocina los fideos siguiendo las indicaciones del envase. Escúrrelos y ponlos en un bol grande.
4. Añade el pimiento rojo y el amarillo, las cebolletas y el cilantro al bol con los fideos. Incorpora el aliño y mézclalo todo hasta que los ingredientes queden bien impregnados. Agrega la mitad de los cubos de tofu y remuévelo otra vez. Pruébalo y condiméntalo con sal marina si hace falta.
5. Corona la ensalada con el tofu restante, las semillas de sésamo y el cilantro espolvoreado. También puedes añadir un chorro de zumo de lima encima de cada bol justo antes de servir la ensalada o servirla con un gajo de lima y *sriracha* (al gusto). Puedes guardar este plato en un recipiente

PARA EL ALIÑO

- ¼ de taza (60 ml) de aceite de sésamo tostado o sin tostar (ver sugerencias)
- 3 a 4 cucharadas (45 a 60 ml) de vinagre de arroz, o al gusto (me gusta el sabor ácido, así que yo le pongo 4 cucharadas)
- 1 cucharada y 2 cucharaditas (25 ml) de pasta de sésamo
- 1 cucharada (15 ml) de jarabe de arce, o al gusto
- 1 cucharada (15 ml) de salsa de soja baja en sodio
- 2 dientes de ajo, rallados en un rallador Microplane

PARA LA ENSALADA

- 1 paquete de 225 g de fideos soba
- 1 pimiento rojo mediano, sin semillas y cortado en cubos (1¼ tazas/ 300 ml)
- 1 pimiento amarillo mediano, sin semillas y cortado en cubos (1¼ tazas/300 ml)
- 3 a 4 cebolletas, picadas finas (¾ de taza/175 ml)
- 1 taza (250 ml) de hojas de cilantro, picadas

Tofu crujiente (página 166)

Sal marina fina

- 1 cucharada (15 ml) de semillas de sésamo, para servir

Zumo de lima recién exprimido o gajos de lima, para servir (opcional)

Sriracha (salsa picante), para servir

hermético en la nevera hasta tres días. El tofu se ablanda a medida que reposa, pero aún estará muy sabroso.

Sugerencias: Puedes utilizar aceite de sésamo tostado o sin tostar; queda a tu elección. El tostado tiene un sabor mucho más fuerte, mientras que el no tostado es mucho más suave, así que usa el que prefieras. Las verduras tienden a quedarse en el fondo del bol, por eso suelo removerlas antes de servir, para que queden encima de la ensalada.

Versión sin gluten: Usa fideos soba de trigo sarraceno 100 %. Los fideos soba tradicionales se hacen con harina de trigo sarraceno; sin embargo, algunas marcas actuales añaden harina de trigo. Mira bien la etiqueta y escoge una marca que solo emplee trigo sarraceno.

Pasta con tomates secados al sol

VEGANA, VERSIÓN SIN GLUTEN, SIN SOJA, PREPARACIÓN PREVIA, VERSIÓN PARA NIÑOS

4 RACIONES

TIEMPO DE REMOJO: 1 A 2 HORAS O TODA LA NOCHE

TIEMPO DE PREPARACIÓN: 15 A 20 MINUTOS

TIEMPO DE COCCIÓN: 10 MINUTOS

Esta es otra versión de nuestra pasta de tomate cremosa de mi primer libro. La tomamos muy a menudo y creo que a ti también te va a gustar. Si eres fan de los sabores salados y dulces, como los tomates secados al sol ricos en sabor *umami*, te encantará este plato para cenar, elegante y simple a la vez. Tiene un sabor intenso a tomate, albahaca y limón, y lo tendrás en la mesa en menos de 30 minutos, lo que lo hace ideal para una cena entre semana. No dudes en guardar lo que pueda sobrar (o en doblar los ingredientes para disfrutar este plato dos noches seguidas), pero ten presente que una vez mezcles la salsa con el tomate, la textura pierde al recalentarla. Pero no desesperes. Te recomiendo que guardes la salsa que sobre por separado de la pasta. Al día siguiente, basta mezclar la salsa y la pasta y recalentarla, o hervir pasta fresca y añadirle la salsa que haya sobrado.

1. Prepara la crema de anacardos y tomates secos. Pon los anacardos en un bol y añade agua, cubriéndolos unos 5 cm. Déjalos en remojo de 8 a 12 horas o toda la noche. (Un método rápido para remojarlos es cubrirlos con agua hirviendo de 30 a 60 minutos). Lávalos y escúrrelos.

2. En una batidora de alta velocidad, añade los anacardos, el agua, el ajo, los tomates, el zumo de limón y la sal. Mézclalo todo a alta velocidad hasta que quede superfino. Si tienes una Vitamix, usa el accesorio acelerador de trabajo (*tamper*) para ayudar a que los ingredientes se mezclen bien. Si a tu batidora le cuesta convertir la mezcla en una pasta fina, añade 1 o 2 chorros de aceite de oliva y mézclalo otra vez. Resérvalo.

PARA LA CREMA DE ANACARDOS Y TOMATES SECADOS AL SOL

½ taza (125 ml) de anacardos crudos

½ taza y 1 cucharada (140 ml) de agua

2 o 3 dientes de ajo medianos, o al gusto

⅓ de taza (75 ml) de tomates secos conservados en aceite, escurridos

2 cucharadas (30 ml) de zumo de limón recién exprimido

½ cucharadita (2 ml) de sal marina fina

Un chorro de aceite de oliva, si hace falta

PARA LA PASTA

450 g de tu pasta seca preferida (*fusilli*, *penne*, macarrones, etc.)

1 paquete de 140 g de espinacas *baby*

⅔ de taza (150 ml) de tomates secos, conservados en aceite, escurridos y cortados

¾ de taza (175 ml) de hojas de albahaca frescas, cortadas

Un chorro de aceite de oliva, si hace falta

Ralladura de 1 limón (1 cucharada/15 ml)

1 a 2 cucharaditas (5 a 10 ml) de vinagre de vino blanco, o al gusto (opcional)

Pimienta roja en hojuelas

Herbamare (página 352) o sal marina fina

Pimienta negra recién molida

Queso parmesano vegano en dos versiones (página 305), preparado con anacardos (opcional)

Tomates *cherry* redondos o tipo pera en rodajas (opcional)

Hojas de albahaca fresca, para aderezar (opcional)

221

3. Cuece la pasta. Hierve una olla grande de agua y añade la pasta, siguiendo las instrucciones del envase.

4. Pon las espinacas en un colador grande sobre el fregadero. Cuando la pasta esté cocida, vacía la olla con cuidado sobre las espinacas en el colador (esta es una forma rápida de reblandecerlas). Devuelve la pasta y las espinacas a al olla y caliéntalas a fuego bajo o medio.

5. Añade los tomates secos, la albahaca y la crema de anacardos y mézclalos bien. Agrega un chorro de aceite de oliva si la salsa parece demasiado espesa.

6. Añade la ralladura de limón y el vinagre (solo utiliza estos ingredientes si quieres un toque ácido) y sazona con pimienta roja en hojuelas, sal y pimienta negra. Sírvelo al momento, con acompañamiento de *queso parmesano vegano en dos versiones*, tomates *cherry* cortados y albahaca, opcionalmente. La salsa se espesará y se secará bastante rápido, así que te recomiendo servir la pasta cuanto antes y no dejarla demasiado tiempo en la olla.

Versión sin gluten: Usa tu pasta sin gluten favorita.

Versión para niños: Pica las espinacas y la albahaca en un procesador para que se mezclen con la pasta sin que se note. Además, puedes servir pasta con formas divertidas, como *fusilli* o *ditalini* (pasta con forma de pequeños tubos).

Bol de setas Portobello marinadas

VEGANA, SIN GLUTEN, VERSIÓN SIN SOJA, SIN CEREALES, PREPARACIÓN PREVIA, PARA NIÑOS

4 RACIONES

TIEMPO DE MARINADO: 1 HORA COMO MÍNIMO O TODA LA NOCHE

TIEMPO DE PREPARACIÓN: 20 MINUTOS

TIEMPO DE COCCIÓN: 25 A 35 MINUTOS

Las setas Portobello se marinan en un delicioso aliño balsámico de ajo, y luego se gratinan para darles un sabor y una textura inmejorables. Mi forma preferida de servirlas es con patatas machacadas y coliflor con ajo, y verduras de temporada como acompañamiento. Esta receta necesita 8 setas, que pueden parecer demasiadas, pero piensa que se encogen mucho cuando se cocinan. Puedo comerme fácilmente unas cuantas, pero he de decir que siempre me han encantado las setas. Si te sobra algo, puedes picarlas y comerlas en burritos al día siguiente.

1. Prepara las setas. Frota el exterior de los sombreros con un paño húmedo para eliminar cualquier resto. Con una cuchara pequeña, quita las partes negras y descártalas.

2. En una bolsa de congelar con autocierre o un recipiente con tapa, mezcla el aceite, el vinagre, la savia de cocotero, el ajo, la sal y la pimienta al gusto. Cierra la bolsa (o tapa el recipiente) y agítala con energía hasta que los sombreros estén cubiertos con la marinada. Deja marinar en la nevera durante un mínimo de 1 hora o hasta 8 o 9 horas, agitando la bolsa o el recipiente varias veces durante este tiempo para redistribuir la marinada.

3. Prepara el bol. Hierve en agua o al vapor la coliflor y las patatas, durante 15 o 20 minutos, o hasta que puedas hundir un tenedor con facilidad en ellas.

4. Funde la mantequilla a fuego medio en una olla de 3 o 4 l. Añade el ajo y saltéalo ligeramente durante un par de minutos. Incorpora la coliflor y las patatas y aplástalas casi todas. Condiméntalas con sal y pimienta al gusto.

PARA LOS HONGOS

8 setas Portobello de tamaño pequeño o mediano, solo los sombreros (unos 675 g)

1/3 de taza (75 ml) de aceite de oliva virgen extra

1/3 de taza (75 ml) de vinagre balsámico

1/3 de taza (75 ml) de savia de cocotero (aminos de coco)

3 dientes de ajo, picados

Sal marina fina y pimienta negra recién molida

PARA LAS PATATAS ROTAS CON COLIFLOR Y AJO (3 1/2 TAZAS/875 ML)

1 coliflor mediana o grande (900 g), cortada en trozos de 1 cm (6 a 7 tazas/1,5 a 1,75 l)

2 patatas Yukon Gold o nuevas de tamaño mediano o grande (340 g), sin pelar, cortadas en dados de 1 cm (2 1/2 tazas/625 ml)

3 cucharadas (45 ml) de mantequilla vegana

2 o 3 dientes de ajo grandes, picados, o al gusto

1/2 a 1 cucharadita (2 a 5 ml) de sal marina fina, o al gusto

Pimienta negra recién molida

Algunas verduras asadas o a la parrilla (como espárragos o judías verdes), para servir

Herbamare (página 352) o sal marina fina

Pimienta negra recién molida

5. Calienta el gratinador del horno a temperatura media-alta. Si tu horno tiene dos parrillas, te recomiendo usar la de arriba para evitar que se quemen los alimentos. Saca las setas de la marinada (resérvala, no la deseches) y ponlas en la parrilla mirando hacia abajo. Gratínalas de 3 a 5 minutos, luego dales la vuelta y riega cada una con una cucharadita (5 ml) de la marinada. Gratínalas de 3 a 5 minutos más o hasta que veas que se reduce el tamaño de los sombreros y están tiernos. Deberían tener las marcas de la parrilla y estar ligeramente arrugados. Elimina el líquido que pueda quedar en ellos después de gratinarlos. Gratina cualquier otro vegetal que vayas a servir con las setas, untándolos con la marinada mientras se gratinan.

6. Recalienta las patatas y la coliflor, si hace falta, luego pon un poco en cada plato y cúbrelas con un par de sombreros gratinados. Añade las verduras gratinadas o asadas como acompañamiento. Agita la marinada y añade 1 cucharada (15 ml) encima antes de servirla. Condiméntala con herbamare y más pimienta.

Sugerencias: Las patatas rotas con coliflor conservan algo de textura cuando las aplastas a mano (los trocitos de coliflor nunca quedan triturados del todo). Si quieres una textura más fina, puedes triturar la coliflor en un procesador y luego mezclarla con las patatas trituradas a mano (no te recomiendo incluir las patatas en el procesador con la coliflor porque quedan pegajosas). Si vas a seguir esta sugerencia, cocina las patatas y la coliflor en ollas separadas. Si te sobran setas, solo tienes que echarlas a la bolsa de la marinada y guardarlas en la nevera. Al día siguiente caliéntalas en una sartén antes de servirlas. Si te sobra marinada, puedes usarla como aliño para una ensalada. Si no quieres usar la barbacoa de carbón para asar las verduras, puedes usar una plancha corriente.

Versión sin soja: Usa mantequilla vegana sin soja.

Los tacos definitivos

VEGANA, SIN GLUTEN, VERSIÓN SIN FRUTOS SECOS, SIN SOJA, SIN CEREALES, VERSIÓN PARA NIÑOS

PARA 8 A 10 TACOS (4 O 5 RACIONES)

TIEMPO DE PREPARACIÓN: 30 MINUTOS

TIEMPO DE COCCIÓN: 30 MINUTOS

No dejes que la larga lista de ingredientes de estos tacos te eche para atrás. Puedes usar todos los que te propongo o solo unos pocos. Esas noches en las que vamos fatal de tiempo en casa, preparamos unos tacos sencillos solo con un relleno de lentejas, tomate picado y aguacate cortado, todo envuelto en tortillas o en hojas de lechuga. Otra idea cuando vas mal de tiempo es sustituir la crema de anacardos por mayonesa vegana; con 1 cucharadita es suficiente. Yo siempre la añado cuando no tengo la crema de anacardos a mano, y así los tacos se preparan en un momento. También puedes ahorrar tiempo preparando el relleno y la crema de anacardos el día anterior.

Mi taco de lentejas y nueces se deshace en la boca y tiene una textura fibrosa; si aún no lo has probado, esta receta es la introducción perfecta. Tiene un alto contenido en proteínas y sus condimentos le dan mucho sabor. La versión sin frutos secos, que se prepara con semillas de calabaza, es igual de sabrosa y una opción genial si no puedes tomar frutos secos o simplemente te apetece cambiar. Para envolver el relleno, puedes usar tortillas de maíz si las hojas de lechuga no te seducen demasiado. O si lo prefieres puedes tomar el relleno en forma de ensalada. El límite es tu imaginación.

1. Prepara las lentejas. Cocina las lentejas según las instrucciones de la página 325. Elimina el exceso de agua.

2. Pica el ajo en un procesador. Añade las lentejas y las nueces y tritúralas hasta conseguir una textura de picadillo (no las conviertas en puré, deben tener algo de textura). Pon la mezcla en un bol grande. Añade el orégano, el comino, el chile en polvo y la sal. Finalmente, agrega el aceite de oliva (empieza con 4 cucharaditas/20 ml) y 1 cucharada (15 ml) de agua, hasta que quede bien mezclado. El

PARA EL RELLENO DE NUECES Y LENTEJAS

¾ de taza (175 ml) de lentejas verdinas secas o 1 lata de 400 ml de lentejas, escurridas y lavadas

1 diente de ajo mediano

1 taza (250 ml) de trozos de nuez o semillas de calabaza tostadas (ver sugerencia)

1½ cucharaditas (7 ml) de orégano seco

1½ cucharaditas (7 ml) de comino en polvo

1½ cucharaditas (7 ml) de chile en polvo

½ cucharadita (2 ml) de sal marina fina, o al gusto

4 cucharaditas a 3 cucharadas (20 a 45 ml) de aceite de oliva virgen extra, más el que sea necesario

1 a 2 cucharadas (15 a 30 ml) de agua, más la que sea necesaria

Salsa vegana al estilo Worcestershire (opcional)

PARA EL RELLENO

2 cucharadas (30 ml) de aceite de oliva virgen extra

2 pimientos morrones medianos o grandes, cortados en tiras (prefiero los rojos y los naranjas, pero cualquiera de ellos va bien)

1 cebolla grande o mediana, cortada en tiras finas

Sal marina fina y pimienta negra recién molida

relleno del taco debe quedar jugoso; si queda demasiado seco, añade aceite o agua y remuévelo de nuevo. Pruébalo y corrige los condimentos, si hace falta. A mí me encanta ponerle un poco de salsa vegana Worcestershire. De todas formas, piensa que algunas marcas de esta salsa llevan soja.

3. Completa el relleno. En una sartén o *wok* muy grande, calienta el aceite de oliva a fuego medio. Añade el pimiento, la cebolla y un pellizco de sal y de pimienta negra. Cocínalo sin taparlo, reduciendo el calor si es necesario y removiendo con frecuencia de 15 a 20 minutos, hasta que la cebolla esté transparente y el pimiento blanco.

4. Coloca dos hojas grandes de lechuga en un plato una sobre otra. Pon encima las lentejas, el relleno del taco y cualquier otro ingrediente que te apetezca. Si los rollitos son demasiado inestables para comerlos con las manos, puedes usar tenedor y cuchillo, al estilo de una ensalada. Si te quedan sobras, puedes guardarlas en la nevera en recipientes separados y comerlas en los dos días siguientes.

Sugerencia: Tuesta unas nueces o unas semillas de calabaza. Para ello precalienta el horno a 150 °C. Distribuye las nueces sobre una bandeja de hornear y tuéstalas de 10 a 13 minutos, vigilándolas, hasta que empiecen a estar doradas y a desprender su aroma. Apártalas y deja que se enfríen durante unos minutos.

Versión sin frutos secos: Cambia las nueces por semillas de calabaza tostadas. Omite la crema de anacardos o sustitúyela por *mantequilla casera de semillas de girasol* (página 107).

Versión para niños: Envuelve un taco (el rollito de lechuga y el relleno) en una tortilla de maíz integral y pínchalo con un palillo de cóctel (si los niños tienen edad para saber cómo retirarlo). Para hacerlo más divertido, puedes sujetar un «lazo» de cebolleta con el palillo y pincharlo al taco.

PARA SERVIR

Tortillas o alguna variedad de lechuga para envolver los tacos (lechuga mantequilla, romana o iceberg, o bien hojas de acelgas)

Crema agria de anacardos (página 299), *mayonesa vegana casera* (página 307) o mayonesa preparada sin huevos (Vegenaise)

Salsa casera de tomates cherry (página 90)

Cebolletas cortadas

Zumo de lima

Rodajas de aguacate

Sriracha (salsa de chili fermentado) o cualquier otra salsa picante

Cilantro fresco cortado

GALLETAS Y BARRITAS

En mi primer libro de cocina incluí una receta de galletas, las *galletas de virutas de chocolate con mantequilla de almendras crujientes*, que por aquella época eran mis galletas preferidas. Desde que el libro se publicó, mis lectores me dicen que les encantan, y que quieren más recetas de galletas. ¡Un capítulo entero! Bueno, me gusta la idea, así que aquí está el capítulo dedicado a las galletas. En él te muestro mis recetas de los días de fiesta, de las ocasiones especiales y de todos los días. ¡Vamos, más galletas!

Seré sincera: este capítulo ha hecho que me salgan unas cuantas canas. Las recetas de galletas veganas son muy sensibles a cualquier pequeño cambio, pero después de cientos de pruebas, y de comer un montón de galletas, ha valido la pena. El premio para la receta con más pruebas es para *los brownies sin harina definitivos* (página 234), que de verdad no llevan nada de harina, son veganos, sin gluten, sin cereales e increíblemente densos y con la textura del ganaché, y a diferencia de muchos *brownies* veganos sin harina, no llevan alubias, aguacate o tofu. He tardado un tiempo en perfeccionarlos, pero te prometo que esta receta te dejará alucinado. Hasta la puedes preparar sin frutos secos, si lo prefieres. Creé las *barritas energéticas celestiales sin frutos secos* (página 246) para quienes tienen alergia, pero para mi alegría a todo el mundo le encantan estas barritas que son como golosinas, fáciles de preparar y que no necesitan horno. Son un éxito tanto entre niños como entre adultos. Si lo que te apetece es hornear algo especial para un día festivo, las *galletas al café expreso con chocolate y almendra* (página 243), las *galletas esponjosas de calabaza para tomar de refrigerio* (página 252), las *galletas de mantequilla de cacahuetes sin harina* (página 249), las *galletas crocantes de espelta y melaza* (página 254) y las *galletas con triple relleno de almendras* (página 240) son sin duda las que debes tener en tu lista. Y no olvides los *bocados de vainilla bañados en chocolate* (página 237), mis favoritas. Pon unas cuantas en el horno antes de que lleguen tus invitados, y la casa entera se llenará de los aromas de la vainilla, la canela y la almendra.

Los *brownies* sin harina definitivos

VEGANA, SIN GLUTEN, VERSIÓN SIN FRUTOS SECOS, SIN SOJA, SIN CEREALES, SIN ACEITE, PARA NIÑOS, SE PUEDE CONGELAR

PARA 8 BROWNIES CUADRADOS DE 6 CM

TIEMPO DE PREPARACIÓN: 15 MINUTOS

TIEMPO DE COCCIÓN: 24 A 28 MINUTOS

Me tomo los *brownies* muy en serio, seguro que lo recuerdas de mi primer libro. Esta vez mi objetivo era crear una versión sin harina ni cereales, además de veganos y sin gluten. Incluso he pensado en una versión sin frutos secos. ¡No sé si en el fondo, todo esto no es más que una excusa para comer montones de *brownies*! Supongo que nunca lo sabré. Al final, aquí están estos *brownies* superdensos, con una textura parecida a la del ganaché y unos bordes muy crujientes: son unos *brownies* celestiales. Y los he hecho con mantequilla de semillas o de frutos secos (puedes usar almendras tostadas o crudas, a tu gusto). La *mantequilla casera de almendras* queda genial en esta receta, pero si prefieres comprarla en la tienda, también quedará bien. Lo único que debes tener en cuenta es retirar el aceite que pueda haber encima de la mantequilla, y luego removerla bien antes de medirla para añadirla a la receta. Evita también la mantequilla de almendras superseca, porque es demasiado dura para mezclarla con la masa espesa de los *brownies*. Este consejo sirve para todas las recetas de este libro que llevan mantequilla de frutos secos, así que recuérdalo. En cuanto al sabor, tienen un rico gusto a chocolate que se vuelve aún más sofisticado gracias a las almendras. Los trozos de chocolate negro son vitales para conseguir un sabor para sibaritas. Prepárate para caer en la tentación.

1. Precalienta el horno a 180 °C. Forra una bandeja de 2 l con papel de hornear, dejando algo de sobrante para poder manejarlo y sacar los *brownies* una vez se enfríen.

2. En un bol grande, mezcla la linaza molida y el agua. Deja que la mezcla se asiente durante unos minutos y luego añade la sal, el bicarbonato, el jarabe de arce, la vainilla, el arrurruz, el cacao en polvo y el azúcar (en el orden

PARA LOS BROWNIES

- 1 cucharada más 1½ cucharaditas (22 ml) de linaza molida

- 3 cucharadas (45 ml) de agua

- ¾ de cucharadita (4 ml) de sal marina fina

- ¼ de cucharadita (1 ml) de bicarbonato sódico

- ¼ de taza (60 ml) de jarabe de arce

- 1 cucharadita (5 ml) de extracto puro de vainilla

- 2 cucharadas (30 ml) de arrurruz

- ½ taza (125 ml) de cacao en polvo sin edulcorar, tamizado si hace falta

- ⅓ de taza más 1 cucharada (90 ml) de azúcar de caña

- ¾ de taza (175 ml) de *mantequilla casera de almendras* (página 103), o comprada en la tienda

- 100 g de chocolate negro sin lácteos (55 a 70% de cacao), en trozos pequeños

- ½ taza (125 ml) de nueces, tostadas y en trozos (opcional)

PARA SERVIR

Salsa mágica de caramelo cruda (página 290)

Helado de vainilla sin lácteos

Sal marina en escamas (como las de la marca Maldon), para servir

indicado) hasta que estén bien mezclados. La masa resultante será espesa.

3. Añade la mantequilla de almendras y mézclala bien. Trabaja la masa durante un rato para que la mantequilla quede bien distribuida. No te preocupes de mezclarla en exceso, porque esta receta no lleva harina. Obtendrás una masa muy densa y pegajosa. Repito, es lo normal. Añade el chocolate troceado hasta mezclarlo bien.

4. Pon la masa en una bandeja. Coloca un trozo de papel de hornear por encima y aplasta la masa, desde el centro hacia fuera, hasta que quede distribuida de manera uniforme. Puedes retirar el papel y humedecerte ligeramente las manos con agua para ayudar a suavizar e igualar la masa.

5. Esparce las nueces por encima, si las utilizas, y presiónalas un poco sobre la masa, con suavidad, para que se adhieran.

6. Hornéala de 24 a 28 minutos, hasta que los bordes empiecen a endurecerse. El centro parecerá crudo y al tocarlo lo notarás blando. Si clavas un palillo en el medio, no saldrá limpio, pero no te preocupes. Los bordes quedarán un poco más altos que el centro, es normal. Deja que los *brownies* se enfríen en una rejilla de 20 a 30 minutos.

7. Después de que se enfríen, puedes cortarlos mientras aún están templados (si lo haces en caliente, pueden partirse un poco) o puedes poner la bandeja en el refrigerador, sin tapar, de 20 a 30 minutos más antes de cortarlos (podrás cortarlos más limpiamente cuando estén fríos). Para retirar el trozo de *brownie*, desliza un cuchillo desde debajo de un borde y sácalo con cuidado. Pueden estar un poco aceitosos en su base por la grasa de la mantequilla de almendras; en ese caso, colócalos sobre dos o tres capas de papel de cocina durante unos 5 minutos (esto absorberá la mayoría del aceite), o tómalos tal cual.

8. Sirve cada *brownie* con una cucharada de helado, un chorro de *salsa mágica cruda de caramelo*, y un pellizco de sal marina en escamas, opcionalmente. Puedes guardar lo que sobre en un recipiente hermético en la nevera durante unos pocos días. También puedes envolver cada *brownie* frío en papel de aluminio y guardarlo en un recipiente hermético en el congelador entre cuatro y seis semanas. Descongélalos en la nevera o a temperatura ambiente antes de tomarlos.

Sugerencia: Para descongelar rápido un *brownie*, hornéalo unos 7 minutos a 180 °C y tendrás un *brownie* templado y deliciosamente pegajoso que queda exquisito servido con helado.

Versión sin frutos secos: Cambia la mantequilla de almendras por mantequilla de semillas de girasol naturales y sustituye las nueces por 1 cucharada (15 ml) de semillas de girasol peladas.

Bocados de vainilla bañados en chocolate

VEGANA, SIN GLUTEN, VERSIÓN SIN SOJA, SIN CEREALES, SE PUEDE CONGELAR
PARA 13 BOCADOS GRANDES
TIEMPO DE PREPARACIÓN: 15 MINUTOS
TIEMPO DE COCCIÓN: 25 A 30 MINUTOS
TIEMPO DE CONGELACIÓN: 20 MINUTOS

Esto es lo que yo llamo perfección. Es el postre más rico, fácil y rápido que puedes preparar en el horno antes de que lleguen tus compañeros de desayuno. No solo gusta a todo el mundo, es que mientras lo horneas llena la casa de aromas de deliciosa vainilla, canela y almendra. Esta receta tiene la categoría de tesoro en nuestra casa. Mi secreto es hornearlo lentamente a temperatura baja; así el coco y las delicadas almendras no se queman antes de que el interior de los bocados se haya cocinado bien. Baña los bocados con chocolate negro fundido como último capricho y utiliza mantequilla de coco fundida (página 319, para una versión casera) en lugar de aceite de coco. La mantequilla de coco es necesaria para ligar la receta, y el aceite de coco no sirve para esto.

1. Precalienta el horno a 140 °C. Forra una bandeja y un plato grande con papel de hornear.

2. En un bol grande mezcla las almendras molidas, el coco rallado, la sal, la canela, el jarabe de arce, la mantequilla de coco, el extracto de vainilla y la vaina de vainilla hasta que queden bien combinados. La masa resultante será espesa y pegajosa.

3. Con una cuchara retráctil, toma 2 cucharadas (30 ml) de masa de galletas, forma una bola de masa y aplástala hasta que quede plana por encima. Déjala sobre la bandeja con papel que has preparado. Haz lo mismo con el resto de la masa, separando los bocados al menos 5 cm uno de otro en la bandeja.

4. Hornéalos durante 15 minutos; luego gira la bandeja y hornéalos de 10 a 15 minutos más, hasta que los bocados

1 taza (250 ml) de almendras crudas, molidas finas (página 323)

1½ tazas (375 ml) de coco rallado sin edulcorar

½ cucharadita más ⅛ de cucharadita (2,5 ml) de sal marina fina

½ cucharadita (2 ml) de canela en polvo

½ taza (125 ml) de jarabe de arce

¼ de taza (60 g) de *mantequilla de coco casera* (página 319), o comprada, fundida

1 cucharadita (5 ml) de extracto puro de vainilla

1 vaina de vainilla, sin semillas, o ¼ de cucharadita (1 ml) de extracto de vainilla puro en polvo

100 g de chocolate negro sin lácteos

1 cucharadita (5 ml) de aceite virgen de coco

estén un poco dorados alrededor de los bordes. Vigílalos bien durante los últimos 5 a 10 minutos.

5. Deja que se enfríen en la bandeja durante 10 minutos; luego ponlos con cuidado en una parrilla para que se enfríen completamente.

6. Funde el chocolate y el aceite de coco al baño maría a fuego medio-bajo, removiéndolo con frecuencia hasta que quede una mezcla fina. También puedes fundirlos juntos en una olla pequeña a fuego lento, removiéndolo con frecuencia. Retíralos del fuego.

7. Baña la base plana de cada bocado frío en el chocolate y gíralo hasta que la base esté bañada por completo. A medida que los vayas impregnando en chocolate, coloca cada bocado encima del plato forrado con papel, de modo que el baño de chocolate quede mirando hacia arriba. Deja que se enfríen de 10 a 15 minutos, o hasta que el chocolate se endurezca.

8. Dale la vuelta a cada bocado y deja caer el restante chocolate en un chorrito (recaliéntalo si hace falta). Déjalos en el congelador de 5 a 10 minutos, hasta que el chocolate esté duro.

9. Guarda los bocados que te sobren en un recipiente hermético en la nevera hasta una semana. También puedes envolverlos en papel de aluminio, colocarlos en un recipiente hermético en el congelador o meterlos en una bolsa para congelación con autocierre, y aguantarán hasta un mes.

Versión sin soja: Usa una variedad de chocolate sin soja ni lácteos (por ejemplo, de la marca Enjoy Life).

Galletas con triple relleno de almendras

VEGANA, SIN GLUTEN, SIN SOJA, SIN ACEITE, PREPARACIÓN PREVIA, PARA NIÑOS, SE PUEDE CONGELAR

PARA 16 GALLETAS

TIEMPO DE PREPARACIÓN: 20 MINUTOS

TIEMPO DE COCCIÓN: 10 A 12 MINUTOS

Hace un tiempo, puse todo mi empeño en hacer unas galletas rellenas que tuvieran los sabores tradicionales de las frambuesas y las almendras. Las de esta receta llevan almendras, mantequilla de almendras, extracto de almendras y mi *mermelada de bayas y semillas de chía*, y tengo que decir que superaron mis expectativas. Son, de verdad, fantásticas, un poco dulces y muy densas, con un sabor mantecoso a almendras y un aroma ácido de frambuesas. Si te gustan la mantequilla de cacahuetes y la mermelada, te encantará esta versión adulta del tamaño de un bocado. Y no importa la edad que tengas, la masa de galletas es tan deliciosa que será difícil evitar probarla antes de meterla en el horno.

1. Precalienta el horno a 180 °C. Forra una bandeja con papel de hornear.
2. En un procesador de alimentos mezcla la harina de almendras, la harina de arroz integral, la linaza molida, la sal y el bicarbonato. Procésalo hasta mezclar todos los ingredientes.
3. Añade la mantequilla de almendras, el jarabe de arce y el extracto de almendras y procésalo solo durante 4 o 5 segundos, hasta que se forme una masa. No lo mezcles más. La masa será muy húmeda y pegajosa, pero esto es lo normal.
4. Quita la cuchilla del bol del procesador. Humedécete las manos un poco y haz bolas de la masa, de un tamaño más pequeño que pelotas de golf. Deberías obtener unas 16 bolas. Colócalas en la bandeja que has preparado.
5. Pon el coco rallado en un bol pequeño. Baña en coco cada bola, hasta que esté completamente cubierta.

- 1⅓ tazas (325 ml) de harina almendras crudas (página 323), o 1½ tazas más 3 cucharadas (420 ml) de harina de almendras comprada
- ¼ de taza (60 ml) de harina de arroz integral (ver sugerencias)
- 2 cucharadas (30 ml) de linaza molida
- ½ cucharadita (2 ml) de sal marina fina
- 1 cucharadita (5 ml) de bicarbonato sódico
- ½ taza (125 ml) de mantequilla de almendras tostadas o crudas
- ¼ de taza más 3 cucharadas (105 ml) de jarabe de arce
- ½ cucharadita (2 ml) de extracto puro de almendras
- ¼ de taza más 2 cucharadas (90 ml) de coco rallado sin edulcorar, para bañar las galletas
- 5 a 6 cucharadas (75 a 90 ml) de *mermelada de bayas y semillas de chía* (página 69) o de tu mermelada favorita

6. Coloca las bolas en la bandeja, separadas al menos 5 cm entre ellas. Con el pulgar, presiona en el medio de cada una para hacer un agujero redondo. La galleta debe mantener una forma redonda regular; si se deforma, vuelve a darle forma con los dedos. Añade 1 cucharadita (5 ml) de mermelada en cada agujero.

7. Hornéalas de 10 a 12 minutos, hasta que las galletas se expandan, se agrieten un poco por algunas partes, y se doren ligeramente por la base. Estarán muy blandas y delicadas cuando las saques, pero créeme, están bien así. Deja que se enfríen en la bandeja de 5 a 10 minutos y luego ponlas tranquilamente, usando una espátula, sobre una rejilla para que se enfríen completamente. De nuevo, las galletas parecerán aún muy delicadas, pero se endurecerán mucho una vez estén frías. Puedes guardar las que te sobren en un envase hermético en la nevera hasta una semana o en el congelador hasta un mes.

Sugerencias: Prueba estas galletas semicongeladas, a mí me encantan. Si no tienes harina de arroz integral a mano, puedes utilizar harina de avena. Prefiero usar harina de arroz integral porque las galletas son menos densas que si usas harina de avena, pero si les añades poca, quedará bien.

Galletas al café expreso con chocolate y almendra

VEGANA, SIN GLUTEN, VERSIÓN SIN SOJA, SIN ACEITE, SE PUEDE CONGELAR
PARA 13 O 14 GALLETAS
TIEMPO DE PREPARACIÓN: 10 MINUTOS
TIEMPO DE COCCIÓN: 10 A 12 MINUTOS

Si mis *galletas de mantequilla de cacahuetes sin harina* (página 249) y *los brownies sin harina definitivos* (página 234) tuvieran un hijo, se parecería a estas galletas sofisticadas. No tienen nada de harina; en su lugar se utiliza harina de almendra, copos de avena y un toque de coco rallado para conseguir una textura fibrosa irresistible. El cacao en polvo y las virutas de chocolate les dan un increíble sabor, un sabor que el toque de café hace brillar aún más. No te preocupes si no eres un gran fan del expreso; si usas la cantidad mínima que recomiendo, las galletas no tendrán demasiado sabor a café (1/4 de cucharadita/1 ml). Si prefieres un sabor más fuerte, puedes usar 1/2 cucharadita (2 ml). Por supuesto, si no encuentras el café puedes omitirlo y las galletas aún estarán bien ricas, quizás algo menos suculentas y con menor sabor a chocolate.

1. Precalienta el horno a 180 °C. Forra una bandeja con papel de hornear.

2. En un bol mediano, mezcla la linaza molida con el agua. Déjalo aparte para que se espese.

3. Toma un bol grande y mezcla la harina de almendras, el coco rallado, la avena, el azúcar moreno, las virutas de chocolate, el cacao en polvo, el bicarbonato, la sal y el café en polvo.

4. Añade la mantequilla de almendras, el jarabe de arce y la vainilla a la mezcla de linaza. Remuévelo hasta que quede bien mezclado y muy espeso.

5. Vierte los ingredientes líquidos sobre los secos y mézclalos bien. Al principio la masa parecerá muy seca, pero esto es lo normal. Amasa con las manos hasta ligarla. (También puedes usar un amasador eléctrico, pero yo prefiero hacerlo con las manos). Si por alguna razón la masa sigue

1 cucharada (15 ml) de linaza molida

2 cucharadas (30 ml) de agua

1/3 de taza (75 ml) de harina de almendras (página 323)

3 cucharadas (45 ml) de coco rallado sin edulcorar

1/2 taza (125 ml) de copos de avena sin gluten

1/2 taza (125 ml) de azúcar moreno, sin apretarlo en la taza

1/4 de taza (60 ml) de virutas de chocolate sin lácteos

2 cucharadas (30 ml) de cacao en polvo sin edulcorar

1 cucharadita (5 ml) de bicarbonato

1/2 cucharadita (2 ml) de sal marina fina

1/4 a 1/2 cucharadita (1 a 2 ml) de café en polvo, o al gusto

1/2 taza (125 ml) de mantequilla de almendras natural suave (ver sugerencia)

2 cucharadas más 2 cucharaditas (40 ml) de jarabe de arce

1 cucharadita (5 ml) de extracto de vainilla

Sal marina en escamas (como las de Maldon), para servir

estando demasiado seca para convertirla en bolas, añade 1 cucharadita (5 ml) de agua y sigue mezclando. La masa será pegajosa y espesa.

6. Humedécete un poco las manos y convierte la masa en 13 o 14 bolas, unas 2 cucharadas (30 ml) de masa cada una. Si las virutas de chocolate se caen de la masa, presiona las bolas sobre las virutas en el fondo del bol, para que se peguen. Coloca las bolas de masa sobre la bandeja que has preparado, manteniendo una separación de unos 5 a 8 cm. No las aplastes o no quedarán tan esponjosas.

7. Hornéalas de 10 a 12 minutos, hasta que se desinflen un poco pero mantengan la forma abultada. Las galletas parecerán blandas y frágiles cuando las saques del horno, pero se endurecerán a medida que se enfríen. Déjalas enfriar por completo sobre una rejilla. Aderézalas con sal en escamas, opcionalmente. Puedes guardar las que te sobren en un recipiente hermético en la nevera durante tres o cuatro días o congelarlas hasta un mes. Yo las envuelvo de una en una en papel de aluminio y las guardo en una bolsa de congelación con autocierre o en un recipiente hermético.

Sugerencia: La densidad de tus galletas dependerá del tipo de mantequilla de almendras que utilices. No recomiendo la mantequilla de almendras seca (evita la que se acumula en el fondo del tarro). Además, antes de medir la cantidad que pondrás en la receta, quítale el aceite que pueda haber encima, para que no te queden unas galletas demasiado grasientas.

Versión sin soja: Usa virutas de chocolate sin soja ni lácteos (por ejemplo, de la marca Enjoy Life).

Barritas energéticas celestiales sin frutos secos

VEGANA, SIN GLUTEN, SIN FRUTOS SECOS, VERSIÓN SIN SOJA, PARA NIÑOS, SE PUEDE CONGELAR
PARA 20 BARRITAS PEQUEÑAS
TIEMPO DE PREPARACIÓN: 25 MINUTOS
TIEMPO DE CONGELACIÓN: 90 MINUTOS

Cuando hinques los dientes en estas deliciosas barritas sin frutos secos, pensarás que estás soñando. A mí me pasó. Esta es la versión más sana de barritas dulces que no necesitan hornearse. La receta está pensada para niños y adultos con alergia a los frutos secos, pero tanto si puedes tomar frutos secos como si no, te prometo que te enamorarás de estas barritas crujientes y dulces. Sus distintas capas tienen diferentes texturas, desde el crujiente arroz hasta la cremosa mantequilla de semillas de girasol, y están mucho más ricas frías, directas de la nevera o del congelador. Si no utilizas mantequilla de semillas de girasol, puedes cambiarla por mantequilla de cacahuetes o de almendras (y puedes hacer lo mismo para la cobertura, sustituyendo las semillas de girasol por almendras laminadas tostadas o por cacahuetes), creando nuevos sabores.

1. Prepara la base. Engrasa un molde grande para pan, de unos 3 l, y cúbrelo con papel de hornear, cortado a la medida del molde.

2. En un bol mediano, mezcla los ingredientes para la base hasta que el arroz esté completamente impregnado. Vierte la mezcla en el molde y repártelo uniformemente con el dorso de una cuchara. Quedará muy pegajoso, pero esto es lo normal. Con las manos un poco húmedas, presiona la mezcla con fuerza hacia el fondo del molde. La mezcla para la base parecerá muy suelta en este momento. Colócala en el congelador.

3. Prepara el relleno. Enjuaga y seca el bol que has usado para preparar la base. Luego mezcla en él todos los ingredientes del relleno y remuévelos hasta combinarlos bien.

PARA LA BASE

- 1 cucharada (15 ml) de aceite virgen de coco, fundido, y algo más para la sartén
- 1½ tazas (375 ml) de arroz crujiente
- 2 cucharadas (30 ml) de cacao en polvo sin edulcorar
- 2 cucharadas más 1½ cucharaditas (37 ml) de jarabe de arroz integral
- 1 pellizco de sal marina fina

PARA EL RELLENO DE MANTEQUILLA DE SEMILLAS DE GIRASOL

- 1 taza (250 ml) de *mantequilla casera de semillas de girasol* (página 107), o comprada en la tienda
- ¼ de taza y 1½ cucharaditas (67 ml) de jarabe de arce
- ¼ de taza (60 ml) de aceite virgen de coco, fundido
- 1 cucharadita (5 ml) de extracto puro de vainilla
- 2 pellizcos de sal marina fina

PARA EL BAÑO DE CHOCOLATE

- ¼ de aza (60 ml) de semillas de girasol peladas
- ¾ de taza (175 ml) de virutas de chocolate sin lácteos o de chocolate en trocitos
- 1 cucharadita (5 ml) de aceite virgen de coco

4. Saca el molde del congelador (la base estará dura) y pon el relleno encima. Extiéndelo de forma regular con una espátula. Pon de nuevo el molde en el congelador, sobre una superficie plana, durante 1 hora, o hasta que el relleno se endurezca.

5. Prepara el baño de chocolate. Tuesta las semillas de girasol en una sartén pequeña a fuego medio, removiendo a menudo, de 3 a 5 minutos, hasta que estén ligeramente doradas.

6. Una vez el relleno se ha endurecido, funde el chocolate y el aceite de coco al baño maría a fuego medio-bajo, removiendo con frecuencia, hasta que quede una textura suave. (También puedes fundirlos en una olla pequeña a fuego bajo, removiendo con frecuencia.) Apaga el fuego. Extiende el chocolate rápidamente sobre el relleno (has de trabajar rápido para que no se endurezca antes de que hayas terminado de untarlo). Inmediatamente espolvorea encima las semillas de girasol tostadas antes de que el chocolate se solidifique. Devuelve el molde al congelador hasta que la cubierta de chocolate esté sólida, unos 30 minutos.

7. Desliza un cuchillo por los bordes del molde para separar las barritas. Levanta el bloque sujetando los bordes del papel y levantándolo. Pon el filo de un cuchillo en agua caliente durante un par de minutos (esto ayudará a que corte bien el chocolate congelado). Corta el bloque en cuadrados pequeños y sírvelo al momento, porque empezará a fundirse a temperatura ambiente. Puedes guardar las sobras en un recipiente hermético en el congelador hasta un mes.

Sugerencia: Estos cuadraditos se ablandan a temperatura ambiente, así que no te recomiendo dejarlos fuera de la nevera mucho tiempo. Están mucho mejor servidos fríos.

Versión sin soja: Usa virutas de chocolate sin soja ni lácteos (por ejemplo, la marca Enjoy Life).

Galletas de mantequilla de cacahuetes sin harina

VEGANA, SIN GLUTEN, VERSIÓN SIN FRUTOS SECOS, VERSIÓN SIN SOJA, SIN ACEITE, PARA NIÑOS, SE PUEDE CONGELAR
PARA 12 GALLETAS
TIEMPO DE PREPARACIÓN: 15 MINUTOS
TIEMPO DE COCCIÓN: 12 A 14 MINUTOS

Estas galletas de textura dura no llevan ni un gramo de harina, además de ser completamente veganas y sin gluten. En realidad ideé esta receta para mi primer libro de cocina, pero me quedé sin espacio para incluirla. Mi hermana, Kristi, no se lo podía creer, así que le prometí que la incluiría en este segundo libro. ¿Cómo voy a negarle a mi hermana su receta de galletas favorita? La densidad de estas galletas depende de la consistencia de la mantequilla de cacahuetes que utilices. Si usas una mantequilla superseca, tendrás galletas de consistencia muy espesa (no te lo recomiendo), mientras que si es aceitosa y fácil de untar, obtendrás una pasta menos consistente. Los mejores resultados se consiguen con mantequilla de cacahuetes natural, aunque debes recordar mezclarla antes de medirla. Ten en cuenta que la mantequilla de cacahuetes convencional (la que suele llevar aceites y azúcares añadidos) no queda bien con esta receta. Conseguirás un resultado muchísimo mejor con una versión natural (con solo cacahuetes tostados en la lista de ingredientes). Si la prefieres casera, puedes prepararla fácilmente si tienes un procesador de cocina potente.

1. Precalienta el horno a 180 °C. Forra una bandeja con papel de hornear.
2. En un bol mediano, mezcla la linaza molida y el agua y resérvalo durante unos minutos.
3. En otro bol, de tamaño grande, mezcla el coco rallado, los copos de avena, el azúcar integral, el bicarbonato sódico, la sal y el chocolate.
4. Añade la mantequilla de cacahuetes, la vainilla y el jarabe de arce al bol con la mezcla de linaza y remuévelo hasta

1   cucharada (15 ml) de linaza molida

3   cucharadas (45 ml) de agua

½   taza (125 ml) de coco rallado sin edulcorar

½   taza (125 ml) de copos de avena sin gluten

½   taza (125 ml) de azúcar integral

1   cucharadita (5 ml) de bicarbonato sódico

½   cucharadita (2 ml) de sal marina fina (ver sugerencia)

¼   de taza (60 ml) de virutas de chocolate sin lácteos (como las de la marca Enjoy Life)

½   taza (125 ml) de mantequilla de cacahuetes natural suave

1   cucharadita (5 ml) de extracto puro de vainilla

2   cucharadas (30 ml) de jarabe de arce

que quede bien mezclado. La mezcla resultante será muy espesa.

5. Vierte los ingredientes húmedos sobre los secos y remuévelos hasta que queden bien mezclados. La masa probablemente estará muy seca al principio, es lo normal. Amásala con las manos para que quede bien mezclada. (También puedes emplear un amasador eléctrico, pero yo prefiero usar las manos). Si por alguna razón está demasiado seca para convertirla en bolas, añade 1 cucharadita (5 ml) de agua y mézclalo de nuevo. La masa será pegajosa.

6. Humedécete ligeramente las manos (sacudiendo el exceso de agua) y convierte la masa en 12 bolas del tamaño aproximado de una bola de golf. Si las virutas de chocolate se caen de las bolas, basta empujar estas sobre las virutas que estén en el fondo del bol. Coloca las bolas en la bandeja que has preparado, con una separación mínima de 5 a 8 cm. Presiona con suavidad sobre cada bola para aplanarla ligeramente.

7. Hornéalas de 12 a 14 minutos. Las galletas parecerán blandas y frágiles cuando las saques del horno, pero se endurecerán a medida que se enfríen. Las bases quedarán de color marrón dorado. Deja que se enfríen en la bandeja de 5 a 8 minutos antes de transferirlas con cuidado a una rejilla para que se enfríen por completo. Puedes guardar las galletas en un recipiente hermético en la nevera durante tres o cuatro días o congelarlas durante un mes. Yo las envuelvo individualmente en papel de aluminio y las coloco en una bolsa de congelación con autocierre o en un recipiente hermético.

Sugerencia: Añade menos cantidad de sal si utilizas mantequilla de cacahuete con sal.

Versión sin frutos secos: Sustituye la mantequilla de cacahuetes por mantequilla de semillas de girasol naturales.

Versión sin soja: Usa minivirutas de chocolate sin soja, como las de la marca Enjoy Life.

Galletas esponjosas de calabaza para tomar de refrigerio

VEGANA, SIN FRUTOS SECOS, SIN SOJA, PARA NIÑOS, SE PUEDE CONGELAR
PARA 11 GALLETAS
TIEMPO DE PREPARACIÓN: 10 A 15 MINUTOS
TIEMPO DE COCCIÓN: 12 A 14 MINUTOS

Me encantan las galletas crujientes, pero algunas veces me apetecen unas galletas esponjosas, suaves y gorditas, y estos caprichos picantes son mi forma favorita de satisfacer ese deseo irrefrenable. En esta receta, el puré de calabaza está especiado con canela, jengibre, vainilla, nuez moscada, clavo y cardamomo (a medida que las galletas se horneen te traerán la imagen de hojas de otoño y jerséis cómodos). Para conseguir un verdadero sabor a pastel de calabaza, cubro estas galletas con *crema de coco montada* (página 312). *La salsa mágica de caramelo cruda* (página 290) también es riquísima como cobertura. Y si prefieres una versión más fácil de llevar, no le pongas cobertura; las galletas estarán igualmente buenísimas.

1. Precalienta el horno a 180 ºC y forra una bandeja con papel de hornear.
2. Pon en un bol el aceite de coco, el azúcar, el puré de calabaza y la vainilla y bátelos con una batidora de mano hasta que quede una mezcla fina e igualada.
3. Añade la canela, la linaza molida, el jengibre, el bicarbonato, la nuez moscada, el clavo, el cardamomo y la sal. Bátelo hasta que quede bien mezclado. Agrega la harina y bátelo de nuevo para mezclarlo. La masa debería ser húmeda y fácil de convertir en bolas.
4. Convierte la masa en bolas grandes; utiliza para cada una unas 2 cucharadas llenas de masa (30 ml). Colócalas en la bandeja con 5 a 8 cm de separación entre ellas. No las aplanes, o las galletas no quedarán esponjosas.
5. Hornéalas de 12 a 14 minutos, hasta que se inflen. Algunas pueden quedar un poco agrietadas.
6. Deja que se enfríen en la bandeja durante 5 minutos antes de ponerlas en una rejilla para que se enfríen por completo.

3 cucharadas (45 ml) de aceite virgen de coco, fundido

½ taza (125 ml) de azúcar moreno un poco compactado

⅓ de taza (75 ml) de puré de calabaza sin edulcorar

½ cucharadita (2 ml) de extracto puro de vainilla

2 cucharaditas (10 ml) de canela en polvo

2 cucharaditas (10 ml) de linaza molida

¾ de cucharadita (4 ml) de jengibre molido

½ cucharadita (2 ml) de bicarbonato sódico

½ cucharadita (2 ml) de nuez moscada recién rallada

⅛ de cucharadita (0,5 ml) de clavo en polvo

1 pizca de cardamomo en polvo

¼ de cucharadita (1 ml) de sal marina fina

1 taza (250 ml) de harina de espelta integral o blanca/ligera

Crema de coco montada (página 312), para aderezar (opcional)

7. Adorna las galletas con *crema de coco montada*, si quieres; en ese caso deben estar completamente frías o la crema se fundirá. Puedes guardar las galletas frías en un recipiente hermético en la nevera durante dos o tres días o congelarlas, y aguantarán hasta dos semanas. Yo las envuelvo individualmente en papel de aluminio y las guardo en una bolsa de congelación con autocierre o en un recipiente hermético.

Galletas crocantes de espelta y melaza

VEGANA, SIN FRUTOS SECOS, VERSIÓN SIN SOJA, PARA NIÑOS, SE PUEDE CONGELAR

PARA 12 GALLETAS

TIEMPO DE PREPARACIÓN: 15 MINUTOS

TIEMPO DE COCCIÓN: 8 A 13 MINUTOS

Estas galletas ricamente especiadas, con bordes crujientes y centros consistentes, resultan irresistibles. En esta receta uso cantidades limitadas de edulcorante, para que las galletas estén dulces, pero no demasiado. La combinación de melaza, jengibre, canela y clavo hará que tu casa huela divinamente mientras las galletas se hornean. Son tan ricas que querrás tenerlas en tu despensa durante las vacaciones. Su textura es variable. Cuanto más las dejes en el horno, más crujientes serán. Alarga el tiempo si quieres conseguir la textura de las galletas de jengibre tradicionales, o redúcelo si prefieres unas galletas más blanditas.

1. Precalienta el horno a 180 °C. Forra una bandeja con papel de hornear.

2. Mezcla la linaza molida con agua en una taza y deja reposar la mezcla unos minutos para que se espese.

3. En un bol grande con una batidora de mano, mezcla la mantequilla, el azúcar de caña, el jarabe de arce, la melaza, la vainilla y la mezcla de semillas de linaza hasta que esté bien mezclado y tenga una textura suave.

4. Añade, de uno en uno, el jengibre, el bicarbonato, la canela, la sal, el clavo y la harina de espelta hasta que estén bien mezclados. No proceses demasiado tiempo la masa.

5. Pon el azúcar turbinado en un bol. Convierte la masa en bolas de 2,5 cm y hazlas rodar sobre el azúcar. Coloca las bolas, con 5 cm de separación entre ellas, en la bandeja que has preparado. No las aplastes.

6. Hornéalas de 8 a 10 minutos, para obtener una textura blanda, o de 12 a 13 minutos para una textura más crujiente.

1½ cucharaditas (7 ml) de linaza molida

2 cucharadas (30 ml) de agua

¼ de taza (60 ml) de mantequilla vegana o de aceite virgen de coco, derretido

¼ de taza (60 ml) de azúcar de caña natural

2 cucharadas (30 ml) de jarabe de arce

2 cucharadas (30 ml) de melaza residual

½ cucharadita (2 ml) de extracto de vainilla

1 cucharadita (5 ml) de jengibre molido

½ cucharadita (2 ml) de bicarbonato sódico

½ cucharadita (2 ml) de canela en polvo

¼ de cucharadita (1 ml) de sal marina fina

¼ de cucharadita (1 ml) de clavo molido

1¼ tazas (300 ml) de harina de espelta blanca o integral

2 cucharadas (30 ml) de azúcar turbinado o azúcar natural de caña, para cubrir

Versión sin soja: Usa mantequilla vegana sin soja o aceite de coco.

7. Deja que se enfríen en la bandeja durante 5 minutos antes de transferirlas a una rejilla para que terminen de enfriarse de 10 a 15 minutos. Puedes guardarlas en un recipiente hermético en la nevera durante tres o cuatro días o congelarlas, y durarán hasta un mes.

POSTRES

Cualquiera que lea mi blog habitualmente sabe que me encantan los postres, y aunque me esfuerzo para tomarlos con moderación, nunca los evito del todo. Me gusta inventar postres con tantos ingredientes sanos como sea posible, sin sacrificar el sabor ni la textura. Algunos de mis favoritos son bastante simples: un par de onzas de chocolate negro al final del día, mi *pudin de chocolate con ingrediente secreto* (página 264) o incluso un plátano untado con crema de cacahuetes. Pero en las ocasiones especiales, me encanta agasajar a mi familia y amigos con un postre casero con tantos ingredientes sanos como sea posible.

Durante los meses más fríos, me encantan *los cupcakes de calabaza que suben un montón* (página 260) con *glaseado especiado de crema de mantequilla* (página 263). Para las fiestas o en cualquier momento, *los mejores bombones de cacahuetes* (página 267), el *ganaché blanco y negro helado* (página 276) y la *tarta de chocolate para amantes de la mantequilla de cacahuete* (página 273) siempre son un éxito. Cuando hace más calor, tienes que probar la *tarta de queso con limón Meyer y compota de fresa y vainilla* (página 270), un postre que no necesita horno, que está riquísimo frío y que vuelve locos incluso a los que no son muy aficionados al limón. Si necesitas preparar un postre en minutos en las estaciones cálidas, prueba el *sorbete de plátano y frambuesa con mango, coco y lima* (página 279). Lo preparo una y otra vez para mi familia (incluso durante el invierno si les entran las ganas). Es un capricho refrescante que creo que a ti también te va a encantar.

Los *cupcakes* de calabaza que suben un montón

VEGANA, VERSIÓN SIN FRUTOS SECOS, VERSIÓN SIN SOJA, PREPARACIÓN PREVIA, PARA NIÑOS, SE PUEDE CONGELAR

PARA 12 *CUPCAKES*

TIEMPO DE PREPARACIÓN: 20 MINUTOS

TIEMPO DE COCCIÓN: 24 A 30 MINUTOS

Estos irresistibles *cupcakes* de especias y calabaza (ver foto al comienzo de la sección) son geniales en los meses de otoño o de invierno, pero no dudaría un momento en prepararlos en verano también. Son sorprendentemente ligeros y esponjosos, y si te pareces a mí, darás grititos de alegría cuando veas lo mucho que suben mientras se hornean. Suelo utilizar harina de espelta blanca para darles una textura jugosa y ligera, que queda maravillosamente bien. Si la encuentras, puedes usar harina integral de espelta, solo ten en cuenta que los *cupcakes* quedarán más densos, pero seguirán siendo sabrosos. Muchísimas gracias a Dreena Burton, la brillante cocinera, autora y bloguera de plantpoweredkitchen.com, por inspirarme esta receta.

1. Precalienta el horno a 180 °C. Engrasa ligeramente un molde para magdalenas de 12 con aceite o cúbrelo con moldes de papel para que no se peguen. Mi marca preferida es You Care Large Baking Cups, porque he comprobado que hay marcas, como Reynolds, que pueden pegarse.

2. En un bol grande, mezcla la harina, el azúcar, la levadura, la canela, la nuez moscada, el bicarbonato, la sal, la pimienta de Jamaica y el clavo.

3. En otro bol, de tamaño mediano, mezcla el puré de calabaza, la leche de almendras, el jarabe de arce, el aceite, el zumo de limón y la vainilla, hasta conseguir una mezcla fina.

4. Añade la mezcla húmeda a la seca y remuévelo hasta que se mezcle bien. Deja de remover en cuanto desaparezcan los restos de harina de encima de la mezcla. Es importante no mezclar demasiado la harina de espelta porque puede hacer que los *cupcakes* sean demasiado densos. La masa será bastante espesa (como la de las magdalenas), pero esto es lo normal.

2¼ tazas (550 ml/300 g) de harina de espelta blanca/ligera (ver sugerencias)

½ taza (125 ml) más 2 cucharadas (30 ml) de azúcar natural de caña

2 cucharaditas (10 ml) de levadura en polvo

2 cucharaditas (10 ml) de canela en polvo

1½ cucharaditas (7 ml) de nuez moscada recién rallada

½ cucharadita (2 ml) de bicarbonato sódico

½ cucharadita (2 ml) de sal marina fina

¼ de cucharadita (1 ml) de pimienta de Jamaica molida

⅛ de cucharadita (0,5 ml) de clavo molido

¾ de taza (175 ml) de puré de calabaza sin edulcorar

1 taza (250 ml) de leche de almendras sin edulcorar

¼ de taza (60 ml) de jarabe de arce

¼ de taza (60 ml) de aceite de semillas de uva o de aceite de coco refinado, fundido (ver sugerencias)

1 cucharada (15 ml) de zumo de limón recién exprimido

2 cucharaditas (10 ml) de extracto puro de vainilla

Glaseado especiado de crema de mantequilla (página 263) o de *crema de coco montada* (página 312)

5. Rellena los moldes de magdalenas con la masa (yo suelo usar una cuchara retráctil), llenándolos aproximadamente dos tercios o tres cuartos de su capacidad. Alisa un poco la parte superior. Luego hornéalas de 24 a 30 minutos, o hasta que insertes un palillo en el centro de cada molde y salga limpio y cuando el *cupcake* recupere su volumen enseguida al hundirlo con el dedo. Los *cupcakes* suben un montón; seguramente gritarás de alegría cuando veas su preciosa forma redonda.

6. Deja que se enfríen dentro del molde, sobre una rejilla, unos 10 minutos. Luego sácalos del molde y ponlos directamente sobre la rejilla para dejar que se enfríen completamente. Cuando les añadas el glaseado, deben estar fríos, porque si no se fundirá.

7. Baña los *cupcakes* fríos con *glaseado especiado de crema de mantequilla* o con *crema de coco montada*. Si te sobran, puedes guardarlos en un recipiente hermético en la nevera hasta cinco días. También puedes congelarlos poniéndolos en un plato sin taparlas. Una vez el glaseado se haya endurecido, saca los *cupcakes* del congelador y envuélvelos individualmente en un plástico. Luego ponlos en un recipiente hermético y aguantarán congelados hasta un mes. Para descongelarlos, desenvuélvelos y ponlos en la nevera o sobre la encimera hasta que se descongelen totalmente.

Sugerencias: Puedes sustituir la harina de espelta por 2 tazas de harina para todos los usos. Yo utilizo aceite de semillas de uva porque es neutro, no tiene ningún sabor. No te recomiendo usar un aceite con sabor fuerte como el de oliva virgen extra. Si no tienes aceite de semillas de uva o de coco refinado (que tampoco tiene sabor), puedes usar aceite virgen de coco fundido. Solo has de tener en cuenta que los *cupcakes* tendrán un ligero sabor a coco. Cuando uses el aceite de coco, asegúrate de que el resto de los ingredientes estén a temperatura ambiente para evitar que el aceite se solidifique.

Versión sin frutos secos: Sustituye la leche de almendras por leche de coco o por otra leche vegetal.

Versión sin soja: Usa mantequilla vegana sin soja para el glaseado especiado. O como alternativa puedes emplear la *crema de coco montada* (página 312).

Glaseado especiado de crema de mantequilla

VEGANA, SIN GLUTEN, VERSIÓN SIN FRUTOS SECOS, VERSIÓN SIN SOJA, SIN CEREALES, PARA NIÑOS
PARA 1¼ TAZAS (300 ML)
TIEMPO DE PREPARACIÓN: 10 MINUTOS

Mantecoso, dulce y suavemente especiado con nuez moscada, canela y vainilla, este glaseado sin lácteos es el complemento perfecto para *los cupcakes de calabaza que suben un montón* (página 260). Puedes usar esta versión o la variación con doble de vainilla (consulta más adelante), dependiendo del día.

1. Bate la mantequilla unos 30 segundos en un bol grande usando una batidora de mano o en el vaso de una batidora, hasta que quede suave y esponjosa.

2. Añade el azúcar, 1 cucharadita (5 ml) de leche, vainilla, canela, nuez moscada y sal. Bátelo de nuevo, empezando a baja velocidad y tapando el vaso mezclador o el bol con un paño de cocina. La mezcla debe quedar esponjosa y lisa. Tal vez debas parar de batir par recuperar lo que quede pegado en las paredes del bol. Si tu glaseado aún está demasiado espeso, puedes diluirlo con más leche. Si queda demasiado diluido, puedes espesarlo añadiendo más azúcar y batiendo.

Sugerencia: Mi mantequilla vegana favorita es la crema para untar Buttery Earth Balance, pero puedes escoger la mantequilla vegana que prefieras.

Versión sin frutos secos: Cambia la leche de almendras por alguna leche vegetal sin frutos secos que te guste, como por ejemplo la de coco.

Versión sin soja: Usa mantequilla vegana sin soja.

¾ de taza (175 ml) de mantequilla vegana (ver sugerencia)

1½ tazas (375 ml) de azúcar glas, y más si hace falta

1 a 3 cucharaditas (5 a 15 ml) de leche de almendras, a demanda

½ cucharadita (2 ml) de extracto de vainilla

½ cucharadita (2 ml) de canela en polvo, o al gusto

¼ de cucharadita (1 ml) de nuez moscada rallada al momento, o al gusto

1 pellizco de sal marina fina

Para el glaseado con doble de vainilla: Añade 1/2 cucharadita (2 ml) de extracto de vainilla puro en polvo o dos vainas de vainilla sin semillas y no uses canela ni nuez moscada.

Pudin de chocolate con ingrediente secreto

VEGANA, SIN GLUTEN, SIN SOJA, SIN CEREALES, PARA NIÑOS
PARA 1⅓ TAZAS (325 ML) DE (3 RACIONES)
TIEMPO DE PREPARACIÓN: 10 MINUTOS
TIEMPO DE COCCIÓN: 10 A 15 MINUTOS

Para preparar un pudin vegano, puedes usar distintos ingredientes que te permitirán elaborar una base creativa sin contenido en lácteos. La mayoría de las recetas utilizan aguacate, tofu o incluso alubias negras, pero yo he dado con una versión propia que es mi favorita, hecha con boniatos. Apenas se nota el sabor del boniato, nadie nota el ingrediente secreto, y sin embargo aporta a la receta densidad y una dulzura muy suave. El pudin es rico, suave, tal como debe ser un pudin de chocolate. Si quieres potenciar aún más el sabor, añade ¼ de cucharadita (1 ml) de café expreso en polvo. Una de las personas que suelen probar mis recetas llama a este pudin masa de *brownie*, porque no lleva lácteos ni azúcares refinados. El tamaño de la ración es bastante pequeño para esta receta porque es muy denso y un pequeño trozo es suficiente, pero puedes doblar las cantidades si quieres conseguir raciones más generosas. Después de enfriarse, este pudin se espesará bastante, y tendrá una textura parecida a la de una *mousse* espesa. Decide tú mismo si lo prefieres frío o más caliente.

1. Pon agua a hervir en una olla mediana y luego colócale un accesorio para cocer al vapor. Cuece los boniatos tapados al vapor, de 10 a 15 minutos, hasta que puedas clavar un tenedor con facilidad. También puedes usar un aparato para hervir al vapor. Apaga el fuego y deja reposar los boniatos 15 minutos.

2. Pon los boniatos en un procesador de alimentos (deberías obtener 1 taza sin llenar del todo, 250 ml) junto con el jarabe de arce. Procésalos hasta que quede un puré fino. Añade el resto de los ingredientes y procésalo de nuevo buscando una textura suave, parando para recuperar la mezcla de las paredes del vaso. Pruébala y ajusta el edulcorante, si

PARA EL PUDIN

1¼ tazas (300 ml/170 g) de boniato o ñame pelado y cortado en dados

⅓ de taza (75 ml) de jarabe de arce

⅓ de taza (75 ml) de leche de almendras sin edulcorar

¼ de taza (60 ml) de cacao en polvo sin edulcorar

2 cucharadas (30 ml) de mantequilla de almendras tostadas suave o de mantequilla de anacardos crudos

1 cucharada (15 ml) de aceite virgen de coco, derretido

1 cucharadita (5 ml) de extracto puro de vainilla

¼ de cucharadita (1 ml) de sal marina fina

IDEAS PARA ADEREZOS

Crema de coco montada (página 312)

Bayas frescas o arilos de granada

½ taza (125 ml) de almendras laminadas, tostadas (ver sugerencias)

Granola casera (páginas 58 y 99)

hace falta. Creo que este pudin sabe algo más dulce cuando se enfría, así que tenlo presente al añadir más jarabe de arce. Siempre puedes agregarle más una vez esté frío, si te parece poco dulce.

3. Pon la mezcla en un recipiente hermético y déjala enfriar durante unas horas o toda la noche. Si queda demasiado espeso para tu gusto, puedes añadirle un poco de leche de almendras.

4. Sirve el pudin con *crema de coco montada*, bayas frescas y almendras laminadas, opcionalmente. También puedes tomarlo solo o con granola casera por encima. Puedes guardar las sobras en un recipiente hermético en la nevera durante tres o cuatro días.

Sugerencias: Para tostar las almendras, precalienta el horno a 160 °C. Distribuye las almendras laminadas sobre una bandejita con borde y tuéstalas en el horno de 8 a 10 minutos, hasta que estén ligeramente doradas. ¿No te seduce cocer los boniatos al vapor? También puedes cocerlos en agua.

Los mejores bombones de cacahuetes

VEGANA, SIN GLUTEN, VERSIÓN SIN FRUTOS SECOS, VERSIÓN SIN SOJA, SE PUEDE CONGELAR
PARA 18 A 20 BOMBONES
TIEMPO DE PREPARACIÓN: 20 MINUTOS
TIEMPO DE CONGELACIÓN: 25 MINUTOS

La mantequilla de cacahuetes tradicional tiene mucha mantequilla y azúcar en polvo, pero mi versión está hecha con ingredientes más ligeros y solo un toque de edulcorante sin refinar. Cuando la pruebes pensarás cómo has podido vivir sin ella tanto tiempo. De niña me gustaba ayudar a mi madre a preparar bolas de mantequilla de cacahuetes cada Nochebuena, y ahora estas bolas «mejores» son nuestras nuevas favoritas en los días festivos. Pero si soy sincera, las preparo siempre que me entran unas ganas irresistibles de chocolate y mantequilla de cacahuete, que es muy a menudo. Son superfáciles de hacer y prácticas para cuando tienes muchos invitados en fiestas, con comida para servirse uno mismo y comer con los dedos. Normalmente las sirvo en moldes para minimagdalenas. Te recomiendo usar mantequilla de cacahuetes 100 % natural para esta receta. El único ingrediente de la etiqueta deben ser los cacahuetes tostados (y un poco de sal también, solo tendrás que reducir la cantidad que añadas a la receta). Además, no utilices la capa de mantequilla espesa que suele acumularse en la base del tarro, es demasiado seca para esta receta.

1. Remueve la mantequilla dentro del tarro antes de usarla. Forra con papel de hornear una bandeja grande que quepa en tu congelador.

2. En un bol grande mezcla enérgicamente la mantequilla de cacahuete, el jarabe de arce y la sal de 30 a 60 segundos, hasta que la mezcla se espese. Es importante que la remuevas bien durante este tiempo para que sea bastante espesa para convertirla en bolas.

3. En este punto la masa debe ser lo suficientemente densa como para mezclarla con la harina de coco. Debes poder

---

1 taza (250 ml) de mantequilla de cacahuetes 100% natural, cruda o tostada

¼ de taza (60 ml) de jarabe de arce

¼ a ½ cucharadita (1 a 2 ml) de sal marina fina, o al gusto

1 a 2 cucharadas (15 a 30 ml) de harina de coco, más la que sea necesaria

⅓ a ½ taza (75 a 125 ml) de arroz crujiente sin gluten (no arroz hinchado), o al gusto

¾ de taza (175 ml) de virutas de chocolate sin lácteos

1 cucharadita (5 ml) de aceite virgen de coco

dar forma a los bombones con facilidad, y no podrás si la masa es demasiado seca o está demasiado líquida. Si aún está muy líquida o se pega a los dedos, añade 1 cucharada (15 ml) de harina de coco y remueve hasta que quede bien mezclada. Déjala reposar 1 minuto, porque la harina de coco seguirá absorbiendo la humedad. Si la mantequilla de cacahuetes aún está demasiado pegajosa, añade un toque más de harina de coco y sigue mezclando. La masa debería quedar ligada y sin agrietarse. Si por alguna razón queda demasiado seca, puedes agregar jarabe de arce y mezclar de nuevo.

4. Añade el arroz crujiente y usa tus manos para hundirlo con suavidad en la masa hasta que quede bien mezclado.

5. Convierte la masa en 18 a 20 bolas (usando 1 cucharada/15 ml de masa), redondeando las bolas entre las manos. Colócalas en la bandeja forrada.

6. Funde el chocolate y el aceite de coco al baño maría, a fuego medio-bajo, removiéndolo con frecuencia. También puedes fundirlos en una olla pequeña a fuego bajo, removiendo con frecuencia. Apaga el fuego.

7. Coloca cada bombón en el chocolate fundido. Muévelo dentro del chocolate hasta que quede bien cubierto. Luego sácalo y deja que se escurra el exceso de chocolate. Coloca el bombón en una bandeja forrada, teniendo cuidado de que no toque con otros bombones. Repite la operación con el resto de las bolas. No te preocupes si cae algo de chocolate debajo de los bombones, lo puedes sacar cuando estén congelados o dejarlo tal cual. Un poco de chocolate extra no es ningún problema. Guarda el chocolate que sobre para echarlo encima de las bolas al final.

8. Coloca las bolas en el congelador en una superficie plana unos 10 minutos, hasta que el chocolate esté duro.

9. Ayudándote con una espátula, rebaña el chocolate de las paredes de la olla. Usa una cucharita para echar chorritos de chocolate encima de los bombones, creando un diseño divertido con ellos.

10. Congela los bombones de 10 a 15 minutos más, hasta que el chocolate esté completamente endurecido. Los bombones sobrantes se conservan bien en un recipiente hermético en la nevera de cinco a siete días, o en el congelador durante un mes.

Sugerencias: Si no tienes harina de coco a mano, una harina para todos los usos, sin gluten, servirá también, o una harina ligera de espelta. Piensa de todos modos que esta última añadirá algo de gluten a la receta. Agrega sal marina en escamas o cacahuetes salados picados encima de los bombones antes de congelarlos para mejorar el gusto.

Versión sin frutos secos: Usa mantequilla de semillas de girasol en lugar de mantequilla de cacahuetes.

Versión sin soja: Usa virutas de chocolate sin soja ni lácteos, como los de la marca Enjoy Life.

Tarta de queso con limón Meyer y compota de fresa y vainilla

VEGANA, SIN GLUTEN, SIN SOJA, SIN CEREALES, PREPARACIÓN PREVIA, PARA NIÑOS, SE PUEDE CONGELAR

10 RACIONES

TIEMPO DE REMOJO: 1 A 2 HORAS O TODA LA NOCHE

TIEMPO DE PREPARACIÓN: 35 MINUTOS

TIEMPO DE CONGELACIÓN: 6 HORAS O TODA LA NOCHE

TIEMPO DE COCCIÓN: 10 MINUTOS (PARA LA COMPOTA)

La primavera pasada nos reunimos unos cuantos y se me ocurrió crear esta receta de tarta de queso casi cruda. Le encantó a todo el grupo, incluso hasta a los que decían odiar el limón. El relleno se hace con limones Meyer, que tienen un particular sabor dulce y ácido, pero no te preocupes si no los encuentras. Los limones normales también sirven. El exterior está hecho de almendras y coco, un complemento perfecto del limón y la compota de fresas, ligeramente dulce. Es mejor que prepares esta tarta y la compota el día anterior a comerla para darles tiempo a enfriarse, pero si la preparas por la mañana, debería estar lista para la hora de comer. Te recomiendo usar las batidoras de las marcas Vitamix o Blendtec para conseguir un relleno supersuave.

1. Remoja los anacardos en un bol de agua toda la noche, o un mínimo de 1 a 2 horas, hasta que se ablanden. Ya conoces el método de remojo rápido: tienes que ponerlos en agua hirviendo de 30 a 60 minutos. Enjuágalos con agua limpia y escúrrelos.

2. Usa aceite de coco para engrasar un molde para pasteles con fondo desmontable de 1,5 l. Luego cubre la base con un círculo de papel de hornear (córtalo para que encaje perfectamente). Puedes usar un molde de 2 o 2,5 l, solo que la tarta no te quedará tan alta como la de la foto.

3. Prepara la base de la tarta en un procesador. Procesa las almendras hasta conseguir una textura gruesa. Añade el coco, los dátiles, el aceite de coco, la sal y 1 cucharadita (5 ml) de agua y procésalo hasta que la mezcla quede ligada. No debería separarse cuando la presiones con los

PARA LA BASE

1½ tazas (375 ml) de almendras crudas

¼ de taza (60 ml) de coco rallado sin edulcorar

½ taza (125 ml) de dátiles Medjool sin hueso

1 cucharada (15 ml) de aceite virgen de coco, derretido

1 pellizco de sal marina fina

1 cucharadita (5 ml) de agua

PARA EL RELLENO

1½ tazas (375 ml) de anacardos crudos

1 cucharada (15 ml) de ralladura de limón Meyer

½ taza (125 ml) de zumo de limón Meyer

½ taza (125 ml) más 2 cucharadas (30 ml) de jarabe de arce

½ taza (125 ml) de aceite virgen de coco, derretido

1 pellizco de sal marina fina, o al gusto

PARA LA COMPOTA DE FRESA Y VAINILLA

2½ tazas (625 ml) de fresas frescas sin tallo o de fresas congeladas listas para usar (descongeladas)

3 cucharadas (45 ml) de jarabe de arce

1 cucharadita (5 ml) de arrurruz

1 vaina de vainilla, sin semillas, o 1 cucharadita (5 ml) de extracto puro de vainilla

Fresas frescas en rodajas, para servir

dedos. Si por alguna razón está seca o no queda ligada, añade más agua, 1 cucharadita (5 ml) cada vez, y procésala de nuevo.

4. Reserva ½ taza (125 ml) de la mezcla de la base para más tarde. Añade el resto en el molde y distribúyela por el fondo, apretándola bien con las manos hasta que quede igualada y lisa.

5. Prepara el relleno en una batidora de alta velocidad, combinando los anacardos, la ralladura y el zumo de limón, el jarabe de arce, el aceite de coco fundido y la sal. Bátelo a alta velocidad hasta que quede fino —no queremos que haya ningún trocito—. Con una espátula, pon la masa sobre la base y distribúyela de forma regular. Luego esparce el resto de la mezcla de almendras sobre la masa.

6. Cubre el molde con papel de aluminio o plástico y ponlo con cuidado sobre una superficie plana, dentro del congelador. Déjalo allí hasta que se solidifique; eso serán unas 6 horas o toda la noche.

7. Prepara la compota de vainilla y fresas. Si vas a usar fresas frescas, échalas en el procesador de alimentos y pícalas en trozos o déjalas como un puré, a tu gusto. Cuando descongelas las fresas congeladas, están bastante blandas para triturarlas directamente en una olla con un machacador de patatas. Pon las fresas en una olla mediana y caliéntalas a fuego lento. En un bol pequeño, mezcla el jarabe de arce y el arrurruz en polvo hasta que queden finitos. Echa esta mezcla en las fresas hasta que todo quede bien combinado. Sube el fuego a medio-alto y haz hervir la mezcla. Luego baja a fuego medio y sigue cocinándola, removiendo de vez en cuando, de 8 a 10 minutos, hasta que se espese un poco. Retírala del calor y añade la vainilla. Deja que se enfríe a temperatura ambiente y luego ponla en un recipiente hermético hasta que esté lista para servir.

8. Deja que la tarta de queso helada repose en la encimera de la cocina de 15 a 30 minutos antes de cortarla. Suelo cortar toda la tarta de una vez y luego congelo las porciones individuales.

9. Sirve cada porción con fresas frescas cortadas en rodajas y una cantidad generosa de compota encima o esparcida en el plato. Esta tarta está más buena fría, semicongelada, y quedará mucho más suave a temperatura ambiente. Para congelar lo que sobre, envuelve cada porción individual en plástico o papel de aluminio y guárdalas en el congelador; se mantiene de cuatro a seis semanas. Te recomiendo que congeles la compota por separado en una bolsa de congelación con autocierre.

Sugerencia: Si a tu batidora le cuesta triturar los dátiles, ponlos a remojo, sin huesos, en agua hirviendo de 20 a 30 minutos, hasta que queden blandos. Lávalos bien y luego procésalos siguiendo las instrucciones.

Tarta de chocolate para amantes de la mantequilla de cacahuete

VEGANA, SIN GLUTEN, VERSIÓN SIN SOJA, PREPARACIÓN PREVIA, PARA NIÑOS, SE PUEDE CONGELAR

10 A 12 RACIONES

TIEMPO DE PREPARACIÓN: **30 MINUTOS**

TIEMPO DE COCCIÓN: **15 MINUTOS**

TIEMPO DE CONGELACIÓN: **4 A 6 HORAS**

Esta tarta está pensada para todos esos amantes del chocolate y de la mantequilla de cacahuetes. La corteza está hecha con cacahuetes tostados salados y avena, un complemento perfecto para el relleno de mantequilla de cacahuetes y de cremoso chocolate negro. Por encima lleva la *salsa mágica de caramelo cruda* (página 290). Sí, gente, este postre es revolucionario. Lo puedes tomar congelado o dejarlo en la encimera hasta que se derrita. Tú eliges. Recuerda enfriar la lata de leche de coco al menos 24 horas antes de preparar la receta.

1. Prepara la base. Precalienta el horno a 180 °C. Engrasa ligeramente una bandeja de vidrio (de 23 cm). Corta papel de hornear en dos tiras largas de 5 cm y colócalas sobre la bandeja en forma de cruz. Esto te ayudará a levantar la tarta cuando se congele.

2. En el procesador de alimentos mezcla los cacahuetes, la avena y la sal y procesa la mezcla hasta que adquiera una textura de migas. Añade el aceite de coco y el jarabe de arce y procésalo hasta que la mezcla quede convertida en una masa; debe notarse ligada cuando la presiones con los dedos, pero no debería quedar demasiado pegajosa. Si está muy seca, añade un poco de agua y vuelve a procesarla.

3. Distribuye la masa sobre la base de la bandeja, en una capa uniforme. Desde el centro, presiónala con los dedos y repártela hacia fuera y hacia los lados de la bandeja. Si se te pega a los dedos, humedécete un poco las manos y sacúdete el exceso de agua. Con un tenedor perfora la base de la tarta siete u ocho veces para permitir que el vapor salga mientras se hornea.

PARA LA BASE

- ¾ de taza (175 ml) de cacahuetes salados tostados
- 1¾ tazas (425 ml) de copos de avena sin gluten
- ¼ de cucharadita (1 ml) de sal marina fina
- ¼ de taza (60 ml) de aceite virgen de coco, derretido
- 3 cucharadas (45 ml) de jarabe de arce
- 1½ cucharaditas (7 ml) de agua, si hace falta

PARA EL RELLENO

- 1 lata de leche de coco entera de 400 ml, enfriada durante 24 horas
- 150 g de chocolate negro (55 a 60% de cacao) sin lácteos
- ⅓ de taza (75 ml) de jarabe de arce
- ⅓ de taza (75 ml) de mantequilla suave de cacahuetes tostados
- 1 o 2 pizcas de sal marina fina, o al gusto

PARA EL ADEREZO

- *Salsa mágica de caramelo cruda* (página 290), para servir
- ⅔ de taza (150 ml) de cacahuetes salados tostados, picados

4. Hornea la base sin tapar de 13 a 17 minutos, hasta que esté ligeramente dorada. Deja que se enfríe por completo en una rejilla.

5. Prepara el relleno. Abre la lata de leche de coco y vierte la crema sólida blanca en una olla mediana. Quita 1/3 de taza (75 ml) del agua del coco y descártala. Añade el resto del agua de coco a la olla. Ponla a fuego medio, añade el chocolate y caliéntalo, removiendo de vez en cuando, hasta que esté fundido. Incorpora el jarabe de arce, la mantequilla de cacahuetes y la sal y remuévelo hasta que tenga una textura fina y uniforme.

6. Vierte el relleno sobre la base fría. Con cuidado, transfiere la bandeja a una superficie plana en el congelador y deja que se congele, sin taparlo, de 4 a 6 horas, hasta que se solidifique. Si quieres congelarla durante más tiempo, cubre la tarta con papel de aluminio cuando esté firme.

7. Deja que la tarta repose sobre la encimera durante unos minutos. Usando las «asas» de papel, levántala con cuidado de la bandeja (puede que durante un momento te cueste estabilizar la tarta). Córtala en porciones. Ponlas en platos y cúbrelas con un buen chorro de *salsa mágica de caramelo cruda* y una cucharada (15 ml) de cacahuetes. Cada vez que lo pienso se me hace la boca agua. Puedes guardar lo que sobre en un recipiente hermético hasta cinco días, o en el congelador entre cuatro y seis semanas. Yo envuelvo las porciones en papel de aluminio y luego las guardo en un recipiente hermético.

Sugerencia: La foto de esta tarta (página anterior) muestra la *salsa mágica de caramelo cruda*, fría y vertida con una manga pastelera. Por eso la salsa de caramelo tiene una textura más espesa que cuando la viertes a temperatura ambiente, directamente del envase.

Versión sin soja: Usa chocolate sin soja, por ejemplo de la marca Enjoy Life.

Ganaché blanco y negro helado

VEGANA, SIN GLUTEN, SIN SOJA, SIN CEREALES, SE PUEDE CONGELAR
PARA 24 CUADRADOS PEQUEÑOS
TIEMPO DE PREPARACIÓN: 30 MINUTOS
TIEMPO DE COCCIÓN: 10 A 14 MINUTOS
TIEMPO DE CONGELACIÓN: 1 A 1½ HORAS

Este postre se derretirá en tu boca, dos capas heladas de un delicioso ganaché de anacardos y vainilla y de chocolate y almendras, y con edulcorante natural. Te aseguro que no podrás evitar probar una cucharada mientras lo preparas. La cobertura de anacardos y almendras tostadas aporta un contraste crujiente al rico y cremoso ganaché. Sírvelo directamente del congelador, porque se funde con rapidez a temperatura ambiente.

1. Precalienta el horno a 150 °C. Forra un molde de pan de 2 l con papel de hornear, dejando un trozo sobrante.

2. Tuesta los frutos secos. Distribuye las almendras y los anacardos sobre una bandeja pequeña con bordes y tuéstalos de 10 a 14 minutos, hasta que estén un poco dorados y liberen su aroma. Deja que se enfríen.

3. Prepara el ganaché de anacardos y vainilla. En un bol, remueve el aceite de coco, la mantequilla de anacardos, el jarabe de arce, la vainilla, el extracto de vainilla y la sal hasta que estén bien mezclados y quede una pasta lisa. Para ello, puedes usar una batidora eléctrica. Con la espátula, vierte la mezcla en el molde preparado y distribúyela de forma homogénea. Espolvorea por encima un tercio de los frutos secos tostados. Presiónalos con cuidado para que queden adheridos. Coloca el molde en el congelador.

4. Prepara el ganaché de chocolate y almendras. En el mismo bol, mezcla el aceite de coco, la mantequilla de almendras, el cacao en polvo, el jarabe de arce, la vainilla y la sal y remuévelo bien hasta que quede una pasta lisa y sin grumos. Puedes ayudarte de una batidora eléctrica.

PARA LOS FRUTOS SECOS TOSTADOS

- ⅓ de taza (75 ml) de almendras crudas, picadas finas
- ⅓ de taza (75 ml) de anacardos crudos, picados finos

PARA EL GLASEADO DE ANACARDOS Y VAINILLA

- ½ taza (125 ml) y 2 cucharadas (30 ml) de aceite virgen de coco, a temperatura ambiente
- ½ taza (125 ml) y 2 cucharadas (30 ml) de mantequilla de anacardos crudos casera o comprada en la tienda
- ⅓ de taza (75 ml) de jarabe de arce
- 1 vaina de vainilla sin las semillas o ½ cucharadita (2 ml) de extracto de vainilla puro en polvo
- ½ cucharadita (2 ml) de extracto puro de vainilla
- 1 pellizco generoso de sal marina fina

PARA EL GLASEADO DE CHOCOLATE Y ALMENDRAS

- ½ taza (125 ml) de aceite virgen de coco, a temperatura ambiente
- ¼ de taza (60 ml) de *mantequilla casera de almendras* (página 103), o envasada
- ½ taza (125 ml) de cacao en polvo sin edulcorar o cacao en polvo crudo, tamizado
- ½ taza (125 ml) de jarabe de arce
- 1 cucharadita (5 ml) de extracto puro de vainilla
- 1 pellizco generoso de sal marina fina

5. Con una espátula, vierte el ganaché de chocolate sobre la capa de ganaché de vainilla y distribúyela uniformemente. Esparce el resto de los frutos secos encima del ganaché de chocolate y presiona ligeramente para que se adhiera. Congélalo de 60 a 90 minutos, sin tapar, o hasta que esté completamente sólido.

6. Córtalo en cuadraditos y sírvelo al momento. Puedes guardar lo que sobre en un recipiente hermético en la nevera hasta una semana o en el congelador hasta un mes. Este ganaché se funde a temperatura ambiente, así que es mejor no dejarlo fuera del congelador durante más de 15 minutos, aproximadamente.

Sugerencias: Si no quieres preparar un ganaché de dos capas, puedes prepararlo solo con una de ellas. Este ganaché es superversátil, así que puedes cambiarle el sabor añadiendo mantequilla, frutos secos o los extractos que prefieras. Esta receta es fácil de calcular, así que si quieres menos cantidad, basta con que uses la mitad de cada ingrediente. También puedes hacer *cupcakes* de ganaché echándolo en moldes de silicona para magdalenas.

Sorbete de plátano y frambuesa con mango, coco y lima

VEGANA, SIN GLUTEN, SIN FRUTOS SECOS, SIN SOJA, SIN CEREALES, SIN ACEITE,
PREPARACIÓN PREVIA, VERSIÓN PARA NIÑOS, SE PUEDE CONGELAR
PARA 2 TAZAS (500 ML) DE CADA SABOR
TIEMPO DE PREPARACIÓN: 10 MINUTOS

Toda la familia adora este sorbete casero. Y ni siquiera necesitas una heladera; un buen procesador de alimentos servirá. Es genial para improvisarlo en los días calurosos de verano, y se prepara en unos minutos. El *sorbete de mango, coco y lima* es sabroso y con cuerpo, gracias a la crema de coco, una especie de híbrido entre un sorbete de frutas y un helado. Es suave, natural y sofisticado, con el toque ácido del zumo de lima.

El *sorbete de plátano y frambuesa* tiene un color intenso (y además sin colorantes), y el plátano y el toque de jarabe de arce le dan un sabor ligeramente dulce y cremoso. Diviértete experimentando con distintas mezclas de fruta helada. También es una buena idea cambiar el mango por melocotones y las frambuesas por cerezas dulces (todos ellos congelados), para un divertido giro de sabor.

1. Deja enfriar la lata de leche de coco entera durante 24 horas antes de empezar la receta.

2. Prepara el sorbete de mango, coco y lima. En un procesador potente, procesa el mango congelado y la crema de coco hasta que quede una pasta cremosa, de 2 a 4 minutos, parando para recuperar la mezcla de las paredes del bol, si hace falta. Añade el zumo de lima a tu gusto. Vierte el sorbete en un bol y métolo en el congelador mientras preparas el sorbete de frambuesas.

3. Prepara el sorbete de plátano y frambuesas. En el procesador, mezcla las frambuesas congeladas y el plátano hasta que quede cremoso, de 2 a 4 minutos, parando para recuperar la mezcla de las paredes del bol, si hace falta. Añade el jarabe de arce y procésalo de nuevo. Saca el sorbete de mango, coco y lima del congelador. Distribuye los

PARA EL SORBETE DE MANGO, COCO Y LIMA

- 2 a 2½ tazas (500 a 625 ml) de trozos de mango congelado (una bolsa de 300 g)
- ½ taza (125 ml) de crema de coco entera (solo la parte blanca)
- 1 a 2 cucharaditas (5 a 10 ml) de zumo de lima recién exprimido, o al gusto

PARA EL SORBETE DE FRAMBUESA Y PLÁTANO

- 2½ tazas (625 ml) de frambuesas congeladas (una bolsa de 300 g)
- 1 plátano mediano, a temperatura ambiente (ver sugerencias)
- 1 cucharada (15 ml) de jarabe de arce, o al gusto

dos sorbetes en dos capas, en vasos de helado, y sírvelos al momento. Está más bueno si lo tomas recién hecho, pero también puedes guardarlo en cubiteras (tienes que evitar que queden burbujas de aire) y congelarlo durante unas seis horas para hacer polos (paletas). A los niños les encantan.

Sugerencias: Si te sobra crema de coco, viértela en una bolsa de congelación con autocierre y congélala durante un mes. Descongélala en la nevera o dejándola sobre la encimera antes de usarla. Si no eres gran amante del plátano, puedes cambiarlo por 1/2 taza (125 ml) de crema de coco y 2 cucharadas (30 ml) de jarabe de arce.

Versión para niños: A los niños les encanta este sorbete, pero también puedes convertirlo en polos. Vierte la mezcla en moldes de polos (presiónalos para asegurarte de que no queden burbujas de aire) y congélalos durante unas seis horas.

PREPARADOS BÁSICOS CASEROS

L os preparados básicos caseros, recién hechos y sabrosos, a menudo no requieren más de 10 minutos de preparación. Muchas de las recetas de esta sección puedes prepararlas uno o dos días antes de usarlas, y eso te ahorrará tiempo cuando tengas que elaborar la receta principal. Las versiones compradas utilízalas solo si es absolutamente necesario (consulta el capítulo «Mi despensa de productos naturales», en la página 327, para conocer las marcas de más confianza), pero es una buena idea tener una colección de productos básicos a mano para usarlos cuando la inspiración no ha venido a visitarte.

En este capítulo encontrarás mis recetas y métodos de referencia para crear versiones sencillas y caseras de ingredientes que puedes comprar envasados, como salsas, harinas, crostones, aliños, mayonesas y muchos otros. A veces una de estas recetas basta para transformar un plato. Por ejemplo, la *conserva agridulce de manzana y mango* (página 315) eleva las *lentejas rojas reconfortantes y curri de garbanzos* (página 215) a un nuevo nivel, añadiéndole una acidez que contrasta con el curri picante con notas de tierra. La *salsa mágica de caramelo cruda* (página 290) tienes que usarla en *los brownies sin harina definitivos* (página 234). Los *crostones de ajo superfáciles* (página 295) sirven para complementar a una sopa o una ensalada, como *la ensalada César que gusta a todos* (página 137), y aporta una textura rústica y fibrosa y un sabor reconfortante. La *salsa de queso para todo* (página 288) es perfecta para los *nachos con queso y chili* (página 202), pero una vez la hayas probado, estoy segura de que te descubrirás pensando en cualquier otro plato con el que puedas usar esta salsa.

Salsa *thai* de mantequilla de almendras

VEGANA, SIN GLUTEN, VERSIÓN SIN SOJA, SIN CEREALES, SIN ACEITE, PARA NIÑOS
PARA 1⅓ TAZAS (325 ML)
TIEMPO DE PREPARACIÓN: 10 MINUTOS

Advertencia: esta mantequilla de almendras es muy adictiva. Si te pareces a mí, te la comerás a cucharadas directamente del bol. Te recomiendo jugar un poco con las cantidades exactas para ajustarla a tu gusto (quizás te guste más dulce o prefieras añadirle un extra de ajo fresco, sal, lima, etc.). Si el aliño resulta ser demasiado fuerte para tu gusto, dilúyelo con un poco de agua y déjalo un rato en la nevera para que se espese. Sírvelo con la *ensalada thai crujiente* (página 131); también está genial mezclado con los fideos soba y con verduras salteadas, te ayudará a completar un entrante energético. Este aliño se solidifica cuando se enfría; para que se derrita solo tienes que dejarlo a temperatura ambiente o ponerle un poco de agua.

1. Pica finamente el ajo en un procesador de alimentos.
2. Añade el resto de los ingredientes y procésalos hasta que quede una pasta fina. Agrega agua para diluir la salsa y conseguir la textura que te guste; empieza con 2 cucharadas (30 ml) y ve añadiendo más. La salsa se mantendrá en un recipiente hermético en la nevera hasta diez días.

Versión sin soja: Usa savia de cocotero (aminos de coco) en lugar de salsa de soja.

- 1 diente de ajo grande o 2 pequeños
- 2 a 3 cucharaditas (10 a 15 ml) de jengibre recién rallado, o al gusto
- ¾ de taza (175 ml) de *mantequilla casera de almendras* (página 103) o comprada
- 3 a 4 cucharadas (45 a 60 ml) de zumo de lima recién exprimido, o al gusto
- 2 cucharadas (30 ml) de salsa de soja baja en sodio o de savia de cocotero (aminos de coco), o más según tu gusto
- 3 a 4½ cucharaditas (15 a 22 ml) de jarabe de arce, o al gusto
- ⅛ de cucharadita (0,5 ml) de cayena, o al gusto (opcional)
- 2 a 6 cucharadas (30 a 90 ml) de agua, más la que sea necesaria

Salsa de queso para todo

VEGANA, SIN GLUTEN, VERSIÓN SIN FRUTOS SECOS, SIN SOJA, SIN CEREALES, PREPARACIÓN PREVIA, PARA NIÑOS

PARA 1 TAZA (250 ML)

TIEMPO DE REMOJO: 1 A 2 HORAS O TODA LA NOCHE

TIEMPO DE PREPARACIÓN: 10 MINUTOS

TIEMPO DE COCCIÓN: 10 A 15 MINUTOS

Aquí la tienes: es mi salsa de queso vegana favorita. No solo tiene un sabor increíble, sino que puedes usarla en un montón de platos. ¿Cómo puede uno imaginarse que unos pocos ingredientes sencillos pueden crear una salsa tan sofisticada, suave y fácil de usar? No, no es una copia de la salsa de queso tradicional, pero es lo suficientemente buena por sí misma. Puedes usarla en los *nachos con queso y chili* (página 202) o en los *macarrones con guisantes* (página 211), o calentarla y usarla como salsa para untarla en los rollitos. También está buenísima sobre el brócoli o la coliflor asada o al vapor. A veces añado *sriracha* (salsa de chili fermentado) para intensificar los sabores. Muchísimas gracias a Jennifer Houston y al libro de cocina de Ruth Tal (*Super Fresh*) por inspirarme esta receta económica y versátil.

1. Pon a remojo los anacardos en un bol con agua toda la noche o al menos durante 1 hora. Lávalos y escúrrelos.

2. Pon las patatas y las zanahorias en una olla mediana y añade agua hasta cubrirlas. Haz que hiervan a fuego fuerte, y luego baja a fuego medio y deja que hiervan sin tapar de 10 a 15 minutos, hasta que al pincharlas con un tenedor estén tiernas. Escúrrelas. (Si lo prefieres, puedes prepararlas al vapor).

- ¼ de taza (60 ml) de anacardos crudos

- 1¼ tazas (300 ml/190 g) de patatas sin piel cortadas en dados (ver sugerencias)

- ⅓ de taza (100 ml/55 g) de zanahorias en dados (ver sugerencia)

- 2 a 3 cucharadas (30 a 45 ml) de levadura nutricional, o al gusto

- 2 cucharadas (30 ml) de aceite de coco refinado o de otro aceite sin sabor o con sabor suave, como el de semillas de uva

- 2 cucharadas más 1½ cucharaditas (37 ml) de agua

- 1½ cucharaditas (7 ml) de zumo de limón recién exprimido, o al gusto

- ½ cucharadita (2 ml) más ⅛ de cucharadita (0,5 ml) de sal marina fina, o al gusto

- 1 diente de ajo mediano

- ½ a ¾ de cucharadita (2 a 4 ml) de vinagre de vino blanco, o al gusto

- *Sriracha* (salsa de chili fermentado) u otra salsa picante (opcional)

3. Pon los anacardos, las patatas y las zanahorias en una batidora, añade la levadura nutricional, el aceite de coco, el agua, el zumo de limón, 1/2 cucharadita (2 ml) de sal, ajo y vinagre y mézclalo todo hasta que quede fino. Si usas una Vitamix, emplea el accesorio acelerador de trabajo (*tamper*) para ayudar a mezclar los ingredientes. Si queda demasido espeso, puedes añadir otro chorro de agua o aceite. Prueba la salsa y añade *sriracha* y más sal, si crees que hace falta. La salsa se puede guardar en la nevera hasta una semana, en un recipiente hermético.

Sugerencia: Es importante cortar las patatas y las zanahorias en dados pequeños antes de medirlas (en trozos de 1 cm); te recomiendo pesarlas para acertar más con las medidas.

Versión sin frutos secos: No utilices anacardos. No quedará tan rico, pero también sabe genial.

Salsa mágica de caramelo cruda

VEGANA, SIN GLUTEN, SIN SOJA, SIN CEREALES, SE PUEDE CONGELAR
PARA 1 TAZA (250 ML)
TIEMPO DE PREPARACIÓN: 5 MINUTOS
TIEMPO DE REPOSO: 1 HORA

«Cuando deje de existir, quiero que me entierren en esta salsa de caramelo». Esto fue lo que le dije a Eric la primera vez que preparé esta salsa. Y te digo a ti que esta salsa es increíble. Te sorprenderá notar que es igual de espesa que el caramelo, pero a diferencia del caramelo tradicional, no necesita un largo tiempo de cocción en una olla ni que lo remuevas tediosamente. Todo lo que necesita es un momento en el procesador de alimentos.

Esta no es una salsa de caramelo tradicional: la mantequilla de anacardos le da cremosidad y el jarabe de arce y el néctar de coco (ambos edulcorantes sin refinar) la hacen suavemente dulce y ácida, pero si me preguntas mi opinión, me parece aún más sabrosa que las versiones superdulces. Te recomiendo que no sustituyas el néctar de coco crudo por otro edulcorante, porque es lo que le da a esta salsa su sabor frutal a caramelo y su tinte de color ámbar (pero si no puedes evitar usar otro edulcorante, consulta mi sugerencia al final de la receta). Sirve este caramelo sobre *los brownies sin harina definitivos* (página 234) o *los cupcakes de calabaza que suben un montón* (página 260), o con el *glaseado especiado de crema de mantequilla* (página 263) para darles un giro sofisticado. También queda genial como salsa para mojar fruta (me encantan las manzanas con este caramelo). Si no te importa que tenga un ligero sabor a coco, utiliza un aceite de coco refinado en lugar de aceite virgen.

- ⅓ taza (75 ml) de aceite virgen de coco, derretido
- ½ taza (125 ml) de jarabe de arce
- ¼ taza (60 ml) de *mantequilla casera de almendras* (página 103) o comprada envasada
- 2 cucharadas (30 ml) de néctar de coco crudo (ver sugerencia)
- ¼ a ¾ cucharadita (1 a 4 ml) de sal marina fina, o al gusto

1. En un procesador, mezcla el aceite de coco, el jarabe de arce, la mantequilla de almendra y el néctar de coco y procésalos hasta que quede una crema fina, parando para recuperar la pasta que se pegue a las paredes del bol. Añádele sal y procésalo de nuevo para mezclarlo bien.
2. Usa una espátula para verter el caramelo en un tarro. Puedes tomarlo al momento o meterlo en la nevera, tapado, durante 1 hora. Se volverá más duro al enfriarse. Puedes fundirlo fácilmente a fuego bajo, si lo prefieres fundido. Las sobras se pueden guardar en un recipiente hermético en la nevera hasta dos semanas, o puedes congelarlas en una bolsa de congelación de uno a dos meses. Cuando lo descongeles, bate un momento el caramelo para que se mezcle bien.

Sugerencia: Te recomiendo usar el néctar de coco en esta receta para un sabor más delicioso y un color más parecido al del caramelo; sin embargo, también puedes emplear 2 cucharadas (30 ml) de jarabe de arroz integral y 1 cucharadita (5 ml) de zumo de limón recién exprimido.

Para la salsa de caramelo: Cambia la mantequilla de anacardos por una cantidad equivalente de mantequilla de cacahuetes.

Salsa barbacoa fácil

VEGANA, SIN GLUTEN, SIN FRUTOS SECOS, SIN SOJA, SIN CEREALES, SE PUEDE CONGELAR
PARA 1 TAZA (250 ML)
TIEMPO DE PREPARACIÓN: 10 MINUTOS
TIEMPO DE COCCIÓN: 10 MINUTOS

¿Me lo parece a mí, o es difícil encontrar en la tienda de alimentación una salsa barbacoa vegana que tenga buen sabor (al menos, una que no vaya cargadísima de azúcar)? Como siempre dice mi padre, «si quieres algo bien hecho, háztelo tú» (gracias, papá. Tus dichos están grabados para siempre en mi memoria). Esta salsa barbacoa es ahumada, dulce y tiene un sabor profundo. Si puedes, añádele un poco de humo líquido (esto la mejorará). Toma esta salsa con las *hamburguesas veganas ¡Oh, Dios mío!* (página 190) o lleva un tarro a la próxima barbacoa a la que te inviten, para untarla sobre las verduras o los filetes de tofu. Te recomiendo que la prepares con un día de antelación, lo que permitirá que repose durante toda la noche, y mejorará su sabor.

1. Calienta el aceite de oliva a fuego medio en una olla mediana. Añade la cebolla y el ajo y saltéalos durante 4 o 5 minutos, hasta que la cebolla esté transparente.

2. Mezcla la salsa de tomate, el vinagre, el jarabe de arce, la melaza, la sal, la mostaza en polvo, el pimentón y la pimienta negra. Añade además *Sriracha* (salsa de chili fermentado) y cayena, opcionalmente.

3. Deja hervir la mezcla a fuego bajo o medio de 5 a 10 minutos, hasta que se espese.

4. Transfiere con cuidado la salsa a una batidora y bátela a velocidad lenta hasta que quede una textura suave.

5. Esta salsa se mantendrá en un recipiente hermético en la nevera hasta dos semanas, o congelada hasta un mes. Puedes optar por repartirla en una cubitera de silicona, congelarla y guardar los cubitos de salsa en un recipiente o bolsa para congelar.

- 2 cucharaditas (10 ml) de aceite de oliva virgen extra
- ½ taza (125 ml) de cebolla amarilla o roja picada
- 2 dientes de ajo picados
- 1 taza (250 ml) de salsa de tomate
- 2 cucharadas (30 ml) de vinagre de sidra de manzana
- 1 a 2 cucharadas (15 a 30 ml) de jarabe de arce, o al gusto
- 1 a 1½ cucharadita (5 a 7 ml) de melaza residual, o al gusto
- ½ a ¾ de cucharaditas (2 a 4 ml) de sal marina fina, o al gusto
- 1 cucharadita (5 ml) de mostaza en polvo
- ¾ de cucharadita (4 ml) de pimentón, o al gusto
- ½ cucharadita (2 ml) de pimienta negra recién molida
- *Sriracha* (salsa de chili fermentado) u otra salsa picante
- Pimienta de Cayena (opcional)

Crostones de ajo superfáciles

VEGANA, VERSIÓN SIN GLUTEN, SIN FRUTOS SECOS, SIN SOJA, VERSIÓN PARA NIÑOS
PARA 1½ A 2 TAZAS (375 A 500 ML)
TIEMPO DE PREPARACIÓN: 5 MINUTOS
TIEMPO DE COCCIÓN: 14 A 16 MINUTOS

Estos crostones de pan son un aderezo genial para ensaladas y sopas como *el gazpacho original* (página 179) o *la ensalada César que gusta a todos* (página 137), y pueden prepararse en 20 minutos. Usa abundante ajo en polvo y sal, porque marcan la diferencia en cuanto al sabor.

1. Precalienta el horno a 200 °C. Cubre una bandeja con papel de hornear.
2. Frota la parte cortada del ajo sobre las rebanadas de pan para impregnarlas de sabor.
3. Usa un pincel de cocina para impregnar de aceite un lado de cada rebanada de pan, asegurándote de extenderlo también por los bordes.
4. Espolvorea una cantidad generosa de ajo en polvo y sal encima del aceite.
5. Corta el pan en dados de 2,5 cm y ponlos en la bandeja que has preparado, el lado impregnado de aceite hacia arriba.
6. Hornéalos entre 14 y 16 minutos, hasta que se doren y se endurezcan (no hace falta darles la vuelta). Los crostones se endurecerán a medida que se enfríen. Están más buenos si los comes al momento, pero las sobras frías pueden guardarse en un recipiente hermético en la encimera de la cocina durante varios días. Si se reblandecen después de almacenarlos, tuéstalos un poco en una sartén a fuego medio unos pocos minutos antes de servir.

2 o 3 rebanadas de pan (mejor de alguna variedad consistente)

1 diente de ajo grande, cortado en dos a lo largo

3 a 4 cucharaditas (15 a 20 ml) de aceite de oliva virgen extra o de aceite de aguacate

Ajo en polvo

Sal marina fina

Versión sin gluten: Usa pan sin gluten.

Versión para niños: A los niños les encanta el sabor crujiente y salado de estos crostones. Para una versión infantil de esta receta, corta el pan en tiras para que lo mojen en distintas salsas.

Mezcla de nueve condimentos

VEGANA, SIN GLUTEN, SIN FRUTOS SECOS, SIN SOJA, SIN CEREALES, SIN ACEITE
PARA UNAS 2 CUCHARADAS (30 ML)
TIEMPO DE PREPARACIÓN: 5 MINUTOS

Esta mezcla de especias para distintos usos le roba el corazón a quien la prueba. Es supersabrosa y ligeramente dulce, y queda bien con un montón de platos distintos. La receta combina algunos sabores mediterráneos, como el orégano y el pimentón, el tomillo —con reminiscencia a limón— y la cebolla, la cúrcuma y el ajo —con sus notas picantes—. No dejo de descubrir nuevos usos para esta mezcla. Pruébala con la *tostada con hummus, aguacate y nueve especias* (página 64), las *hamburguesas veganas ¡Oh, Dios mío!* (página 190), las *galletas saladas de supersemillas con ajo y tomates secados al sol* (página 109), la *sopa de repollo picante estimulante del metabolismo* (página 169), el *picadillo tostado para desayunar* (página 81), en pasta, sopas, aliños de ensalada y espolvoreada sobre el *hummus de ajo y limón para todos los días* (página 121).

- 1 cucharadita (5 ml) de pimentón dulce
- 1 cucharadita (5 ml) de ajo en polvo
- 1 cucharadita (5 ml) de cebolla seca cortada
- ¾ de cucharadita (4 ml) de sal marina fina
- ½ cucharadita (2 ml) de pimienta negra recién molida
- ½ cucharadita (2 ml) de orégano seco
- ¼ de cucharadita (1 ml) de cúrcuma en polvo
- ¼ de cucharadita (1 ml) de tomillo
- ¼ de cucharadita (1 ml) de pimentón ahumado

1. Mezcla todos los ingredientes en un tarro pequeño. Enrosca la tapa y agítalo para mezclarlos. Puedes guardarlo en un armario hasta dos meses.

PARA ¼ DE TAZA (60 ML) Y 2 CUCHARADITAS (10 ML)
TIEMPO DE PREPARACIÓN: 5 MINUTOS

Esta es simplemente la receta para preparar mayor cantidad de la *mezcla de nueve condimentos* anterior. Creo que vale la pena preparar cantidades grandes para tenerla siempre a mano, es algo que me encanta.

- 1 cucharada (15 ml) de pimentón dulce
- 1 cucharada (15 ml) de ajo en polvo
- 1 cucharada (15 ml) de cebolla seca cortada
- 2¼ cucharaditas (11 ml) de sal marina fina
- 1½ cucharaditas (7 ml) de pimienta negra recién molida
- 1½ cucharaditas (7 ml) de orégano seco
- ¾ de cucharadita (4 ml) de cúrcuma en polvo
- ¾ de cucharadita (4 ml) de tomillo seco
- ¾ de cucharadita (4 ml) de pimentón ahumado

1. Combina todos los ingredientes en un tarro grande. Enrosca la tapa y agítalo para mezclarlos. Puedes guardarlo en un armario hasta dos meses.

Crema agria de anacardos

VEGANA, SIN GLUTEN, SIN SOJA, SIN CEREALES, SIN ACEITE, PREPARACIÓN PREVIA, SE PUEDE CONGELAR
PARA UNAS 2 TAZAS (500 ML)
TIEMPO DE REMOJO: 1 HORA (MÉTODO RÁPIDO) O TODA LA NOCHE
TIEMPO DE PREPARACIÓN: 5 MINUTOS

Esta crema de anacardos tiene múltiples usos y puede añadirse a distintos platos, como *los tacos definitivos* (página 227) o la *sopa de repollo picante estimulante del metabolismo* (página 169). Con las indicaciones de esta receta obtendrás una cantidad generosa, pero no te preocupes si te sobra algo, porque puede congelarse y tolera maravillosamente el descongelado posterior. Me encanta congelar la crema que sobra en una bandeja de silicona para minimagdalenas. Así tengo raciones individuales que puedo descongelar en un momento. También puedes usar las sobras en rollitos o bocadillos, mezclada con el aliño de la ensalada, sobre unos nachos veganos, con los chilis o con sopas, o puedes añadir un cubito de crema de anacardos a un batido para tomar una bebida sofisticada.

- 1½ tazas (375 ml) de anacardos crudos
- ¾ de taza (175 ml) de agua, o la que haga falta
- 2 cucharadas (30 ml) de zumo de limón recién exprimido
- 2 cucharaditas (10 ml) de vinagre de sidra de manzana
- ½ cucharadita (2 ml) de sal marina fina, o al gusto

1. Coloca los anacardos en un bol y cúbrelos con unos 5 cm de agua. Déjalos entre 8 y 12 horas o toda la noche. También hay un método rápido para remojar los anacardos, cubriéndolos con agua hirviendo y dejándolos en remojo de 30 a 60 minutos. Escúrrelos con agua limpia.

2. Pon los anacardos en la batidora de alta velocidad y añade el agua, zumo de limón, vinagre y sal. Bátelos a la velocidad más rápida posible hasta que quede una pasta fina, parando para rebañar la pasta que se pegue a las paredes del vaso de la batidora. Puedes añadir un chorro más de agua si hace falta para continuar batiendo. Pon la crema de anacardos en un recipiente hermético y déjala en la nevera si no vas a usarla al momento. Verás que se espesa a medida que se enfría. Esta crema se mantiene fresca en un recipiente hermético en la nevera hasta una semana o en el congelador de cuatro a seis semanas.

Almendras tostadas con salsa de soja

VEGANA, SIN GLUTEN, VERSIÓN SIN SOJA, SIN ACEITE, SIN CEREALES
PARA ½ TAZA (125 ML)
TIEMPO DE PREPARACIÓN: 5 MINUTOS
TIEMPO DE COCCIÓN: 9 A 12 MINUTOS

Esta cobertura salada, crujiente y con sabor a frutos secos es totalmente adictiva. Las almendras picadas se condimentan con salsa de soja baja en sodio y luego se tuestan hasta que están doradas y comienzan a liberar su aroma. Frías, las almendras transforman cualquier sopa, estofado o ensalada en algo superespecial. Me encantan para aderezar la *sopa thai cremosa de boniato y zanahoria* (página 170), la *ensalada para brillar todos los días* (página 145) o la *ensalada thai crujiente* (página 131), pero confieso que también las tomo a puñados. Además de lo anterior, estas almendras son perfectas como cobertura de cualquier ensalada o bol vegano. La salsa de soja baja en sodio es la opción más sabrosa para condimentar, pero si tienes alergia a la soja, puedes usar savia de cocotero en su lugar. Añade un pellizco de sal si las almendras tienen un sabor algo insípido.

1. Precalienta el horno a 160 °C. Cubre una bandeja grande con papel de hornear.

2. En un bol mediano, mezcla las almendras con la salsa de soja hasta que los trozos de almendra estén cubiertos completamente. Extiéndelas en una capa uniforme sobre la bandeja que has preparado antes.

3. Tuesta las almendras de 9 a 12 minutos, hasta que tomen un ligero color dorado. La salsa de soja se secará.

4. Deja que las almendras se enfríen completamente en la bandeja. Se endurecerán a medida que se enfríen. Con una cuchara, raspa las almendras del papel y ya puedes tomarlas. Las sobras pueden guardarse en un recipiente hermético a temperatura ambiente durante dos semanas.

½ taza (125 ml) de almendras crudas, picadas finas

1 cucharada más 1 cucharadita (20 ml) de salsa de soja baja en sodio o savia de cocotero (aminos de coco)

Versión sin soja: Usa savia de cocotero (aminos de coco) en lugar de salsa de soja.

Aliño de pasta de sésamo con limón

VEGANA, SIN GLUTEN, SIN FRUTOS SECOS, SIN SOJA, SIN CEREALES, SE PUEDE CONGELAR

PARA 1 TAZA (250 ML)

TIEMPO DE PREPARACIÓN: 10 MINUTOS

Tras años de preparar medias tazas de este aliño cada vez, decidí que ya era suficiente y creé una receta para tener bastante aliño para toda la semana. Después me pregunté por qué no lo había hecho antes. Esta salsa te gustará tanto que te descubrirás inventando nuevas formas de tomarla una y otra vez. Pruébala espolvoreada sobre un *gran bol de tabulé* (página 189), la *ensalada para brillar todos los días* (página 145), el *tofu crujiente* (página 166) o incluso la *tostada con hummus, aguacate y nueve especias* (página 64). Una cosa es segura: no te vas a arrepentir de tener suficiente salsa en la nevera para toda la semana.

1. Pica el ajo en un miniprocesador de alimentos.
2. Añade el resto de los ingredientes y procésalos hasta que quede una mezcla de textura fina. Pruébala y corrige los condimentos, si te parece necesario. El aliño se mantiene en un recipiente hermético en la nevera durante una semana o un poco más, y se espesará a medida que se enfríe, así que antes de usarlo remuévelo bien. También puedes congelarlo en una bolsa de congelación hasta un mes.

1 o 2 dientes de ajo pequeños

¼ de taza (60 ml) de pasta de sésamo

½ taza (125 ml) de zumo de limón recién exprimido (de unos 3 limones grandes)

2 a 4 cucharadas (30 a 60 ml) de levadura nutricional, o al gusto

⅓ a ½ taza (75 a 125 ml) de aceite de oliva virgen extra, o al gusto

½ a ¾ de cucharadita (2 a 4 ml) de sal marina fina, o al gusto

Pimienta negra recién molida

Queso parmesano vegano en dos versiones

VEGANA, SIN GLUTEN, VERSIÓN SIN FRUTOS SECOS, SIN SOJA, SIN CEREALES, SIN ACEITE
PARA ¾ DE TAZA (175 ML)
TIEMPO DE PREPARACIÓN: 5 MINUTOS

Aquí tienes dos formas de preparar esta maravillosa versión vegana del queso parmesano. Usa semillas de calabaza si no deseas emplear frutos secos. Si quieres que tengan más sabor a queso, usa anacardos crudos. Me encantan las dos versiones y la verdad es que las alterno con frecuencia. Prefiero utilizar el ajo crudo en esta receta porque da como resultado un sabor picante e intenso, pero también puedes usar ajo en polvo. Si no eres un gran amante del ajo, empieza añadiendo un diente pequeño (o incluso medio diente) y añade más al gusto. Me encanta el ajo, así que normalmente utilizo un diente de tamaño mediano. Espolvorea este queso vegano sobre cualquier receta con la que te gustaría tomar parmesano, como la *pasta con tomates secados al sol* (página 221), *la ensalada César que gusta a todos* (página 137), la *ensalada de verano con espirales de calabacín* (página 133), o cualquier plato de pasta, rollito o ensalada. La versión con semillas de calabaza también sirve como exquisita cubierta para mis *berenjenas con parmesano* (página 205).

1. Si usas ajo fresco, pícalo en un miniprocesador. Añade los anacardos o las semillas de calabaza, la levadura nutricional, la sal y el ajo en polvo (si no utilizas ajo fresco). Procésalo hasta conseguir una textura basta. El parmesano puede guardarse en un recipiente hermético en la nevera hasta dos semanas.

½ taza (125 ml) de anacardos crudos o de semillas de calabaza crudas

2 cucharadas (30 ml) de levadura nutricional

¼ a ½ cucharadita (1 a 2 ml) de sal marina fina, o al gusto

1 diente de ajo, o ¼ de cucharadita (1 ml) de ajo en polvo, o al gusto

Versión sin frutos secos: Usa semillas de calabaza en lugar de anacardos.

Para hacer el triple de cantidad de queso parmesano de pepitas de calabaza (como se usa en las *berenjenas con parmesano*, página 205): Utiliza 1½ tazas (375 ml) de semillas de calabaza, ¼ de taza más 2 cucharadas (90 ml) de levadura nutricional, de ¾ a 1½ cucharadita (4 a 7 ml) de sal marina fina y 3 dientes de ajo o ¾ de cucharadita (4 ml) de ajo en polvo.

Vinagreta balsámica para agitar y tomar

VEGANA, SIN GLUTEN, SIN FRUTOS SECOS, VERSIÓN SIN SOJA, SIN CEREALES
PARA ²/₃ A 1 TAZA (150 A 250 ML)
TIEMPO DE PREPARACIÓN: 2 MINUTOS

Esta es la vinagreta más sencilla que he preparado hasta la fecha. Es tan simple que solo tienes que echarla en un tarro, enroscar la tapa y agitar. No te dejes engañar por la corta lista de ingredientes. Aun así, este aliño es increíblemente sabroso. Pero puedes ajustar la acidez, el grado de dulzor y la sal a tu gusto. Prueba a añadir un poco de humo líquido, pimentón y tomillo para conseguir un aliño ahumado, un pellizco de hierbas aromáticas frescas o secas (como el orégano o la albahaca) para conseguir una vinagreta italiana o un poco de comino, cilantro y cúrcuma para darle un ligero toque indio.

- ⅓ a ⅔ de taza (75 a 150 ml) de aceite de oliva virgen extra, o al gusto
- ⅓ de taza (75 ml) de vinagre balsámico
- 4½ cucharaditas (22 ml) de salsa de soja baja en sodio
- 1 diente de ajo grande, picado
- 1 cucharadita (5 ml) de jarabe de arce, o al gusto

1. Combina todos los ingredientes en un tarro de vidrio pequeño, ciérralo bien y agítalo vigorosamente. Guárdalo en la nevera hasta un par de semanas y agita el frasco cada vez que vayas a usarlo.

Versión sin soja: Cambia la salsa de soja por entre 2 y 4 cucharadas (30 a 60 ml) de savia de cocotero (aminos de coco), o al gusto.

Crema de coco montada

VEGANA, SIN GLUTEN, SIN FRUTOS SECOS, SIN SOJA, SIN CEREALES, SIN ACEITE, PREPARACIÓN PREVIA, SE PUEDE CONGELAR

PARA ¾ A 1 TAZA (175 A 250 ML)

TIEMPO DE PREPARACIÓN: 5 MINUTOS

TIEMPO DE REPOSO: 24 HORAS

Crear una crema montada esponjosa con una lata de leche de coco entera es de lo más fácil. Además de que la técnica es simple, verás que será la mejor crema montada que hayas probado. Puedes usar esta crema batida como si fuera una nata batida de leche animal. Yo la uso en postres como las *galletas esponjosas de calabaza para tomar de refrigerio* (página 252), y también está increíble sobre un crujiente de frutas, en un bol de frutas o con un helado de sabor a plátano. Las opciones son incontables. Un consejo importante: mejor que dejes enfriar la lata de leche de coco durante al menos 24 horas antes de batir la crema, para que esta se vuelva sólida. Siempre tengo algunas latas en el frigorífico para no tener que esperar. Y te recomiendo que leas todas mis sugerencias para comprar la leche de coco adecuada para esta receta.

1. Deja enfriar la lata de leche de coco en la nevera durante al menos 24 horas.

2. Aproximadamente 1 hora antes de preparar la crema montada, pon en la nevera el bol donde vayas a montar la leche, el bol del procesador o el vaso de la batidora.

3. Abre la lata y vierte la crema de coco líquida blanca en el bol helado. Descarta el agua de coco o guárdala para cualquier otro uso (puedes hacer cubitos de agua de coco).

4. Bate la crema con una batidora de mano, una de vaso o un procesador usando el accesorio de batir, hasta que tome una consistencia esponjosa y lisa. Añade el edulcorante y la vainilla, si la utilizas, y bátela de nuevo.

5. Tapa la crema montada y devuélvela a la nevera hasta que llegue el momento de usarla. Se endurecerá a medida que se enfríe y se ablandará cuando la dejes a temperatura

1 lata de 400 ml de leche de coco entera (ver sugerencia)

1 a 2 cucharadas (15 a 30 ml) de edulcorante (jarabe de arce, azúcar blanco, azúcar de caña, etc.), o al gusto

1 vaina de vainilla, sin semillas, o ½ cucharadita (2 ml) de extracto puro de vainilla (opcional)

Para la *crema de coco montada de naranja y jarabe de arce*: Usa 1 lata de 400 ml de leche de coco entera (enfriada durante 24 horas), 1/4 de taza (60 ml) de jarabe de arce, un pellizco de sal marina fina y 1/2 cucharadita (2 ml) de ralladura de naranja. Omite la vainilla.

ambiente. Esta crema se conserva bien en un recipiente hermético en la nevera durante una semana, o puedes congelarla en una bolsa de congelación hasta un mes. Después de enfriarla en la nevera y antes de tomarla, deja que se temple a temperatura ambiente hasta que se suavice un poco y luego bátela de nuevo.

Sugerencia: Algunas marcas de leche de coco enlatada van mejor para preparar esta receta que otras, e incluso dentro de la misma marca puede haber una pequeña variación entre latas. Por alguna razón, la crema y el agua de algunas marcas o latas no se separa. Algunas de las mejores para preparar esta crema son la leche de coco entera Thai Kitchen, la crema de coco Trader Joe's y Native Forest. Acostumbro a tener varias latas de leche de coco entera en la nevera para tener opciones en caso de que me falle alguna. Si te ocurre, no te desanimes. Prueba alguna de las marcas que te he indicado y déjala enfriar durante 24 horas. Si aun así no funciona, la marca So Delicious Coco Whip es una buena alternativa de crema de coco montada que puedes comprar envasada. Puedes encontrarla en la sección de congelados de algunas tiendas de alimentación, como Whole Foods.

Conserva agridulce de manzana y mango

VEGANA, SIN GLUTEN, SIN FRUTOS SECOS, SIN SOJA, SIN CEREALES, SIN ACEITE
PARA 1½ TAZAS (375 ML)
TIEMPO DE PREPARACIÓN: 15 MINUTOS
TIEMPO DE COCCIÓN: 15 MINUTOS

Esta receta, sabrosa y ácida, es esencial cuando estás haciendo las *lentejas rojas reconfortantes y curri de garbanzos* (página 215), porque le proporciona un delicioso contraste dulce al curri picante. Suelo elaborarla con un día de antelación, lo que reduce el tiempo de preparación cuando llega el momento de preparar el curri.

1. En una cacerola mediana mezcla la manzana, el mango, el pimiento, la cebolla, el azúcar, el vinagre y el jengibre y déjalo hervir a fuego medio. Hiérvelo, removiendo con frecuencia, durante unos 15 minutos, hasta que la fruta esté blanda y la mezcla se espese. Baja el fuego si hace falta para evitar que la mezcla se pegue al fondo de la cacerola.

2. Añade el zumo de limón y la sal y remuévelo hasta que esté bien mezclado. Cuécelo durante otro minuto y luego retíralo del fuego. Deja que se enfríe, luego guárdalo en un recipiente hermético en la nevera durante cuatro o cinco días máximo.

- 1¼ tazas (300 ml) de manzanas peladas y cortadas en dados (1½ manzanas medianas aproximadamente)
- 1¼ tazas (300 ml) de mango pelado y cortado en daditos (aproximadamente 1 mango grande)
- ½ taza (125 ml) de pimiento rojo en dados
- ½ taza (125 ml) de cebolla picada fina
- ½ taza (125 ml) de azúcar de coco o de azúcar natural de caña
- ¼ de taza (60 ml) de vinagre blanco destilado
- 1 cucharada (15 ml) de jengibre recién rallado
- 1 a 1½ cucharaditas (5 a 7 ml) de zumo de limón recién exprimido, o al gusto
- ¼ de cucharadita (1 ml) de sal marina fina, o al gusto

Salsa jugosa

VEGANA, VERSIÓN SIN GLUTEN, SIN FRUTOS SECOS, PARA NIÑOS
PARA UNAS 2 TAZAS (500 ML)
TIEMPO DE PREPARACIÓN: 5 A 10 MINUTOS
TIEMPO DE COCCIÓN: 10 MINUTOS

Esta es una salsa sencilla y sana, y aun así sofisticada, que se prepara en menos de 20 minutos. Sírvela con el *bol de setas Portobello marinadas* (página 224), con patatas rotas y coliflor o con el *pastel del pastor* (página 199). También está increíblemente buena sobre una sencilla patata asada.

1. En una olla mediana, calienta el aceite de oliva a fuego medio. Añade la cebolla y el ajo y saltéalos hasta que estén blandos, unos 4 o 5 minutos.

2. En un bol mediano, mezcla el caldo y la harina hasta que no quede ningún grumo. Añade la mezcla de caldo a la olla y remuévelo hasta que quede bien mezclado. Agrega la salsa de soja, la levadura nutricional y la pimienta y remueve la mezcla de nuevo. Hiérvela unos minutos, moviéndola con frecuencia, hasta que la salsa se espese. Reduce el fuego si hace falta para evitar que la salsa se pegue al fondo de la olla.

3. Pon la salsa en una batidora, con cuidado, y bátela a velocidad media hasta que quede fina. También puedes usar una batidora de mano y triturar bien la salsa en la misma olla. Devuelve la salsa a la olla y añade el vinagre y la sal (si la usas) a tu gusto. Hiérvelo a fuego bajo o medio, removiendo con frecuencia, hasta que se espese. Si la salsa queda demasiado aguada, añade 1 cucharada (15 ml) de harina con otra de agua en un bol pequeño y luego remueve la mezcla y ve añadiéndola a la salsa. Si por el contrario queda demasiado espesa, puedes diluirla con un poco de caldo y removerla. Se irá espesando a medida que se enfríe.

4. La salsa sobrante puede guardarse en un recipiente hermético en la nevera durante unos días.

2 cucharadas (30 ml) de aceite de oliva virgen extra

1 taza (250 ml) de cebolla picada

5 o 6 dientes de ajo medianos o grandes, picados (2 cucharadas/ 30 ml de ajo picado)

2 tazas (500 ml) de caldo vegetal bajo en sodio, y más si hace falta

¼ de taza más 2 cucharadas (90 ml) de harina para todos los usos, harina blanca de espelta o harina para todos los usos sin gluten, y más si hace falta

¼ de taza (60 ml) de salsa de soja baja en sodio

2 cucharadas (30 ml) de levadura nutricional

½ cucharadita (2 ml) de pimienta negra recién molida

½ cucharadita (2 ml) de vinagre de vino blanco

Sal marina fina (opcional)

Versión sin gluten: Usa harina para todos los usos sin gluten.

Mantequilla de coco casera

VEGANA, SIN GLUTEN, SIN FRUTOS SECOS, SIN SOJA, SIN CEREALES, SIN ACEITE
PARA 1²/₃ TAZAS (400 ML)
TIEMPO DE PREPARACIÓN: 1 MINUTO
TIEMPO DE PROCESADO: 5 A 8 MINUTOS

Nunca he entendido por qué la mantequilla de coco que se vende en las tiendas es tan cara. Es increíblemente fácil prepararla en casa y relativamente barato, sobre todo si compras copos de coco a granel.

Yo suelo comprar una bolsa de copos de coco deshidratado sin marca específica, lo pongo en el procesador y nada más. Es superfácil de hacer y tiene una rica textura mantecosa y un ligero sabor a coco. Usa esta mantequilla de coco en los *bocados de alubias y vainilla bañados en chocolate* (página 237). Siempre usa copos de coco sin edulcorar (no la variedad edulcorada ni los copos grandes).

3 a 4 tazas (750 ml a 1 l) de copos medianos de coco sin edulcorar

1. Utiliza un procesador potente para procesar el coco hasta que quede líquido y con una textura suave, entre 5 y 8 minutos. La mantequilla de coco sobrante puede guardarse en un recipiente hermético a temperatura ambiente durante al menos un mes.

Virutas de coco con canela y jarabe de arce

VEGANA, SIN GLUTEN, SIN FRUTOS SECOS, SIN SOJA, SIN CEREALES, SIN ACEITE, SE PUEDE CONGELAR
PARA 1 TAZA (250 ML)
TIEMPO DE PREPARACIÓN: 3 MINUTOS
TIEMPO DE COCCIÓN: 9 A 12 MINUTOS

Estas virutas de coco al horno son una cobertura perfecta para los postres, las gachas calientes o la avena remojada toda la noche (como la *avena con pastel de manzana de la noche a la mañana*, página 83). Esta receta es muy simple: el coco se mezcla con jarabe de arce, canela y sal marina y se hornea hasta que quede ligeramente dorado. Cuando se enfrían, los copos se vuelven crujientes y se pegan formando montoncitos, algo parecido a la granola. Es genial comerlos calientes directamente de la bandeja.

1. Precalienta el horno a 150 °C. Pon papel de hornear sobre una bandeja.
2. En un bol mediano, coloca el coco, el jarabe de arce, la canela y la sal y mézclalo todo bien.
3. Distribuye la mezcla sobre una bandeja preparada, en una capa uniforme.
4. Hornéalo de 9 a 12 minutos, hasta que esté dorado.
5. Deja que la mezcla se enfríe completamente en la bandeja. Se endurecerá a medida que se enfríe. Las virutas de coco se pueden guardar en un recipiente en la nevera durante una semana o en el congelador de dos a tres semanas.

1 taza (250 ml) de virutas de coco (copos de coco grandes) sin edulcorar

2 cucharadas (30 ml) de jarabe de arce

1 cucharadita (5 ml) de canela en polvo

1 pellizco pequeño de sal marina fina

HARINAS CASERAS

Me gusta preparar las harinas en casa siempre que es posible. Con una batidora de alta velocidad la harina tendrá un sabor mucho más fresco que si la compras en la tienda. Preparar harinas caseras es además sencillo, solo tienes que poner el ingrediente entero en el procesador de alimentos y transformarlo en un polvo fino. Las harinas de almendras frescas, especialmente la de almendras crudas peladas, tienen una vida más corta que las comerciales. Te recomiendo guardarlas en un recipiente hermético en la nevera hasta cuatro meses, y la de almendras crudas con piel hasta dos meses. Sinceramente, yo prefiero prepararlas antes de cada uso.

HARINA DE ALMENDRAS CRUDAS PELADAS

En una batidora de alta velocidad, tritura 1 taza (250 ml) de almendras escaldadas en láminas a alta velocidad, hasta que se forme una harina. Asegúrate de no triturarla demasiado tiempo o se liberarán los aceites de la almendra y la harina podría quedar ligada. Separa los grumos o los trozos de almendras grandes antes de usarla. Generalmente, 1 taza (250 ml) de almendras escaldadas produce aproximadamente 1 taza (250 ml) de harina.

HARINA DE ALMENDRAS CRUDAS CON PIEL

En un procesador de alimentos procesa 1 taza (250 ml) de almendras con piel, en una textura de miguitas finas (puedes usar una batidora si lo prefieres). Generalmente, 1 taza (250 ml) de almendras crudas produce aproximadamente 1 1/3 tazas (325 ml) de harina.

HARINA DE AVENA

En una batidora de alta velocidad mezcla la cantidad deseada de avena irlandesa a velocidad máxima durante varios segundos hasta lograr una textura fina, de consistencia similar a la harina. Generalmente 1 taza (250 ml) de copos de avena produce 1 taza (250 ml) de harina de avena, más o menos.

HARINA DE TRIGO SARRACENO CRUDO

En una batidora de alta velocidad, tritura la cantidad que desees de trigo sarraceno crudo a velocidad máxima hasta que tenga la consistencia de la harina. Generalmente, 1 taza (250 ml) de trigo sarraceno crudo produce 1 taza más 2 cucharadas (280 ml) de harina de trigo sarraceno. Usa granos crudos en lugar de tostados, porque estos últimos tienen un sabor mucho más terroso e intenso, que tiende a predominar en las recetas que se preparan al horno.

CONSEJOS PARA COCINAR CEREALES Y LEGUMBRES

El objetivo no es darte una guía exhaustiva de cómo cocinar los cereales y las legumbres, pero aquí tienes las variedades que cocino con más frecuencia.

Guía general para cocinar los cereales y las legumbres: Te sugiero aclararlos en un colador de malla fina antes de cocerlos. Así se evita que posibles restos y partículas vayan a parar al agua de cocción. Coloca los cereales o las legumbres y el agua fresca (o caldo vegetal, si lo prefieres) en una olla mediana y llévalos a hervor a fuego fuerte. Luego reduce el fuego a medio-bajo, cubre la olla con una tapa que ajuste bien y deja que hiervan el tiempo que se indica en la receta, o hasta que estén tan tiernos como te gusten. Los tiempos varían según la temperatura de cocción y la frescura del grano, así que te sugiero vigilar la cocción hasta que te habitúes a los distintos tiempos. Puedes dejar al vapor 5 minutos la quinoa, el mijo y el arroz después de cocerlos. Simplemente retira la olla del fuego y déjala tapada durante 5 minutos. Esponja el grano con un tenedor después de dejarlo que se acabe de cocer al vapor.

Por último, he incluido las lentejas verdes al final de la tabla. Sigue las mismas instrucciones que en el resto de las legumbres; solo has de recordar cocer las lentejas sin tapa y eliminar el exceso de agua después.

CEREALES Y LEGUMBRES	CANTIDAD SECA	CANTIDAD DE AGUA	SUGERENCIAS	TIEMPO	CANTIDAD RESULTANTE
Arroz basmati	1 taza (250 ml)	1 ½ tazas (375 ml)	Vigílalo bien después de 10 minutos	10-15 minutos	3 tazas (750 ml)
Mijo	1 taza (250 ml)	2 tazas (500 ml)	Tuesta ligeramente el mijo en 1 cucharada de aceite antes de añadirlo al agua, para mejorar el sabor	20 minutos más 5 minutos al vapor	4 tazas (1 l)
Quinoa	1 taza (250 ml)	1 ½ tazas (375 ml)	Cocínala en caldo vegetal para mejorar el sabor	15 a 17 minutos, más 5 minutos al vapor	3 tazas (750 ml)
Arroz integral de grano corto	1 taza (250 ml)	2 tazas (500 ml)	Déjalo al vapor durante 5 minutos después de cocer	40 minutos	3 tazas (750 ml)
Sorgo	1 taza (250 ml)	3 tazas	Cocínalo en caldo vegetal para mejorar el sabor	50 a 60 minutos	2 tazas (500 ml)
Granos de espelta	1 taza (250 ml)	1 ½ tazas (375 ml)	Para conseguir un grano de textura más fibrosa, reduce el tiempo de cocción	35 minutos, o hasta que el agua se absorba	3 tazas (750 ml)
Arroz salvaje	1 taza (250 ml)	2 tazas (500 ml)	Déjalo al vapor durante 5 minutos después de cocer	40 minutos	3 tazas (750 ml)
Lentejas verdes	1 taza (250 ml)	3 tazas (750 ml)	Hiérvelas sin tapar y elimina el exceso de agua después de cocerlas	20 a 25 minutos	2¾ tazas (675 ml)

MI DESPENSA DE PRODUCTOS NATURALES

Aquello que siempre deseé tener en una casa se hizo realidad cuando nos mudamos. Sí, ahora tengo una despensa. Una despensa espléndida. Eric todavía bromea diciendo que fue la despensa lo que me decidió a comprar la casa, y tiene razón. Recuerdo que en la primera visita a la que sería nuestro hogar, sentí que me iluminaba cuando la vi. Seguramente hubiera firmado el acuerdo de compra en aquel mismo momento.

Aunque ya no almaceno bolsas de harina en el mueble de la televisión, como hacía, con sentimiento de culpa, en nuestra última casa, lleno tanto la despensa de cada ingrediente que puedo, que parece que hubiera explotado una bomba. Así que parece que el problema no es el espacio, o la falta de él, sino la persona en ese espacio. O eso me han dicho. El lado positivo es que si alguna vez se acaba el suministro de algún ingrediente en el barrio, mi despensa bien podría alimentar a todos los vecinos. Vamos, venid todos.

Este capítulo te dará la lista más actualizada de alimentos básicos con los que lleno mi despensa. Describo cada uno de los ingredientes y te doy algunas sugerencias sobre cómo escogerlos, guardarlos y prepararlos. Pero no te daré ningún consejo sobre cómo organizar una despensa, porque conozco bien mis limitaciones. Puede que algún día este capítulo te ayude a cocinar con confianza mis ingredientes favoritos y te anime a añadir algunos otros y a montar tu propio arsenal.

- Cereales integrales, harinas y féculas (página 328).
- Legumbres (página 333).
- Frutos secos y semillas (página 337).
- Coco (página 342).
- Aceites y grasas (página 347).
- Edulcorantes (página 348).
- Sal (página 352).
- Hierbas y especias (página 353).
- Derivados de la soja (página 357).
- Chocolate (página 359).
- Otros (página 360).
- Ácidos (página 366).

CEREALES INTEGRALES, HARINAS Y FÉCULAS

HARINA DE ALMENDRAS CRUDAS Y HARINA DE ALMENDRAS PELADAS

Usar harina de almendras en las recetas horneadas crea una textura rica, mantecosa y agradable. Es importante entender la diferencia entre la harina de almendras crudas y la harina de almendras peladas antes de usar cada ingrediente. La harina de almendras crudas se pica más gruesa y contiene toda la piel de la almendra, así que verás los puntitos marrones. La harina de almendras peladas se muele más fina y está hecha de almendras escaldadas, es decir, sin piel; por tanto su apariencia es blanca y refinada. La harina de almendras crudas queda muy bien en bizcochos o galletas rápidos (como las *galletas al café expreso con chocolate y almendra*, página 243), en las que se requiere una textura más consistente, mientras que la harina de almendras peladas es mejor para hornear recetas más ligeras, como pasteles o *cupcakes*.

Elección, almacenaje y preparación: Con un procesador de alimentos es fácil preparar estas harinas en casa (página 21). También puedes comprarlas en tiendas de alimentación sana o en Internet. Para hornear ingredientes delicados, compra harina de almendras hecha de almendras escaldadas. Las almendras se ponen rancias con facilidad, así que los dos tipos de harina tienes que guardarlos en un recipiente bien cerrado en un lugar frío y oscuro o, mucho mejor, en la nevera, donde aguanta hasta seis meses; consulta las fechas de caducidad del fabricante cuando las guardes y reemplaza con frecuencia los productos preparados con almendras.

ALMIDÓN DE ARRURRUZ Y ARRURRUZ EN POLVO

El polvo de arrurruz, extraído de las raíces de distintas plantas tropicales como la yuca, se ha cultivado y usado como espesante durante miles de años. En la época victoriana fue muy popular para preparar pudin y gelatina, y puede utilizarse en salsas, postres y sopas. Si tienes costumbre de usar harina de maíz como espesante, podrás apreciar mejor los resultados más naturales del arrurruz: preserva el lustre de las comidas y no da la característica textura harinosa de otros espesantes.

Elección, almacenaje y preparación: Cuando uses arrurruz, es mejor crear una mezcla en lugar de añadir el polvo a un líquido caliente. Agrega el arrurruz a una pequeña cantidad de líquido frío (no necesitas mucho más que la cantidad de arrurruz que estés usando). Remuévelo bien hasta que quede una mezcla suave y luego añádelo a la receta según se indique. Esto evitará que se formen grumos. El arrurruz debe guardarse en un recipiente hermético en un lugar frío y seco. Su tiempo de almacenaje es de un año.

MIJO

El mijo es una semilla amarilla en forma de perla propia de climas áridos, especialmente de distintas partes de Asia y de África. Tiene un agradable sabor a frutos secos, ligeramente dulce. La textura del mijo varía

bastante según la cantidad de líquido que uses para cocer el grano. Cuanto menos líquido utilices, más «chicloso» quedará el mijo. Si añades más agua o caldo, el grano quedará como la polenta blanda.

Elección, almacenaje y preparación: Como todos los granos integrales, el mijo debe comprarse fresco y guardarse en un recipiente hermético en un lugar frío y seco, donde aguantará durante tres o cuatro meses. Puede ser un poco difícil de cocinar, porque tiende a quedarse demasiado seco o demasiado húmedo. Recomiendo unas proporciones de 1 taza (250 ml) de mijo por 2 1/4 tazas (550 ml) de líquido (caldo o agua) si quieres que quede esponjoso. Preparado así, el mijo es ideal para ensaladas o para servir con estofados y curris. Si quieres que el mijo se parezca a la polenta o a unas gachas, usa 3 tazas (750 ml) de líquido por cada taza (250 ml) de mijo. El mijo blando es ideal para desayunar, sobre todo con fruta deshidratada o con semillas o frutos secos tostados.

ALMIDÓN DE PATATA

La dificultad de preparar recetas horneadas sin incluir gluten entre los ingredientes es conseguir que queden ligados y espesos, ya que es el gluten lo que le añade a la masa una calidad pegajosa. Esta dificultad se reduce en gran medida cuando combinas harinas sin gluten con almidones, como el de la patata o el de tapioca. El almidón de patata es increíblemente ligero y crea una textura deliciosa cuando se usa en proporciones adecuadas con otras harinas. Mi forma favorita de usar almidón de patata es mi *pastel del pastor* (página 199); espesa la salsa perfectamente sin necesidad de harina.

Elección, almacenaje y preparación: El almidón de patata debe guardarse en un recipiente hermético en un lugar frío y seco, donde aguantará varios meses.

QUINOA

A menudo la quinoa se clasifica como grano integral, pero en realidad es un seudograno, o una semilla comestible. Es muy popular, por una buena razón: se cocina rápido y no hace falta ponerla a remojo antes, una opción muy práctica para las cenas entre semana. Tiene un particular aroma y gusto a nuez, pero a la vez absorbe los sabores bien, lo que la convierte en la pareja perfecta para una gran variedad de platos. Es ligera, fácil de digerir y no contiene gluten.

Elección, almacenaje y preparación: La quinoa cruda tiene una cubierta natural de compuestos químicos llamados saponinas, que pueden dar lugar a un sabor amargo, así que es importante aclararla muy bien en un colador de malla fina con agua fría, antes de cocinarla. Una proporción de 1 taza (250 ml) de quinoa seca por 1 1/2 tazas (375 ml) de agua está muy bien para cocinarla, para lo que se requieren solo unos 15 minutos. Suelo esponjar la quinoa con un tenedor y dejar que se acabe de cocinar en el vapor de la olla tapada unos minutos antes de servirla. La quinoa cruda debe guardarse en un recipiente en un lugar frío y seco, donde puede estar hasta varios meses.

COPOS DE AVENA Y HARINA DE AVENA

Es difícil que no te guste la avena. Es masticable, sabrosa y fácil de cocinar, y a menudo la asociamos con la sensación reconfortante de la avena caliente y de las galletas de avena y pasas. A mí me encanta su tremenda versatilidad: los copos de avena pueden usarse no solo para las gachas, sino también para añadir textura a recetas de hamburguesas veganas, barras de pan, masas de tarta, barritas de refrigerio y cualquier otra receta horneada. La harina de avena tiene una textura suave y un sabor dulce, y es un añadido ideal para las recetas al horno que no llevan gluten, siempre que la marca de avena que compres no lo contenga. En este libro, las recetas con avena y que no llevan ningún otro ingrediente con gluten están etiquetadas como sin gluten.

Elección, almacenaje y preparación: Si tienes alguna alteración celiaca o evitas tomar gluten, es importante comprar productos certificados sin esta sustancia. La avena tiene un contenido en grasa ligeramente mayor que otros granos, lo que significa que puede ponerse rancia si se almacenan durante largos períodos. Puede guardarse en un recipiente colocado en un lugar frío, seco y oscuro, hasta tres meses. Un comentario sobre la harina de avena: como los copos, tiene una vida de almacenamiento relativamente corto. Hay que protegerla del calor y de la luz y guardarla en un recipiente hermético, donde puede conservarse hasta dos meses.

SORGO

El sorgo es un grano relativamente desconocido en Occidente, pero su popularidad está creciendo, debido al aumento de las alergias alimentarias y a la demanda de más alimentos sin gluten y opciones de cereales distintos del trigo. Es un cultivo básico en África y en la India, en parte porque es fuerte y resistente a las sequías. Es conocido por su textura masticable y esponjosa y es un maravilloso sustituto del trigo o la cebada. Tiene un sabor neutro y dulce, y queda especialmente bien en las ensaladas.

Elección, almacenaje y preparación: La harina de sorgo se tiene que guardar en recipientes herméticos en un lugar frío y seco y se conserva hasta seis meses. El sorgo integral puede hervirse hasta que esté tierno (aproximadamente 1 hora) y se usa en ensaladas, o el grano puede prepararse en una sartén.

HARINA DE ESPELTA, INTEGRAL Y BLANCA

La harina de espelta tiene un sabor denso y a nueces y una textura fuerte. Añade proteínas y minerales a los horneados tradicionales cuando se usa para sustituir a la harina de trigo convencional. La harina integral de espelta tiene una textura más fuerte, que queda bien en los horneados más densos, como las magdalenas, mientras que la blanca se parece más a la harina para todos los usos y es preferible para pasteles y otras recetas horneadas más ligeras.

Elección, almacenaje y preparación: Puedes encontrar la harina de espelta en las tiendas de alimentación sana y en algunas corrientes, o comprarla por Internet. Hay que guardarla en recipientes herméticos en un lugar frío y seco, donde aguantará hasta tres meses, o en el congelador, hasta seis meses.

AVENA IRLANDESA

Los que estamos acostumbrados a los copos de avena o a la avena rápida (precocinada) tal vez olvidamos que proceden de los granos de avena (que se parecen a los de trigo, pero son algo más largos y de forma más afilada). Cuando estos granos se cortan en trozos, se los llama avena irlandesa o escocesa. La avena irlandesa necesita más tiempo de cocción que los copos, pero su textura masticable y su consistencia cremosa hacen que el tiempo invertido valga la pena.

Elección, almacenaje y preparación: La avena irlandesa puede tardar hasta 45 minutos en hervirse, pero es posible reducir este tiempo significativamente si la remojas toda la noche, antes de cocerla. Incluso si tienes tiempo, debes probar las *gachas de avena irlandesa para hacer en un momento* (página 62), una receta que se prepara en solo 10 minutos.

HARINAS DE GRANOS INTEGRALES

Puedes encontrar multitud de mezclas de harina para todos los usos y sin gluten, lo que hace que te preguntes: «¿Por qué no usar una mezcla de harinas comprada en la tienda?». Bueno, en mi opinión las mezclas caseras son mucho más fiables. Hornear recetas veganas y sin gluten implica procesos para los que no vale cualquier cosa. Por esta razón precisamente prefiero crear mis propias recetas sin gluten con mezclas de harinas. Las mezclas de harinas sin gluten compradas pueden variar muchísimo su grado de absorción, su textura y su sabor, y no siempre es sencillo predecir cómo se comportarán cuando las usas. Por eso, siempre recomiendo que sigas las recetas al pie de la letra, especialmente en cuanto a las combinaciones de harinas sin gluten que he desarrollado para las distintas recetas. Ya sé que esto puede ser una pesadez, pero mi única intención es que consigas los mismos resultados que yo.

LEGUMBRES

Todas las legumbres tienen un tiempo de almacenamiento prolongado si se guardan en lugares secos y oscuros. Después de uno o dos años, empezarán a perder humedad, y como resultado necesitarán más tiempo de remojo y de cocción.

ALUBIAS NEGRAS

Las alubias negras son uno de los miembros más conocidos de la familia de las alubias. Se usan en platos de todo el mundo, especialmente en la cocina de México, la India y Brasil. Me encanta su sabor, su textura y su color espectacular; las uso en enchiladas, sopas, cazuelas y ensaladas.

Elección, almacenaje y preparación: Como la mayoría de las legumbres, resulta más fácil hervirlas si antes las pones a remojo (un mínimo de 4 horas y un máximo de 12). Después, deberían cocerse durante 1 hora aproximadamente. También a veces se encuentran alubias negras cocidas en las tiendas de alimentación; si las compras en lata, asegúrate de que el envase no contenga bisfenol A.

GARBANZOS

Los garbanzos son una de las variedades de legumbre más populares del mundo. Son increíblemente versátiles: puedes usarlos para hacer *hummus* cremoso, en curris, echarlos en sopas o estofados para añadir texturas o proteínas, tostarlos para comerlos como tentempié crujiente o simplemente añadirlos a la ensalada fresca. ¿Hay algún plato en el que no funcionen?

Elección, almacenaje y preparación: Antes de cocerlos, retira cualquier residuo y los garbanzos con un color inusual (negros, grises o verdes) o arrugados. Los garbanzos necesitan un tiempo de cocción más prolongado que las legumbres más pequeñas (60 a

90 minutos de media); sin embargo, puedes reducir este tiempo remojándolos en agua 12 horas aproximadamente. (Por supuesto, puedes tener en la despensa garbanzos cocidos en lata para esas ocasiones en las que los necesitas con rapidez. Mi marca favorita es Eden Organic). Hay un truco para preparar un *hummus* excepcionalmente cremoso (u otros platos con garbanzos triturados): retirarles las pieles (menciono esto en mi primer libro) aunque no hace falta si tienes una buena batidora o procesador de alimentos. Si decides quitarles la piel, sumerge los garbanzos en un bol grande con agua y frótalos con suavidad hasta que las pieles floten en el agua y puedas retirarlas.

LENTEJAS VERDES FRANCESAS

Las lentejas francesas (también llamadas Le Puy, por la región de Francia de donde proceden, o verdinas) tienen una textura fuerte y son fáciles de masticar. Mantienen la forma después de cocerlas, lo que significa que son buenísimas para las ensaladas de lentejas o para mezclarlas con las recetas que llevan cereales en grano. Tienen un particular color gris verdoso moteado y son algo más pequeñas que las marrones o las verdes. Son ideales para usarlas en *las mejores lentejas marinadas* (página 158).

Elección, almacenaje y preparación: Revisa las lentejas antes de cocerlas para retirar cualquier residuo y las lentejas estropeadas. Las tendrás cocidas un tiempo que varía entre los 15 y los 30 minutos.

LENTEJAS MARRONES O VERDES

No importa lo pequeñas y humildes que sean. Las lentejas son uno de los ingredientes más nutritivos y versátiles de la dieta vegana. Salsas, hamburguesas, pasteles de carne vegetal, panes, sopas y más... no hay casi nada que las lentejas no puedan hacer. Como si este perfil nutricional y culinario no fuera bastante, las lentejas son muy baratas y una excelente fuente de proteínas, lo que tal vez explica su popularidad en distintas cocinas de todo el mundo. También estoy muy orgullosa de poder decir que Canadá es uno de los mayores productores de lentejas del mundo. ¿No es genial?

Elección, almacenaje y preparación: Antes de cocerlas, míralas bien para retirar las lentejas estropeadas o cualquier residuo. La idea general es que las lentejas no necesitan remojarse, y es verdad si no tienes tiempo, pero un remojo rápido, de 2 a 4 horas, reducirá el tiempo de cocción y hará que tus lentejas sean algo más fáciles de digerir. Una vez estén listas para cocerlas, cúbrelas con varios centímetros de agua, llévalas a ebullición y déjalas hervir de 20 a 30 minutos, o hasta que estén tiernas pero mantengan aún su forma.

ALUBIAS RIÑÓN

Las alubias riñón (llamadas así por su forma característica) son maravillosamente densas y sustanciosas, lo que las convierte en una adición perfecta para los chilis y los estofados. Probablemente son originarias de Perú, y son el ingrediente tradicional

de muchos platos de Centroamérica y Sudamérica. Son geniales en el horno, y una buena adición para la pasta y las cazuelas.

Elección, almacenaje y preparación: Antes de cocerlas, revísalas y elimina cualquier resto y las alubias deterioradas. Tienes que dejarlas en remojo durante 8 horas o toda la noche antes de cocerlas, y el tiempo de cocción varía entre 75 y 90 minutos.

LENTEJAS ROJAS

A diferencia de las lentejas verdes, marrones o negras, o de las francesas, las lentejas rojas no mantienen su forma después de cocerlas, sino que se ablandan y se rompen, lo que les da una textura espesa parecida a un puré. Por esta razón, son perfectas para las sopas y los estofados, porque añaden densidad además de un montón de cualidades nutritivas.

Elección, almacenaje y preparación: Como son partidas, se cocinan más rápido que cualquier otra variedad. Bastan de 12 a 15 minutos de hervor. Para cocerlas, pon 1 taza (250 ml) de lentejas y 1 1/2 tazas (375 ml) de agua o caldo en una olla mediana y haz que hierva. Reduce el calor para mantener el hervor y cuécelas hasta que estén tiernas.

ALUBIAS BLANCAS

Hay tres variedades de las populares alubias blancas (las alubias blancas grandes o Great Northern, las alubias arroceras y las alubias blancas largas o cannellini), con un sabor agradable y suave. Las alubias arroceras y las Great Northern tienen una textura algo más granulosa, mientras que la consistencia de las cannellini es más cremosa. Las tres añaden textura y sabor a las sopas, estofados, platos con cereales o guisados.

Las arroceras son las más pequeñas, las Great Northern son algo mayores y las cannellini son las de mayor tamaño. Si vas a usar alubias precocinadas, puedes escoger cualquiera de las tres variedades. A menudo las bato para crear salsas cremosas o de hierbas (las alubias blancas con romero son una pareja de sabores clásicos).

Elección, almacenaje y preparación: Antes de cocerlas, revisa las alubias para retirar las dañadas o cualquier residuo. Las arroceras pueden remojarse de 4 a 6 horas antes de hervirlas; las Great Northern y las cannellini deben remojarse 8 horas o toda la noche. Las arroceras estarán listas en 45 minutos, mientras que las otras dos variedades necesitarán entre 60 y 90 minutos para cocinarse.

FRUTOS SECOS Y SEMILLAS
LECHE DE ALMENDRAS

La leche de almendras se ha convertido en una de las alternativas más populares de leche vegana. Tiene un rico sabor a frutos secos y es un poco dulce, ideal para batidos, gachas (ver *avena con pastel de manzana de la noche a la mañana*, página 83) y otros platos para desayunar, pero también puede usarse en sopas o en otros platos cremosos. La leche de almendras es fácil de preparar en casa con una batidora, pero también puedes comprarla en muchas tiendas de alimentación.

Elección, almacenaje y preparación: Si vas a comprar leche de almendras, debes conocer la controversia sobre el carragenano, un espesante y estabilizador derivado de las algas. Aunque las investigaciones realizadas sobre esta sustancia no son concluyentes, hay algunas evidencias de que el carragenano promueve la inflamación. Algunas leches de almendras están hechas con lecitina de girasol en lugar de carragenano, así que es posible

evitar estas algas si decides hacerlo. Yo soy muy fan de la leche de almendras orgánica Whole Foods 365.

ALMENDRAS

Las almendras son uno de los tres frutos secos más sanos, prácticos y versátiles. El sabor suave de las almendras crudas se vuelve más fuerte y particular cuando se tuestan, pero yo las uso de las dos formas en distintas recetas. Las almendras crudas son especialmente buenas para la leche casera de almendras o como tentempié, mientras que las tostadas producen una mantequilla increíblemente nutritiva, que es ideal como cobertura para los cereales y las verduras asadas (ver *almendras tostadas con salsa de soja*, página 301).

Elección, almacenaje y preparación: Como todos los frutos secos, las almendras deben comprarse frescas. Fíjate en que sean un poco dulces y con aroma a fruto seco, son señales de frescura. Pueden almacenarse en un recipiente hermético en un lugar frío y seco; si vas a guardarlas durante unos pocos meses, es mejor que lo hagas en la nevera o el congelador. Ten en cuenta que las almendras tostadas son mejores que las fritas y que es preferible que evites las que llevan edulcorantes añadidos.

ANACARDOS

Los anacardos son, en mi opinión, el fruto seco más versátil gracias a su suave sabor dulce y su textura mantecosa. Pueden triturarse para hacer salsas, aliños, leche o quesos de anacardos o, tostados, pueden añadirse a los revueltos, ensaladas o platos con cereales en grano. Yo preparo con ellos salsas y sopas; añaden la riqueza que muchos de nosotros asociamos solo con la nata. La mantequilla de anacardos, elaborada con anacardos crudos, es una buena alternativa a las mantequillas de almendras o de cacahuete.

Elección, almacenaje y preparación: Es mejor comprarlos frescos y reemplazarlos a menudo. Pueden almacenarse en un recipiente hermético en un lugar frío, húmedo y seco. Si no tienes pensado comerlos enseguida, lo mejor es guardarlos en la nevera. La mantequilla de anacardos debe conservarse en la nevera después de abrirla.

SEMILLAS DE CHÍA

Aunque su popularidad ha estallado en la última década, las semillas de chía han sido parte de la dieta de Centroamérica durante siglos. Eran una de las comidas básicas de mayas y aztecas, apreciadas por sus valores nutricionales y energéticos. Las semillas de chía pueden añadirse a los batidos y púdines o espolvorearse sobre ensaladas y fruta fresca, y pueden añadir textura a las gachas o los horneados.

Elección, almacenaje y preparación: Las semillas de chía pueden molerse y usarse para ligar horneados o para espesar salsas y batidos. Sin embargo, no hace falta molerlas para que se digieran, basta añadirlas directamente a cereales y batidos. El método de preparación más frecuente es dejarlas en líquido, lo que les da una textura parecida al pudin de tapioca. El *pudin de semillas de chía con coco* (página 94) es un ejemplo de receta saludable con semillas de chía.

Los ácidos grasos omega-3 que contienen se ponen rancios con facilidad, así que hay que guardarlas en un lugar frío y seco. Puedes conservarlas en la nevera, en un recipiente hermético, y durarán hasta ocho meses.

LINAZA Y LINAZA MOLIDA

Las semillas de lino son conocidas por su densidad nutricional y por su utilidad en los platos veganos. Son excelentes para ligar galletas y otros horneados. También espesan y enriquecen las gachas, los panes y los batidos.

Elección, almacenaje y preparación: Los delicados ácidos grasos omega-3 de la linaza pueden volverse rancios cuando se exponen al calor o a la luz. Es mejor guardarla en un recipiente hermético opaco en la nevera o en el congelador, durante seis meses. Puedes comprar las semillas enteras o molidas; si quieres picarlas en casa, puedes hacerlo con un molinillo de especias o un procesador de alimentos. Las semillas enteras pasan por el tracto digestivo sin digerirse, así que tienes que molerlas antes de comerlas para beneficiarte de sus propiedades nutricionales.

AVELLANAS

El rico sabor a frutos secos de las avellanas y su textura mantecosa las convierten en una elección maravillosa para los postres

caseros. Son un ingrediente clásico de los postres que aparecen en recetas valoradas desde hace mucho, como la tarta Linzer, las galletas Linzer, los biscotes y muchas variedades de mantecados. Puedes probarlas en los *bocados de granola con almendras y avellanas tostadas* (página 99), la *mantequilla de almendras y avellanas tostadas* (página 105) y la *leche de avellanas como la de la cafetería* (página 60).

Elección, almacenaje y preparación: Las avellanas peladas deben ser frescas y tener una forma y un tamaño uniforme. Se conservan en un recipiente hermético, en un lugar seco, hasta seis meses. La mayoría de las personas las prefieren tostadas; pueden prepararse en casa con facilidad tostándolas en el horno a 150 °C entre 12 y 14 minutos, hasta que empiecen a liberar su aroma. Cuando estén tostadas, se conservan en la nevera hasta tres meses, o congeladas hasta un año.

CORAZONES DE CÁÑAMO

Los corazones de cáñamo son una fuente de proteínas vegetales rápida, completa y práctica, ideales para añadirlos a ensaladas o verduras asadas, batidos, aliños o gachas. Te recomiendo comprarlos pelados, para usarlos de forma inmediata en cualquier receta.

Elección, almacenaje y preparación: El alto contenido en ácidos omega-3 y omega-6 de los corazones de cáñamo los expone a volverse rancios con facilidad; es mejor guardarlos en un recipiente hermético en la nevera; se conservan hasta un año.

MANTEQUILLAS DE FRUTOS SECOS

Las mantequillas de frutos secos añaden un sabor delicioso y una dosis de grasas sanas a las tostadas, la fruta, las gachas e incluso las verduras frescas (si nunca has probado las zanahorias con mantequilla de cacahuetes, ahora es el momento). También son una base estupenda para deliciosos aliños y salsas, como la *salsa thai de mantequilla de almendras* (página 287). Hay una increíble variedad de mantequillas de frutos secos en las tiendas —almendra, anacardos, coco, avellanas…—, lo que significa que puedes escoger el sabor que prefieras, pero también encontrarás en este libro recetas sencillas para preparar algunas mantequillas en casa.

Elección, almacenaje y preparación: Muchas mantequillas de frutos secos pueden guardarse en un sitio frío y seco, pero otras deben mantenerse refrigeradas. Comprueba las indicaciones para conservar cada tipo de mantequilla de frutos secos o semillas y las fechas de caducidad.

CACAHUETES

Aunque normalmente los consideramos frutos secos, los cacahuetes son en realidad legumbres. Como muchas legumbres, son ricos en proteínas, así como en vitaminas B y minerales. Su sabor característico recuerda al típico sándwich que llevábamos al colegio; tal vez por eso la mantequilla de cacahuetes tiene ese efecto reconfortante sobre nosotros. Esta mantequilla es perfecta para los sánwiches o las tostadas, pero también puede añadir un sabor único a los chilis y a los guisos. Además, los cacahuetes picados son una cobertura perfecta para las ensaladas de inspiración asiática, los platos con curri y los revueltos de patatas.

Elección, almacenaje y preparación: Los cacahuetes convencionales suelen tratarse con pesticidas, así que es mejor comprar su versión orgánica. Cuando compres mantequilla de cacahuetes, asegúrate de que no lleven sal ni edulcorante. Los cacahuetes sin piel tienen que guardarse en un recipiente hermético y aguantan hasta tres meses, o en el congelador, hasta seis meses.

PECANAS

Las nueces pecanas son un ingrediente frecuente de muchos platos clásicos americanos, y son muy apreciadas en la cocina de

Sudamérica. Su alto contenido en grasas y su sabor mantecoso las hacen ideales para postres y dulces. Asadas con boniatos aportan un particular aroma y sabor, y también me encanta usarlas crudas en barritas energéticas caseras. Además, son útiles para preparar una leche de frutos secos casera cremosa.

Elección, almacenaje y preparación: Las nueces pecanas deben comprarse frescas y hay que intentar que sean relativamente uniformes en tamaño y forma. Pueden guardarse en envases herméticos en un lugar frío y seco hasta seis meses.

SEMILLAS DE CALABAZA

Las semillas de calabaza peladas son una adición económica y deliciosa a tu dieta. Son especialmente crujientes y tienen un sabor suave, así como una gran cantidad de beneficios para la salud.

Elección, almacenaje y preparación: Estas semillas pueden tostarse y añadirse a ensaladas verdes o de col, espolvoreadas sobre un bol caliente de chili, molidas en lugar de piñones en la salsa pesto e incluso mezcladas en sopas y salsas. En un recipiente hermético en la nevera se conservan hasta un año.

SEMILLAS DE SÉSAMO Y PASTA DE SÉSAMO

El característico sabor a frutos secos de las semillas de sésamo o de la pasta de sésamo (conocido también como *tahini*) hace brillar un buen número de recetas de Asia y Oriente Medio. Las semillas de sésamo peladas añaden una textura crujiente sutil a las

ensaladas, los revueltos, los fideos e incluso los horneados, mientras que la pasta de sésamo es una base genial para los aliños (*aliño de pasta de sésamo con limón*, página 303) y los platos de pasta (*fusilli con lentejas y hongos a la boloñesa*, página 193).

Elección, almacenaje y preparación: Las semillas de sésamo se ponen rancias con menos facilidad que los corazones de cáñamo, las semillas de calabaza y las de girasol, pero aun así hay que guardarlas en un recipiente hermético en un lugar frío y seco. Conservadas así, aguantarán hasta un año. La pasta de sésamo puede almacenarse en un recipiente hermético en un lugar frío y seco durante varios meses.

SEMILLAS DE GIRASOL Y MANTEQUILLA DE SEMILLAS DE GIRASOL

Baratas, fáciles de encontrar y nutritivas, estas semillas son un tentempié maravillosamente sano y un excelente añadido para las ensaladas. Pueden comprarse peladas o con cáscara, pero para cocinar y para tomarlas como *snack*, es mejor peladas. También las puedes encontrar crudas o tostadas y saladas. La mantequilla de semillas de girasol se prepara con las semillas molidas, y sirve para sustituir a la mantequilla de almendras o cacahuetes si tienes alergia a los frutos secos. Puedes preparar la *mantequilla casera de semillas de girasol* (página 107) en tu propia cocina.

Elección, almacenaje y preparación: Estas semillas tienden a ponerse rancias, así que es mejor guardarlas en un recipiente hermético en la nevera; se conservarán hasta ocho meses (fuera de la nevera, en un lugar frío y seco, mantendrán su frescura unas semanas). Pueden añadirse trituradas a los aliños de ensalada cremosos, o enteras sobre ensaladas o platos con cereales, o añadidas a las gachas. También puedes probar a incorporarlas a los batidos para obtener una buena dosis de vitamina E.

NUECES

Las nueces son un ingrediente frecuente en panes rápidos, granolas, platos con avena y otros desayunos, pero también son una adición maravillosa a los platos salados (por ejemplo, *los tacos definitivos*, página 227) o a los tentempiés. Más que cualquier otro fruto seco, las nueces son conocidas por su increíble gama de beneficios para la salud, desde la salud cardiovascular hasta la cerebral.

Elección, almacenaje y preparación: Debido a su elevado contenido en ácidos grasos omega-3, las nueces se ponen rancias muy rápido. Es mejor guardarlas en un recipiente hermético en la nevera, hasta seis meses, o congelarlas hasta un año. Me parece más práctico comprar nueces sin cáscara para ahorrarme tener que romper las cáscaras duras y gruesas.

COCO

Los derivados del coco son ricos en ácido laúrico, un ácido graso de cadena media con propiedades antibacterianas. La leche de coco es excepcionalmente alta en grasas saturadas, algo inusual para un alimento de origen vegetal. Sin embargo, la mayoría de las investigaciones muestran que las poblaciones que consumen cantidades importantes de derivados del coco no parecen tener un riesgo mayor de enfermedades crónicas. Dada la escasez de grasas saturadas en las dietas a base de vegetales, la mayoría de los veganos y los vegetarianos pueden consumir productos del coco con moderación. La pulpa y los derivados del coco también son ricos en antioxidantes, que tienen un efecto protector sobre el envejecimiento y contra la enfermedad.

LECHE DE COCO ENTERA EN LATA

La leche de coco entera en lata añade una riqueza inconfundible y sutiles notas de coco a las sopas, los estofados y especialmente los platos con curri. Es un ingrediente potente; puesto que el contenido en grasas de la leche de coco entera es tan alto, una pequeña cantidad puede ser suficiente para tu receta. Yo la uso en los *boniatos, garbanzos y curri con coco y espinacas* (página 212).

Elección, almacenaje y preparación: La leche de coco en lata es fácil de encontrar en las estanterías de productos asiáticos de la mayoría de las tiendas de alimentación. Es un ingrediente único, y no puede sustituirse por las bebidas de coco que se venden envasadas. Cuando la leche de coco entera se deja en la nevera, se forma una capa espesa de crema sólida encima que se solidifica. Esta crema (llamada crema de coco) puede batirse para

preparar una cobertura esponjosa para espesar postres. En la página 312 puedes ver la receta de *crema de coco montada* y algunos consejos para seleccionar las marcas de leche de coco enlatada.

SAVIA DE COCOTERO (AMINOS DE COCO)

La savia de cocotero (aminos de coco) es un condimento salado hecho de la savia de coco fermentada. Es comparable a la salsa de soja o *nama shoyu*, pero no lleva soja, lo que es una opción estupenda para quienes sufren alergias alimentarias. Tiene un sabor más dulce y un sabor salado más suave que la salsa de soja. Puede añadirse a los aliños y revueltos o directamente sobre las ensaladas o las verduras frescas.

Elección, almacenaje y preparación: Ahora mismo, la marca más fácil de encontrar de savia de coco es Coconut Secret. Puedes comprarla en las tiendas de alimentación saludable, en Whole Foods o en Internet en coconutsecret.com.

MANTEQUILLA DE COCO

La mantequilla de coco es un ingrediente celestial. Es rica, fragante y sofisticada, con toques de vainilla. Tiende a ser algo cara, y puede ser difícil de encontrar, pero es increíblemente fácil y productivo prepararla en casa (página 319). Una pequeña cantidad puede transformar un bol caliente de avena, una rebanada gruesa de pan o un boniato asado. La mantequilla de coco es una mezcla de aceite de coco y de sólidos del coco. A temperatura ambiente es sólida, pero se derrite al añadirla a una comida caliente, desprendiendo un aroma y un sabor deliciosos.

Elección, almacenaje y preparación: La mantequilla de coco puede guardarse en un lugar frío y seco hasta seis meses. Se solidifica cuando la temperatura es fría, pero en cuanto la pongas al calor, se fundirá parcialmente y se volverá de una suavidad sedosa.

HARINA DE COCO

Aunque solo recientemente se ha convertido en un producto habitual, la harina de coco ya es una opción popular entre los amantes de la salud consciente. Es rica en fibra y no contiene trigo, gluten, soja, legumbres y granos, lo cual es una buena opción para las personas con alergias o sensibilidad alimentarias. Me encanta usar una pequeña cantidad en *los mejores bombones de cacahuetes* (página 267) para espesar un poco la masa.

Elección, almacenaje y preparación: La harina de coco se puede encontrar en la mayoría de las tiendas de alimentos saludables, tiendas de comestibles y en Internet. Absorbe la humedad fácilmente, por lo que debe almacenarse en un recipiente hermético en el refrigerador o congelador inmediatamente después de abrirla. Debido a que es una harina «sedienta» (absorbe mucho líquido en las recetas), obtendrás los mejores resultados cuando la mezcles con otras harinas, como la de arroz integral o de sorgo.

ACEITE DE COCO REFINADO

El aceite de coco refinado tiene un sabor más suave y menos peculiar que el aceite virgen de coco. Por lo general se extrae de la fruta de coco usando calor y ciertos productos químicos, lo que significa que conserva menos de sus polifenoles naturales que el aceite virgen de coco. Tiene un punto de humeo, lo que significa que es una buena opción para hornear o asar a temperaturas de 200 °C. Lo uso siempre que no quiero un sabor de coco en mis recetas, por ejemplo en la *cazuela de boniato* (página 162).

Elección, almacenaje y preparación: Una vez más, te recomiendo usar una marca orgánica de aceite de coco refinado. El aceite de coco se solidifica a bajas temperaturas y se vuelve líquido cuando la temperatura sube, y se debe almacenar en un lugar fresco y seco.

COPOS DE COCO SIN EDULCORAR

Los copos de coco grandes tiene un sabor similar al del coco rallado y se pueden utilizar de forma similar en los postres. La textura, sin embargo, es diferente: los copos de coco grandes son más sustanciosos y más sedosos que el coco rallado. Es una cobertura perfecta para la avena del desayuno o para un plato sustancioso de curri, para agregar textura a granolas o cereales o para el bocadillo de la merienda (a diferencia del coco rallado, se puede comer de la bolsa).

Elección, almacenaje y preparación: Asegúrate de comprar copos de coco sin edulcorar. Puedes guardarlos en un recipiente hermético en un lugar fresco y seco durante un máximo de seis meses.

COCO RALLADO SIN EDULCORAR

El coco rallado (a veces también llamado coco deshidratado) es una adición clásica a los postres, las gachas del desayuno, las granolas y las galletas. Añade una textura masticable y un delicioso toque tropical de sabor a coco.

Elección, almacenaje y preparación: Gran parte del coco rallado que se vende está edulcorado, por lo que es importante que encuentres una variedad sin endulzar —puede encontrarse en la sección a granel de la mayoría de las tiendas de alimentos sanos o en Internet—. El coco rallado debe almacenarse en un recipiente hermético en un lugar fresco y seco durante un máximo de seis meses. Se puede agregar directamente a la receta o mezclarlo con agua para preparar una leche de coco casera, rápida, fácil y barata.

ACEITE VIRGEN DE COCO

El aceite virgen de coco (también llamado sin refinar) se extrae directamente de la fruta de coco, sin procesamiento ni aplicación de calor. Contiene polifenoles más beneficiosos que el aceite de coco refinado, que se extrae aplicando calor y productos químicos. Es apreciado por sus propiedades para la salud del corazón y es antibacteriano y antifúngico. Me encanta cocinar y hornear con él porque les añade un aroma dulce maravilloso a los platos de verduras y tiene un particular sabor a coco. En mi opinión,

combina muy bien con los tubérculos dulces al horno.

Elección, almacenaje y preparación: Puede ser difícil escoger un aceite de coco en las tiendas, porque hay muchas variedades diferentes. Si estás buscando aceite virgen de coco, asegúrate de seleccionar una marca orgánica, ya que la integridad y la calidad del producto serán mayores. El aceite virgen de coco es adecuado para cocinar a fuego medio, por ejemplo para saltear. Como ventaja adicional, también se puede utilizar como crema hidratante natural de la piel. El aceite de coco se solidifica a bajas temperaturas y se vuelve líquido cuando la temperatura sube. Debe almacenarse en un lugar fresco y seco. Se puede derretir antes de usarlo poniendo el tarro bajo el agua del grifo caliente o en una cacerola pequeña a fuego lento. De vez en cuando, en mis recetas indico «ablandado» o «fundido». Esto significa que el aceite de coco debe tener una textura muy suave, fácil de esparcir, pero no debe ser completamente líquido.

ACEITES Y GRASAS
AGUACATE Y ACEITE DE AGUACATE

En la década de los noventa, cuando la dieta baja en grasa estaba de moda, los aguacates eran temidos por su alto contenido en grasa. Hoy en día, es ampliamente reconocido que las grasas poliinsaturadas del aguacate ayudan a tener un colesterol LDL más bajo y a proteger el corazón. Esta es una buena noticia para los amantes del aguacate. Los aguacates tienen una carne deliciosamente cremosa pero firme al mismo tiempo. Se

pueden utilizar en guacamole y como fuente de grasa en los aliños, pero también se pueden untar en tostadas, usarse como aderezo para el chili y mezclarse en las ensaladas. Los aguacates son una opción perfecta para cualquier receta en la que quieras conseguir cremosidad. Me encantan añadidos a los batidos, o en cremas saladas como la *crema de cilantro y aguacate* (página 196). Recientemente comencé a cocinar con aceite de aguacate refinado prensado naturalmente. Me encanta su sabor ligero y neutro (pruébalo con el *hummus de ajo y limón para todos los días*, página 121), y el hecho de que tenga un elevado punto de humeo (más de 260 °C) lo hace ideal para cocinar con fuego fuerte.

Elección, almacenaje y preparación: Hay que comprar los aguacates en su momento mejor de maduración o justo antes. Suelo comprarlos cuando apenas son suaves el tacto, pero aún no están blandos. La piel del aguacate debe ser uniforme, sin motas ni grietas. Un gran truco para determinar si es fresco es echar un vistazo bajo el tallo. Si es negro, el aguacate estará magullado y podrido. Si todavía está un poco verde, está casi listo para comerlo. Si has comprado aguacates verdes, puedes madurarlos dejándolos en una bolsa de papel durante una o dos noches. Si te sobra aguacate, puedes congelarlo para hacer batidos.

ACEITE DE OLIVA VIRGEN EXTRA PRENSADO EN FRÍO

El aceite de oliva ha jugado un papel central en la dieta mediterránea durante miles de años, y hoy en día es uno de los aceites más populares para los cocineros de todo el mundo. Se obtiene triturando o moliendo la fruta del olivo, y tiene un sabor suavemente afrutado. Es un aceite versátil, igualmente bueno para aliñar ensaladas y para asar o saltear.

Elección, almacenaje y preparación: Los supermercados están inundados de aceites de oliva de todo el mundo. Es posible encontrar un buen aceite de oliva incluso con un presupuesto modesto, pero te recomiendo que lo compres prensado en frío, si es posible. El aceite de oliva prensado en frío se obtiene con un proceso tradicional de prensar las aceitunas entre las losas de piedra, aunque también puede hacerse con acero inoxidable. El aceite obtenido con este método retiene más de sus nutrientes y polifenoles que el aceite de oliva refinado, y también tiene un sabor más delicado y afrutado.

El buen aceite de oliva debe almacenarse en un recipiente opaco o semiopaco en un lugar fresco y seco. Almacenado correctamente, un buen aceite de oliva puede mantenerse fresco hasta un año.

ACEITE DE SÉSAMO TOSTADO O SIN TOSTAR

El aceite de sésamo tostado tiene un aroma a nuez y un sabor a sésamo increíblemente potente, mientras que el aceite de sésamo sin tostar tiene un sabor mucho más suave y no domina el resto de los sabores de una receta. Ambos pueden utilizarse en salteados, boles de soba (como la *ensalada de fideos soba*, página 218) y otros platos asiáticos, y también se pueden usar en aliños y salsas.

Elección, almacenaje y preparación: El aceite de sésamo debe refrigerarse o almacenarse en un lugar fresco y seco después de abrirlo.

MANTEQUILLA VEGANA

Tenemos suerte de vivir en una época en la que pueden encontrarse cantidad de productos veganos nuevos en los supermercados. Aunque intento cocinar la mayoría de lo que comemos en casa, uso algunos productos veganos que ayudan a agregar sabor y autenticidad a mis platos. La mantequilla vegana es uno de esos productos. Increíblemente, sabe como la mantequilla, y funciona perfectamente en platos como la *cazuela de boniato* (página 162), en donde aporta un sutil sabor a mantequilla. Si no, prefiero usar aceite de coco por sus beneficios para la salud.

Elección, almacenaje y preparación: Hay distintas marcas de mantequilla vegana en el mercado. Suelo comprar una sin soja, Earth Balance. Guarda la mantequilla vegana en la nevera al tiempo sugerido por el fabricante.

EDULCORANTES
MELAZA RESIDUAL

La melaza residual es una opción nutritiva única dentro del mundo de los edulcorantes líquidos. Sufre más reducción y caramelización que otras formas de melaza (sulfurada o no sulfurizada), lo que significa que es más gruesa, más oscura, ligeramente más baja en azúcar y más rica en minerales. Es potente, pero cuando se usa en pequeñas cantidades agrega un delicioso sabor a melaza a los productos horneados, los chilis y la *salsa barbacoa fácil* (página 293).

Elección, almacenaje y preparación: Es mejor comprar melaza residual orgánica. Puede almacenarse en un lugar fresco y seco hasta seis meses. Puede añadirse a las galletas, las magdalenas o los panes rápidos, pero no desprecies su potencial para agregar sabor y carácter al chili o a los platos de barbacoa.

JARABE DE ARROZ INTEGRAL

El jarabe de arroz integral es suave y de color marrón claro. Es un edulcorante líquido muy espeso y pegajoso, y por tanto funciona muy bien en los ingredientes para ligar, como en las *barritas energéticas Glo de moca* (página 96). El jarabe de arroz integral tiene un índice glucémico relativamente bajo y se cree que proporciona un suministro de energía estable y constante.

Elección, almacenaje y preparación: Compra jarabe de arroz integral orgánico cuando puedas (me gusta la marca Lundberg). Puede almacenarse en un recipiente hermético en un lugar fresco y seco durante un máximo de seis meses.

AZÚCAR DE COCO Y NÉCTAR DE COCO

El azúcar de coco (a veces llamado cristales de coco) y el néctar de coco han aparecido en el mercado recientemente, pero ya han ganado una tremenda popularidad gracias a su sabor y su bajo índice glucémico (lo que significa que no suben el azúcar sanguíneo tan rápido como otros edulcorantes).

Tanto el azúcar como el néctar de coco tienen una clasificación GI de solo 35, relativamente baja para los edulcorantes líquidos o en cristales. Ninguno sabe a coco; más bien tienen un sabor agradable, como de azúcar quemada (el néctar tal vez es un poco más ácido) y tienen un encantador color caramelo.

Elección, almacenaje y preparación: El azúcar y el néctar de coco pueden encontrarse en la mayoría de las tiendas de alimentos sanos y en tiendas de comestibles, así como en Internet. Deben almacenarse en recipientes herméticos, en un lugar fresco y seco, donde aguantarán varios meses. El azúcar de coco puede causar un efecto de secado en los productos horneados, por lo que en ellos uso azúcar de caña, ya que el azúcar de coco no da un resultado lo suficientemente húmedo.

DÁTILES MEDJOOL

A los dátiles Medjool los llaman a veces «dulces naturales», y una vez que pruebas su sabor y su textura por primera vez, no es difícil entender por qué. Estos dátiles deliciosos y cremosos (no confundir con los dátiles más pequeños y duros) tienen un sabor casi como el del caramelo. Añaden dulzura, así como algunos minerales naturales y fibra, a los postres y productos horneados. Los dátiles Medjool se mezclan fácilmente, gracias a su textura blanda, lo que significa que puedes incorporarlos sin problemas en leches y salsas de frutos secos.

Elección, almacenaje y preparación: Los dátiles Medjool pueden guardarse en un

recipiente hermético en un lugar fresco y seco durante un par de meses. Durarán aún más en el refrigerador, y se pueden congelar durante un año. Si voy a cortar dátiles para una receta, a menudo los dejo enfriar primero; así tienen una textura firme y es más fácil cortarlos de modo uniforme.

AZÚCAR INTEGRAL ORGÁNICO

El azúcar moreno es un edulcorante preferido para galletas y panes rápidos. Su rico sabor recuerda a la melaza, y tiene todo el sentido, ya que la melaza se mezcla con azúcar normal y produce azúcar moreno. Tiene una textura húmeda y un hermoso color ámbar. Es particularmente apropiado para granolas, cereales calientes o para hornear, como en las *galletas crocantes de espelta y melaza* (página 254).

Elección, almacenaje y preparación: Compra azúcar moreno orgánico, para asegurarte de que está libre de residuos de plaguicidas y de posibles subproductos animales. Debe almacenarse en un recipiente hermético en un lugar fresco y seco, separado de cualquier alimento con olor o de otros ingredientes. Se puede almacenar durante muchos meses, pero se va secando poco a poco.

AZÚCAR DE CAÑA ORGÁNICO

El azúcar de caña orgánico es un excelente edulcorante para los productos horneados. De todas las opciones de edulcorantes veganos, es el más parecido al azúcar refinado.

Elección, almacenaje y preparación: El azúcar de caña se puede sustituir por azúcar blanco en recetas en una proporción de 1:1. Asegúrate de comprar una marca orgánica libre de residuos de plaguicidas y de posibles subproductos animales. Guardado en un recipiente hermético en un lugar fresco y seco, lejos de alimentos olorosos, se mantendrá durante muchos meses.

JARABE DE ARCE

Con su sabor particular y el aprecio de que disfruta en la cocina norteamericana, el jarabe de arce es uno de los edulcorantes naturales más populares. La mayoría de nosotros hemos disfrutado de este jarabe, que está hecho de la savia del arce rojo o negro. Lo hemos tomado con tortitas para desayunar, gofres o avena. Sin embargo, el jarabe de arce también es tremendamente versátil y funciona bien como edulcorante para postres y alimentos para el desayuno, así como algunos platos salados.

Elección, almacenaje y preparación: Generalmente se vende en recipientes de vidrio, lata o plástico. En lata o vidrio dura más tiempo, porque los envases plásticos «respiran» y la exposición al aire puede hacer que el jarabe se estropee o que se forme moho. Debe guardarse en la nevera una vez abierto. El jarabe enlatado se mantendrá durante once o doce meses, mientras que en envases de plástico puede durar de tres a seis meses.

Verás que las etiquetas del jarabe de arce llevan la indicación «grado A» o «grado B». Esta gradación se basa en el color del jarabe (el grado A es un color ámbar más claro, mientras que el grado B es más oscuro). Los tonos más oscuros del grado A, así como los del grado B, son los que se considera que tienen un sabor más característico a «arce».

Puesto que a menudo uso jarabes de arce en recetas de postres junto con aceite de coco, que puede solidificarse en temperaturas frías, suelo guardar mi jarabe de arce a temperatura ambiente (y tiendo a gastarlo rápidamente).

SAL

SAL MARINA FINA

La sal marina se obtiene a partir de agua de mar evaporada. Contiene minerales, además de cloruro de sodio, y es un ingrediente preferido entre los chefs, ya que su sabor y su textura son superiores a los de la sal de mesa. La sal marina se vende en presentación gruesa y fina. La gruesa es absorbida por la comida gradualmente, así que puede ser difícil condimentar con ella y acertar en la cantidad exacta. Por esta razón, la sal marina fina produce resultados más predecibles en las recetas.

Elección, almacenaje y preparación: La sal marina debe almacenarse en un recipiente hermético en un lugar fresco y seco. No es perecedera.

SAL MARINA EN ESCAMAS

La sal marina en escamas es una forma más gruesa de sal marina. Es ideal para las verduras —les añade una textura crujiente, además de condimentar—. También es deliciosa

espolvoreada sobre postres, como con *los brownies sin harina definitivos* (página 234).

Elección, almacenaje y preparación: La sal marina en escamas debe almacenarse en un recipiente hermético en un lugar fresco y seco y se mantendrá indefinidamente.

HERBAMARE (SAL CON HIERBAS)

La herbamare es una maravillosa sal de hierbas. La fabrica la empresa A. Vogel desde hace décadas, y ahora es popular y está ampliamente disponible en Norteamérica. Es una mezcla de apio, puerro, berros, cebollas, cebollino, perejil, lechuga, ajo, albahaca, mejorana, romero, tomillo y algas marinas. Es especialmente rica en las recetas de primavera, y queda maravillosamente bien en ensaladas o en vinagretas.

Elección, almacenaje y preparación: La herbamare se debe almacenar en un recipiente hermético en un lugar fresco y seco, y se mantendrá indefinidamente.

SAL ROSA DEL HIMALAYA

La sal rosa del Himalaya se extrae de la región de Punjab, en Pakistán. Apenas se procesa y contiene minerales además de cloruro de sodio (el cloruro de sodio puro es sal de mesa). Siempre utilizo la sal rosa del Himalaya en mis recetas, pero puede sustituirse por sal marina fina en proporciones similares (es posible que necesites ajustar la cantidad a tu gusto a medida que avanzas en la elaboración).

Elección, almacenaje y preparación: La sal rosa se puede encontrar en tiendas de alimentos sanos y en Internet. Debe guardarse en un recipiente hermético, en un lugar fresco y seco, y se mantendrá indefinidamente.

HIERBAS AROMÁTICAS Y ESPECIAS

Considero que el uso de hierbas aromáticas y especias frescas es parte esencial de la cocina saludable y creativa, y por eso las utilizo generosamente en mis recetas. Las hierbas aromáticas y las especias agregan distintas capas de sabor a un alimento y reducen la necesidad de agregar demasiadas grasas y sal al cocinar. También constituyen un componente vital de la cultura alimentaria, y son tarjeta de presentación de las distintas clases de cocinas. ¿Quién entre nosotros no asocia el olor picante del curri con la comida india, el sabor de las cinco especias chinas con platos asiáticos o el olor a albahaca fresca y orégano con comida italiana? No importa de qué lugar del mundo seas; hay un conjunto de hierbas aromáticas y especias que encarna el carácter de la comida local.

Te recomiendo que uses hierbas frescas siempre que sea posible, y siguiendo las temporadas. Sin embargo, las hierbas secas también son excelentes, y añaden un sabor rápido incluso a las comidas más humildes de la despensa (como a los *fusilli con lentejas y champiñones a la boloñesa*, página 193). Es normal que los cocineros principiantes se sientan algo intimidados por las hierbas aromáticas y las especias, pero te animo a que te atrevas y seas valiente con tu estantería de especias, asumiendo retos y descubriendo qué sabores y combinaciones se adaptan a tu paladar.

Las hierbas frescas se pueden dividir, grosso modo, en dos categorías: hierbas suaves y hierbas fuertes. Las primeras tienen tallos suaves y flexibles e incluyen la albahaca, el perejil, el cilantro y el estragón. Pueden guardarse como flores, cortando la base de sus tallos y colocándolos en un frasco o un jarro medio lleno de agua. De esta manera se mantendrán al menos durante media semana, y antes de usarlas puedes lavarlas y secarlas. Las hierbas fuertes tienen tallos gruesos, leñosos e incluyen el romero, el orégano y el tomillo. Hay que envolverlas con papel húmedo (no goteando) y después en plástico, sin apretarlas, antes de dejarlas en la nevera. Se guardan en una parte menos fría de la nevera (como en la puerta).

Se dice a menudo que las especias molidas solo se mantienen durante seis meses y después de eso, pierden potencia a medida que sus aceites esenciales se exponen al calor y el aire. Dicho esto, si guardas tus especias en un lugar fresco y seco, probablemente pueden durar un poco más de seis meses (creo que un año o dos). Muchos cocineros mantienen el estante de especias cerca de una tostadora, una cafetera o un horno, que son los puntos calientes en una cocina. Sin embargo, es mejor mantenerlas en un cajón de despensa seco y fresco, o en el refrigerador o congelador si la cocina está en el lado cálido de la casa. Deben estar en un envase bien cerrado y protegidas del sol excesivo. Tanto si almacenas las especias durante seis meses como más tiempo,

es importante recordar que no conservarán su sabor indefinidamente. Reemplaza aquellas especias que creas que están perdiendo sus propiedades.

Si realmente deseas optimizar la fuerza de tus especias, como el anís estrellado, las semillas de mostaza o las vainas de cardamomo, cómpralas enteras y muélelas en un molinillo de especias o de café (ambos suelen ser compras asequibles). Aun así, todavía necesitarás mantener las especias enteras en un recipiente hermético en un lugar fresco y seco.

HOJAS DE LAUREL

Las hojas de laurel tienen una larga historia en la cocina mediterránea, que data de la antigua Grecia. Tiene notas amargas y dulces, que pueden resaltar el sabor de otras especias, como la menta, el orégano y el cilantro. A menudo se añaden a sopas y guisos, ya sean secas o frescas, y también a las salsas para pasta o a platos de legumbres. No tienen la intensidad de la albahaca, la menta o el tomillo, pero complementan y mejoran los sabores de estas hierbas aromáticas.

GRANOS DE PIMIENTA NEGRA

La pimienta negra añade picante y aroma a los alimentos. Está casi omnipresente en las recetas, y es esencial para la mayoría de las vinagretas y muchos platos de pasta y de verduras asadas. Para una frescura óptima, recomiendo comprar granos de pimienta entera y molerlos en un molinillo de pimienta cuando vayas a utilizarla.

CAYENA

La cayena es intensa y picante; agrega una explosión de sabor picante a los alimentos. Es común en platos mexicanos y en la cocina cajún. Si eres sensible a las especias, es mejor ir conociendo este tipo de pimienta lentamente, incorporándola poco a poco a las recetas. Una pequeña cantidad es suficiente.

CHILE EN POLVO

El chile en polvo se elabora a partir de una mezcla de chiles secos y otras especias en polvo. Dependiendo de la mezcla, puede contener pimienta de Jamaica, comino, cilantro, clavo o pimienta negra. Como hay muchos tipos de mezclas de chile en polvo, lo inteligente es probar unos pocos y ver qué nivel de picante y de sabor a especias se adapta a tu gusto. Es un complemento natural de platos mexicanos, cajún y también algunos de la India y de Oriente Medio.

CANELA

Dulce, aromática y ligeramente leñosa, la canela es un ingrediente esencial para hornear. Su utilidad, sin embargo, no se limita a los platos dulces. La canela tiene un papel destacado en los platos mexicanos, indios y de Oriente Medio, desde moles, pasando por tajines, hasta chilis.

La mayor parte de la canela importada a América es la canela indonesia o la canela china (cassia). La de Ceilán, que es la que llega ahora a Estados Unidos, se importa de Sri Lanka, y es más dulce y refinada. Es «verdadera canela» y vale la pena buscarla por su sabor superior.

CILANTRO

El cilantro tiene un sabor alegre, fragante y ligeramente dulce, con toques de cítricos. Del cilantro se usa la hoja de la planta y la vaina de la semilla. Ambas tienen las mismas notas astringentes.

COMINO Y SEMILLAS DE COMINO

El comino es la segunda especia más popular del mundo, por detrás de la pimienta negra. Tiene un papel destacado en las cocinas del norte de África, India, México y Oriente Medio. Sus notas terrosas, de nuez y ahumadas hacen del comino una adición apropiada para muchas recetas, incluyendo el *hummus*, el curri, el chile, varias salsas, y el *baba ghanush*,* por nombrar solamente algunos. El comino tiene un sabor fuerte y fácilmente puede dominar otras especias, por lo que es importante usarlo con cuidado. Molido, es un añadido fácil para sopas y guisos, pero para el sabor más audaz, tuesta semillas de comino entero en una sartén antes de agregarlas a tu plato (como en los *boniatos, garbanzos y curri con coco y espinacas*, página 212).

CURRI EN POLVO

El curri molido es picante y aromático, y su sabor puede oscilar entre suave y dulce y un poco picante, dependiendo de la mezcla de curri que utilices. Las mezclas de curri en polvo pueden contener especias como la cúrcuma, el cardamomo o el azafrán. Como

---

* El *Baba Ghanush* o también *Baba Ganuch* es una pasta a base de puré de berenjena típica de la cocina árabe, mediterránea e israelí. Se suele comer con pan de pita

con otras mezclas de especias, es mejor probar unas pocas para averiguar la que más te gusta. Me encanta la marca Simply Organic.

El curri en polvo se puede utilizar en una amplia variedad de sopas, guisos y platos con curri (aunque muchos se preparan con pasta de curri, que contiene ajo, jengibre y lima kaffir además de curri y es muy distinta del curri en polvo). Es fabuloso añadido a los garbanzos o a las ensaladas de tofu.

AJO EN POLVO

El ajo fresco añade un sabor fuerte y penetrante a la comida, pero cuando te quedas sin él (o si tienes prisa), el ajo en polvo es un buen sustituto. Siempre compro ajo en polvo, en lugar de gránulos. Y asegúrate de no comprar sal de ajo, que podría dejar la comida demasiado salada.

JENGIBRE

Dulce, fuerte y picante, el jengibre es una de las especias más antiguas, y tiene un papel muy importante en las cocinas y en las aplicaciones medicinales de todo el mundo. Su sabor es igualmente adecuado para platos dulces y salados.

Siempre uso jengibre fresco por la inconfundible vibración de su sabor. Pero también tengo jengibre molido en la despensa para agregarlo fácilmente a recetas horneadas, guisos, sopas, aderezos y muchos más.

CEBOLLA EN POLVO

El sabor de la cebolla salteada es casi siempre preferible en la cocina, pero como en el caso del ajo en polvo, ayuda tener cebolla en polvo en la despensa por si te quedas sin cebollas frescas o tienes mucha prisa. Puedes encontrar cebolla en polvo y granulada para tenerlas en tu estante de especias.

ORÉGANO

El orégano tiene tonos de sabor amargos, fuertes y picantes. Es una hierba medicinal y un ingrediente común en la cocina mediterránea (especialmente en la griega). Puede comprarse fresco o seco, y es una maravillosa adición a los platos de pasta y a las salsas. También se utiliza con frecuencia en la cocina mexicana y de Oriente Medio.

PIMIENTA ROJA EN HOJUELAS

La pimienta roja en hojuelas puede agregar rápidamente un sabor picante y textura a un plato. Añade fuerza a chilis y sopas y es una cobertura perfecta para las verduras asadas o para un humilde plato de tostada con aguacate. Al igual que otras pimientas, contienen capsaicina, un compuesto que puede ayudar a combatir el dolor y la inflamación.

PIMENTÓN AHUMADO

El pimentón ahumado puede ser un ingrediente estrella en la cocina basada en vegetales, gracias a su notable capacidad para aportar un sabor ahumado a platos en los que se usaría jamón o tocino. Es una de las muchas variedades de la paprika, la especia nacional de Hungría, y también una especia muy importante en la cocina española (el pimentón español suele ser menos intenso que el húngaro). Se prepara triturando las semillas de varios tipos de pimientos, ahumándolas sobre un fuego de leña y después moliéndolas. Es delicioso y vibrante, y añade un sabor ahumado rápidamente a las sopas, los guisados, los chilis y los marinados a la parilla.

PIMENTÓN DULCE

El pimentón dulce tiene un rico sabor terroso a pimienta y toques dulces. Es excelente en platos de pasta y guisos, y se combina bien con ajo, tubérculos, tomates y alubias. Me encanta añadir un poco sobre el *hummus de ajo y limón para todos los días* (página 121).

CÚRCUMA

La cúrcuma es un ingrediente tradicional en Oriente Medio, la India y en cocinas del sudeste asiático. Tiene un sabor agridulce y picante y un color naranja brillante. Se parece al jengibre en que es una raíz, puede cortarse o rallarse directamente sobre el alimento y comprarse seca y molida. La cúrcuma añade un color amarillo característico al tofu y sabor al curri, las sopas y los guisos.

En los últimos años, se ha prestado más atención a las fuertes propiedades antiinflamatorias de la cúrcuma. Su pigmento naranja, la curcumina, es un potente antiinflamatorio que puede ayudar a aliviar la enfermedad inflamatoria intestinal y la artritis reumatoide. La curcumina también es antioxidante, útil para combatir las enfermedades crónicas y tal vez incluso ralentizar el crecimiento de los tumores. Además,

proporciona hierro, potasio y vitamina B_6. Pruébala con el *estofado de lentejas francesas* (página 176) y *el caldo de las curaciones milagrosas* (página 182).

DERIVADOS DE LA SOJA
SALSA DE SOJA BAJA EN SODIO (TAMARI)

Como la salsa de soja, el tamari es un producto de la soja fermentada, y puede agregar un sabor salado a platos, salsas y aderezos. Mientras que la salsa de soja contiene trigo, el tamari incluye muy poco o ninguno, y las marcas certificadas sin gluten son adecuadas para quienes siguen dietas sin gluten. El tamari que se usa en este libro es siempre sin gluten (y, por tanto, la receta será etiquetada como tal a menos que incluya otros ingredientes que contengan gluten). Yo utilizo la marca San-J.

Elección, almacenaje y preparación: Como decía antes, si sigues una dieta sin gluten es crucial leer las etiquetas del tamari, ya que no todas las marcas están estrictamente libres de trigo. La marca San-J es conocida y no lleva gluten. Prefiero el tamari bajo en sodio que una salsa normal de soja, ya que me da un control más directo de los condimentos en mis recetas.

TOFU

El tofu, que se creó en China hace miles de años, es una de las fuentes de proteínas más versátiles para las dietas veganas. Se puede mezclar, desmenuzar, cortar en cubos, en forma de rebanadas o en tiras. Puedes convertir el queso de soja en «queso»

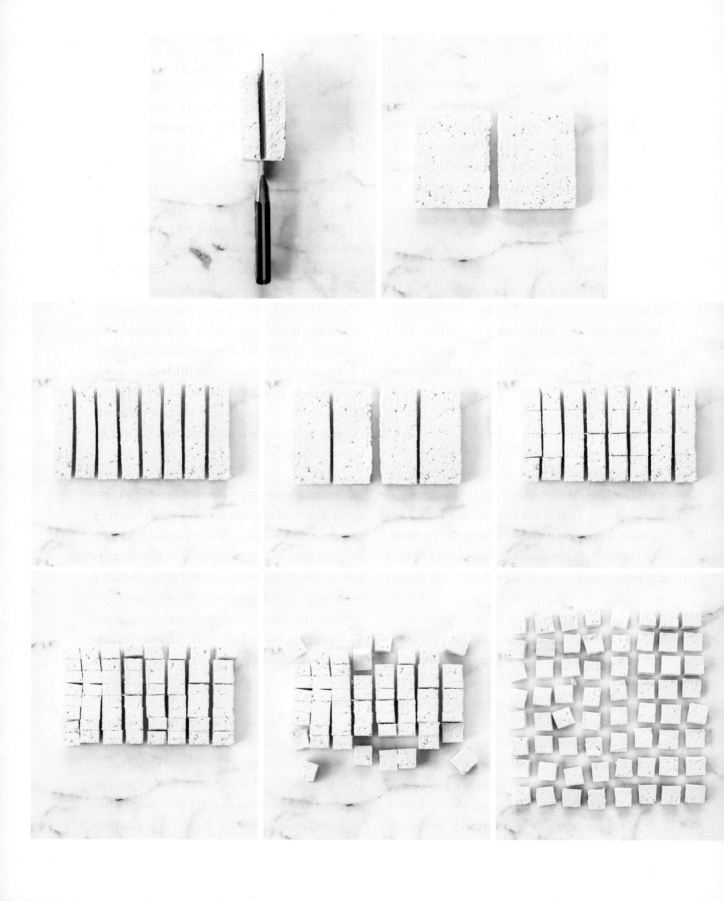

vegano, asarlo a la parrilla como harías con carne de pollo, marinarlo y hornearlo, desmenuzarlo en una deliciosa «mezcla» o añadirlo a batidos. No hay mucho que no se pueda hacer con el queso de soja, y mientras disfrutas de sus muchas aplicaciones en las recetas, también puedes gozar de sus múltiples beneficios para la salud.

Elección, almacenaje y preparación: Hay dos tipos principales de tofu en las tiendas de comestibles: el suave y el firme. El tofu suave es ideal para mezclarlo con salsas, batidos o como aderezo, pero no mantendrá su forma para hornear, saltear o asar —para esto es mejor el tofu firme, que soporta bien todos estos métodos de preparación—. Suelo comprar un tofu extrafirme y prensarlo durante la noche (o, en su defecto, durante 1 hora) antes de prepararlo, para eliminar la humedad adicional. Puedes ver el método en la página 309. Cuando compres tofu, fíjate en que sea orgánico. Esto no será demasiado difícil, ya que la mayoría del tofu del mercado lo es.

CHOCOLATE

Rico, amargo y con un poco de sabor a fruto seco, el chocolate añade sabor y sofisticación a los postres de todo tipo, por no mencionar los bocadillos, los desayunos e incluso los platos salados. El chocolate negro (sin lácteos) tiene un sabor sofisticado y es beneficioso para la salud.

El cacao, uno de los componentes principales del chocolate, es excepcionalmente rico en los antioxidantes llamados flavonoides, que se asocian a la salud cardiovascular y al manejo adecuado de la insulina por el organismo. El chocolate más amargo es, en otras palabras, el que tiene mayor porcentaje de cacao, la variedad con más contenido en antioxidantes. Suelo usar chocolate negro con un 55 % a un 70 % de cacao. Como beneficio adicional, el chocolate puede ayudar a controlar el cortisol, una hormona del estrés que se asocia con el aumento de peso y la inflamación.

CACAO NATURAL EN POLVO SIN EDULCORAR

Prefiero usar cacao en polvo sin edulcorar en mis recetas. Está etiquetado como «natural» para distinguirlo del cacao holandés en polvo, que se trata con una solución de potasio para ayudar a neutralizar parte de la acidez natural del cacao. El cacao en polvo natural consiste simplemente en granos de cacao tostados y molidos. Tiene un color claro y a veces puede presentar un sabor amargo. Añadir un pellizco de levadura en polvo a las recetas que requieren una gran cantidad de cacao en polvo puede ayudar a neutralizar su sabor ligeramente ácido.

Elección, almacenaje y preparación: Intenta buscar cacao en polvo sin edulcorar natural etiquetado como de comercio justo y orgánico. El cacao debe guardarse en un recipiente hermético, en un lugar fresco y seco. Evita ponerlo en la nevera, porque es demasiado húmeda y puede hacer que se deteriore. Almacenado correctamente, el cacao en polvo tiene una vida útil de hasta tres años.

VIRUTAS DE CHOCOLATE SIN LÁCTEOS

Las virutas de chocolate negro son perfectas para las galletas, los brownies, las barritas energéticas y otros dulces. Se derriten rápidamente al baño maría, lo que significa que puedes usarlas para púdines, pasteles y otros postres que requieren chocolate derretido. Elige virutas de chocolate que no contengan productos lácteos. Es muy probable que el chocolate negro marcado con el 70 % de cacao o superior no tenga leche o leche en polvo, pero es mejor leer las etiquetas. Las minivirutas de la marca Enjoy Life son habituales en mi cocina. Esta marca tiene una amplia gama de productos sin alérgenos.

Elección, almacenaje y preparación: Cuando compres chocolate negro, es mejor elegir marcas de comercio justo y versiones orgánicas. Estas etiquetas sugieren que el cacao ha sido cultivado siguiendo principios éticos. El chocolate negro se guarda en recipientes herméticos, en un lugar fresco y seco (18 a 24 °C es lo ideal). Si la temperatura de tu cocina es más elevada, puedes mantenerlo en un recipiente hermético en la nevera. La mayoría del chocolate oscuro dura hasta 2 años, pero, realmente, ¿a quién le durará tanto tiempo un alimento tan delicioso?

OTROS

LEVADURA EN POLVO SIN ALUMINIO

La levadura en polvo suele ser una mezcla de bicarbonato sódico y un ácido débil. Se utiliza para hacer subir los productos que cocines en el horno, desde magdalenas y panes rápidos hasta galletas y pasteles. A diferencia de la levadura fresca o nutricional, no requiere ningún tiempo de fermentación o amasado para hacer efecto.

Elección, almacenaje y preparación: Algunas marcas de levadura contienen aluminio. Es un aditivo innecesario que puede aportar un sabor ligeramente metálico, por lo que es mejor comprar levadura en polvo sin aluminio. Se debe guardar en un lugar muy seco y fresco. Perderá su eficacia entre seis meses y un año después de abrirla, así que trata de reemplazarla regularmente.

BICARBONATO

El bicarbonato sódico, como el polvo de hornear, se utiliza como levadura y para aligerar las recetas. A veces es mejor añadir un poco de ácido en las recetas en las que lo usemos, para neutralizar su sabor amargo. Es especialmente útil para ayudar a que las galletas se «hinchen» mientras se hornean. Puesto que su acción es inmediata, es importante poner la masa que contiene bicarbonato sódico en el horno tan rápidamente como sea posible.

Elección, almacenaje y preparación: El bicarbonato sódico debe guardarse en un recipiente hermético en un lugar fresco y seco. Puede perder su eficacia con el tiempo, pero hay una manera simple de probarlo si no estás seguro de si sigue estando en buenas condiciones: simplemente añade 1 cucharadita de vinagre a 1 cucharadita de bicarbonato sódico. Si aparecen burbujas inmediatamente, el bicarbonato sódico sigue activo. También puedes consultar la fecha de caducidad.

Además de sus aplicaciones culinarias, el bicarbonato sódico es muy útil en el hogar. Se puede utilizar para la limpieza, para mantener la nevera libre de olores, como dentífrico casero o como exfoliante facial, entre muchos otros usos.

ALCAPARRAS

Con su sabor salado y a mar, las alcaparras son una adición sabrosa a pastas, ensaladas y otros platos. Están perfectamente adaptadas a los platos mediterráneos, y también pueden añadir carácter a los aderezos (como *la ensalada César que gusta a todos*, página 137) o a las marinadas.

Elección, almacenaje y preparación: Las alcaparras se pueden comprar en vinagre en tarro. Tienen una larga vida útil (verifica la fecha del fabricante) y deben almacenarse en la nevera después de abrirlas.

ALGAS KOMBU SECAS

El kombu es un tipo de algas marinas que normalmente se vende en tiras secas. Se puede usar para hacer *dashi* (un caldo de pescado tradicional de la cocina japonesa, rico en minerales), caldo de verduras o sopa. También es útil para preparar alubias en casa, ya que los aminoácidos del kombu pueden ayudar a neutralizar los compuestos difíciles de digerir de las alubias mientras se cuecen.

Elección, almacenaje y preparación: El kombu se puede comprar en tiras secas. Tiene una vida útil larga, de varios años, siempre y cuando se almacene en un recipiente hermético en un lugar fresco, seco y oscuro. Yo lo uso para preparar alubias: simplemente añado una tira de kombu a una olla de alubias hirviendo. Cuando están tiernas, quito el kombu con una cuchara ranurada antes de colarlas.

PIMIENTO ROJO ASADO EN BOTE

Tener unos cuantos frascos de pimiento rojo asado en la despensa te permitirá añadir vivacidad a salsas, aderezos, platos de pasta y otros en un momento. Los pimientos rojos asados agregan un sabor maravilloso dulce y ácido a las ensaladas, los platos con cereales, las sopas y el *hummus*. Aunque vale la pena asar los pimientos en el horno o en la parrilla, especialmente en los meses de verano, los envasados en tarros de cristal son una alternativa muy práctica y sabrosa, especialmente cuando no es la temporada de pimientos.

Elección, almacenaje y preparación: Los pimientos rojos pueden comprarse marinados de distintas formas (con ajo, aceite o hierbas) o en salmuera. Yo prefiero los pimientos en tarro sencillos para crear sabores según mis gustos. Es mejor comprarlos orgánicos cuando sea posible, porque los pimientos dulces están en la lista de los doce sucios[*] del Grupo de Trabajo Medioambiental. Mi

---

[*] Los doce sucios (*The dirty dozen*), fue un concepto creado por Environment Working Group (Grupo de Trabajo Medioambiental). Es una lista de las frutas y verduras que tienden a absorber más pesticidas que otras o son rociadas con mas frecuencia . Se lleva haciendo desde el año 2004.

marca favorita es Mediterranean Organic. Después de abrirlos, los pimientos deben conservarse en un recipiente hermético y guardarse en el refrigerador. Si no abres el frasco, tienen una vida útil de muchos meses; comprueba la fecha de caducidad indicada por el fabricante.

CALDO VEGETAL BAJO EN SODIO O EN POLVO

Tener unos cuantos briks de caldo vegetal bajo en sodio o de cubitos en la despensa es una necesidad si vas a explorar la cocina vegana. El caldo de verduras agregará sabor a sopas, guisos, platos de cereales, chilis y un sinnúmero de recetas. Si la cocina con ingredientes integrales es una novedad para ti, trata de cocer el arroz o la quinoa en caldo de verduras, en lugar de en agua. Te sorprenderá agradablemente el sabor que un buen caldo agrega al grano. Los cubitos de caldo de verduras se pueden disolver en agua y hacer que el sustituto de caldo sea rápido y fácil, y tienen la ventaja de una larga vida útil y de que llevan un embalaje ligero y compacto (que es mucho más fácil de llevar a casa desde una tienda de comestibles que varios briks de caldo). Si quieres preparar tu propio caldo desde cero, puedes encontrar mi receta para el caldo vegetal casero en mi obra *El brillo de la salud*,* en la página 313.

Elección, almacenaje y preparación: Busca un caldo de verduras bajo en sodio y orgánico si es posible. Algunas de mis marcas preferidas son Imagine Organic y Pacific Foods. El caldo se puede almacenar en un lugar fresco

---
* Editorial Sirio, 2016.

y seco durante al menos varios meses. Comprueba la fecha de caducidad de los envases para seguir las indicaciones de conservación.

TÉ MATCHA EN POLVO

El matcha es un polvo fino hecho de hojas de té verde. Se puede añadir directamente al agua caliente para preparar una taza sabrosa y potente de té verde. Además de esta preparación tradicional, también se agrega a los cafés con leches vegetales, batidos (prueba el *batido de jengibre, mango y té matcha*, página 43) o recetas horneadas y otros postres.

Selección, almacenaje y preparación: El té matcha en polvo es fuerte, por lo que es mejor agregarlo a las recetas en pequeñas cantidades. Solo 1/2 cucharadita (2 ml) puede ser suficiente para batidos o tés, aunque si te gusta su sabor es posible que quieras agregar un poco más. También se puede añadir a las magdalenas o los panes rápidos para darles una nota fresca, un color verde claro y un añadido saludable de antioxidantes. El té matcha es muy sensible a la luz y el calor, por lo que debe almacenarse en un recipiente hermético en un lugar fresco y seco. El fondo de una despensa seca y oscura es ideal. Se mantendrá de seis a doce meses.

LEVADURA NUTRICIONAL

El nombre ciertamente no le hace ningún favor, pero la levadura nutricional es un ingrediente revolucionario para los cocineros caseros de comida vegana. Es polvo recolectado de levadura inactiva que se ha

cultivado en melaza. La levadura nutricional es un nutriente excepcionalmente denso. A veces se dice que tiene sabor a nuez y con frecuencia se describe como «a queso» (por eso la levadura nutricional es un alimento básico en salsas de queso veganas, como la *salsa de queso para todo*, página 288) y en los platos de pasta.

Elección, almacenaje y preparación: La levadura nutricional casi siempre puede encontrarse en la sección de productos a granel en tiendas de alimentos naturales. También se puede pedir por Internet, a granel o en bolsas de medio kilo. Se puede almacenar en un lugar fresco y seco durante un año. Además de su sabor a queso, puedes usar la levadura nutricional para aportar sabor umami a sabrosos guisos y salsas. También puedes espolvorearla sobre granos integrales, ensaladas o sopas para añadir una dosis rápida y fácil de proteínas.

PASTA ROJA DE CURRI

Siempre tengo un par de frascos pequeños de pasta roja de curri a mano. Los platos con curri se preparan en un momento. Mi marca favorita es Thai Kitchen, que combina hierba limón, jengibre tailandés y chili rojo fresco junto con otras especias aromáticas. Úsala en revueltos, sopas y recetas tradicionales con curri. Ten en cuenta que la pasta roja de curri, común en los platos tailandeses, da un sabor muy diferente del curri en polvo, que se utiliza con más frecuencia en la cocina india. De modo que los dos tipos de curri no pueden intercambiarse.

Elección, almacenaje y preparación: Guárdalo en la nevera después de abrirlo y sigue las instrucciones del fabricante sobre la fecha de caducidad.

SRIRACHA

La *sriracha* (salsa de chile fermentado) es un tipo de salsa picante hecha con chile rojo y ajo. Es un poco más dulce y menos fuerte que las tradicionales salsas picantes. La uso con generosidad en mis *macarrones con guisantes* (página 211) y en los *nachos con queso y chili* (página 202). También son una cobertura sabrosa para el brócoli al vapor o las verduras asadas.

Elección, almacenaje y preparación: Antes de comprar *sriracha*, revisa la etiqueta y asegúrate de que es vegana (algunas marcas contienen pescado). Algunas no están libres de gluten, así que si quieres evitarlo, también vale la pena comprobar que tu marca de *sriracha* indique que es certificada sin gluten. Mi marca favorita es Paleo Chef. La *sriracha* se puede almacenar durante períodos cortos en una despensa fría y oscura, pero si compras un envase más grande y no lo usas con frecuencia, la apuesta más segura es guardarla en la nevera.

TOMATES SECADOS AL SOL

Los tomates deshidratados aparecen en muchas recetas de pasta, tapenades y platos italianos, pero yo los uso también en ensaladas, platos con cereales y una amplia variedad de comidas saladas. Añaden un toque de acidez y salinidad, así como sabor umami y textura.

Elección, almacenaje y preparación: Los tomates deshidratados se pueden comprar secos o en aceite. Los secos pueden ser tiernos cuando los compras, pero generalmente son resistentes y necesitarás rehidratarlos antes de usarlos. Para eso, simplemente vierte agua caliente o hirviendo sobre ellos y déjalos de 20 a 30 minutos antes de colarlos y usarlos. Pueden almacenarse en un recipiente hermético en una despensa fresca y seca durante muchos meses.

Los tomates secos en aceite tienen un sabor maravilloso y una textura tierna, lo que significa que pueden añadirse directamente a ensaladas y platos de pasta. Por lo general, uso los que van en aceite (a excepción de en las *galletas saladas de supersemillas con ajo y tomates secados al sol*, página 109) porque adoro el aceite de oliva a base de hierbas que los llena de sabor. También son más rápidos y fáciles de usar, porque no hace falta rehidratarlos, lo que reduce el tiempo de preparación. Guárdalos en la nevera después de abrirlos y respeta la fecha de caducidad indicada por el fabricante. Mi marca preferida de tomates deshidratados en aceite es Mediterranean Organic.

VAINAS DE VAINILLA, EXTRACTO DE VAINILLA PURO, EXTRACTO DE VAINILLA PURO EN POLVO

La vainilla es un ingrediente esencial para hornear y para los postres, y la uso sin restricción. Tiene un sabor complejo, con notas dulces y florales. Hay muchas maneras de añadir vainilla a las recetas. El extracto de vainilla es el más común, pero las vainas de vainilla fresca agregarán una incomparable riqueza de sabor a tu comida. El extracto de vainilla puro en polvo, cuya popularidad está aumentando, es otra alternativa sabrosa al extracto de vainilla, y menudo la relación calidad/precio es mejor que la de las vainas de vainilla.

Elección, almacenaje y preparación: La mayor parte de la vainilla se obtiene de Madagascar, Tahití o México, aunque también se cultiva en Bali, China e Indonesia. Tiende a ser cara, pero vale la pena comprar un extracto puro de vainilla de buena calidad. Asegúrate de comprobar qué edulcorantes añadidos lleva y de evitar el «sabor a vainilla», que es muy diferente del extracto. También puede que te interese comprar un extracto de vainilla de comercio justo y que sea orgánico, con el fin de asegurar que tiene orígenes éticos. El extracto de vainilla se puede guardar en un lugar fresco y oscuro durante un año.

También puedes encontrar vainas de vainilla orgánicas en la mayoría de las tiendas especializadas o de alimentos saludables. Simplemente divide la vaina longitudinalmente por el centro y usa una cuchara para raspar las diminutas semillas negras. Las semillas de una vaina de vainilla generalmente pueden sustituirse por 1/2 a 1 cucharadita (2 a 5 ml) de extracto de vainilla de alta calidad. La vainilla en polvo se elabora a partir de vainas de vainilla molida y se puede agregar directamente a los productos horneados, batidos, helados y otros dulces. Una cantidad de 1/2 cucharadita (2 ml) de vainilla en polvo puede sustituirse por 1 cucharadita (5 ml) de extracto de vainilla. La vainilla en polvo puede guardarse en un recipiente hermético en un lugar fresco y seco durante un año.

MAYONESA VEGANA

La mayonesa vegana es parte de un selecto grupo de productos comprados en la tienda que utilizo para darle autenticidad a mi cocina. Tiene un extraño parecido con la mayonesa tradicional y puede sustituirla en cualquier receta que requiera mayonesa, incluyendo aderezos, ensalada de pasta o ensalada de patatas. Pruébala con mi *ensalada de garbanzos con curri* (página 143).

Elección, almacenaje y preparación: Mi marca de referencia es Vegenaise, que tiene distintas variedades disponibles. La versión sin soja me gusta, pero también hago una versión casera a base de soja (página 307). La mayonesa Vegenaise tiene que conservarse en la nevera. Respeta la fecha de caducidad indicada por el fabricante.

SALSA VEGANA ESTILO WORCESTERSHIRE

A pesar de que suele servir de acompañamiento a la carne o los bistecs, la salsa Worcestershire es también una adición maravillosa para muchas recetas veganas, incluyendo salsas barbacoa, aliño de la ensalada César vegana, adobo del tempeh o del tofu y distintos platos. Esta mezcla de vinagre, melaza, sal, azúcar, chile y a veces salsa de soja tiene un sabor rico, terroso, salado y dulce a la vez.

Elección, almacenaje y preparación: La salsa Worcestershire vegana se puede encontrar en Internet y en tiendas de alimentos saludables. Alguna salsa Worcestershire que no esté específicamente etiquetada como vegana puede estar preparada con una lista de ingredientes veganos, pero es importante leer las etiquetas, ya que muchas marcas contienen pasta de anchoa. Mis preferidas son Wizard's y Whole Foods 365, una versión vegana. Se puede guardar en un recipiente hermético en un lugar fresco y seco hasta seis meses.

ÁCIDOS

VINAGRE DE SIDRA DE MANZANA

El vinagre de sidra de manzana se elabora a partir de la sidra de manzana fermentada o de manzanas (machacadas y añejas). Es muy agrio, con un ligero toque de dulzura de las manzanas, y funciona bien en cualquier receta o aliño que pida vinagre de vino.

Elección, almacenaje y preparación: Al comprar vinagre de sidra de manzana, fíjate en que sea una marca no pasteurizada, para que tenga las bacterias saludables asociadas con la fermentación. Almacenado en un lugar fresco y seco, y protegido de la luz directa, el vinagre de sidra de manzana tiene una vida útil de tres a cinco años.

VINAGRE BALSÁMICO

El vinagre balsámico tiene un sabor rico y complejo y una textura más densa y viscosa que otros tipos de vinagre. El tradicional está hecho de mosto de uva, uvas que se han prensado junto con su jugo, piel y tallos. El vinagre se envejece siguiendo un proceso similar al del vino de Jerez. El vinagre balsámico de calidad tiene una textura ligeramente melosa y un color marrón oscuro. Además de ser un excelente aliño para la ensalada, también se reduce muy bien cuando se calienta, creando un glaseado espeso y dulce, y puede funcionar bien como un adobo.

Elección, almacenaje y preparación: Si bien no es necesario comprar el mejor vinagre balsámico, vale la pena invertir en una botella que se haya preparado siguiendo el método tradicional. Busca las botellas que se etiqueten con «Aceto Balsamico Tradizionale». Las botellas etiquetadas como «Vinagre balsámico de Módena» se suelen preparar con una base de vinagre de vino en lugar de con uvas. Esto mantiene el coste de producción bajo, pero no le da el mismo sabor. Un buen vinagre balsámico se puede utilizar con el tiempo en pequeñas dosis. Incluso unas gotas transformarán la ensalada o la fruta. No te pierdas la *vinagreta balsámica para agitar y tomar* (página 311).

El vinagre balsámico se debe almacenar en un recipiente hermético en un lugar fresco, seco y oscuro. Se mantendrá indefinidamente.

ZUMO Y RALLADURA DE LIMÓN

El ácido es esencial para aclarar y agregar contraste a las recetas, y la acidez floral y brillante del limón es una de las fuentes de ácido más universalmente atractivas y versátiles. El limón queda muy bien con casi todo:

sopa, cereales, ensalada, verduras, aderezos, adobos... Incluso puede agregar un sabor sutil y ayudar a subir los productos horneados, así como dar un toque de acidez al pudin, al pastel de queso y a otros postres. Me encanta usar el zumo de limón y la ralladura (que proporciona un intenso sabor a limón sin acidez) en mi cocina. Una de mis aplicaciones favoritas de la cáscara de limón es la *pasta con tomates secados al sol* (página 221).

Elección, almacenaje y preparación: El zumo de limón siempre debe ser recién exprimido. Simplemente, no hay sustitución posible. Los limones se deben guardar en la nevera, donde durarán de dos a tres semanas.

ZUMO Y RALLADURA DE LIMA

Tanto los limones como las limas agregan acidez a las recetas, y ambos proceden de la familia de los cítricos. Puede ser tentador, entonces, preguntarse si no son intercambiables. En su mayor parte, las dos frutas tienen gustos y características distintos. Las limas son un poco más ácidas que los limones (que se cree que son un poco más amargos). Su sabor hace de ellas una adición ideal para el guacamole, las ensaladas de col, las salsas y otros platos mexicanos, así como para aderezos y sopas frías.

Elección, almacenaje y preparación: Las limas deben guardarse en una bolsa herméticamente cerrada o en un recipiente hermético en la nevera, para que duren varias semanas. Siempre usa zumo de lima recién exprimido y ralladura recién rallada.

VINAGRE DE VINO BLANCO O TINTO

El vinagre de vino tinto o blanco tiende a ser más agrio que el de arroz o que el vinagre balsámico. Funcionan muy bien en las vinagretas y otros aliños y quedan estupendos en platos y salsas italianas (como la *salsa de queso para todo*, página 288).

Elección, almacenaje y preparación: Como el vinagre balsámico, el precio del vinagre de vino puede variar considerablemente, aunque en este caso es menos importante comprar una marca de primera línea. El vinagre de vino se mantendrá indefinidamente si lo guardas en un recipiente hermético en un lugar fresco, seco y oscuro.

VINAGRE DE ARROZ

El vinagre de arroz, un alimento básico en la cocina asiática, se elabora a partir de arroz fermentado o vino de arroz. Tiene un sabor ligeramente dulce y suele ser menos ácido que el de vino blanco o tinto. Es una excelente adición a los revueltos, las ensaladas de col, el arroz del *sushi*, los aderezos y las salsas para mojar.

Elección, almacenaje y preparación: Hay varios tipos de vinagre de arroz, incluyendo blanco, integral, negro y rojo. Me gusta un vinagre blanco en mi cocina, ya que tiene el sabor más suave. También se puede encontrar vinagre de arroz sazonado, que a veces se utiliza en la preparación del arroz del sushi. Este vinagre puede ser bastante sabroso, pero se sazona con cantidades a veces sustanciales de sal y de azúcar. Yo prefiero comprar un vinagre de arroz sin sazonar y controlar el condimento por mi cuenta.

AGRADECIMIENTOS

No puedo creer cuántas personas increíbles han traído a mi vida mi blog y mis libros de cocina desde que comencé a *bloguear* en 2008. Estoy muy agradecida a todos y cada uno de vosotros. Cada vez que prepares una receta, háblales a otros acerca de mi blog y mis libros de cocina, deja un comentario o dime hola; realmente me alegrarás el día. Me despierto cada mañana sintiéndome verdaderamente emocionada por el trabajo que hago, y estoy llena de gratitud por la gente maravillosa que he conocido a lo largo del camino.

Eric, el amor que le das a nuestra familia y a la gente de tu vida es algo muy bello. No creo haber conocido a nadie que sea tan desinteresado, atento y amoroso. Eres el mejor padre para Adriana, y el mejor marido y socio que podría esperar. Sin tu ayuda, no podría haber creado este libro de cocina. A mi hija, Adriana, gracias por hacerme madre y por enseñarme a vivir el momento. Nunca olvidaré cuando te dimos tu primera comida sólida (puré de aguacate) y la reacción increíble (aunque horrorizada) que se dibujó en tu cara. A mi amada familia y amigos que me apoyáis: os quiero mucho.

Estoy muy agradecida a mi dedicado grupo de probadores de recetas. La cantidad de tiempo, energía y pasión que han invertido en este libro de cocina simplemente me emocionó, y no tengo ninguna duda de que sus comentarios, consejos e ideas lo mejoraron de innumerables maneras. Tana Lise Gilberstad, eres increíble. El hecho de que hayas probado ciento cuarenta y seis de mis recetas (a pesar de estar increíblemente ocupada) es sencillamente alucinante. Gracias por todo. Nicole White, gracias por compartir todas mis recetas con tus niños y padres de la guardería, además de con tu propia familia. Vuestras opiniones han sido de un valor increíble para este libro de cocina, y me han permitido incluir un montón de consejos para niños que ayudarán a muchas familias. También me siento muy agradecida a Laura Beizer, Maren Williams, Nicolle Picou Thomas, Samantha Haas, Alison Scarlett, Carin Crook, Vanessa Gilic, Jane Airey, Anna Gunn, Camille Wright Hardy, Jessica Kennedy,

Lisa Dickinson, Audrey Singaraju, Elaine Trautwein, Bridget Rosborough, Tammy Root, Katie Hay, Tracy Walter, Erman de Beth, Kirsten Tomlin, Lisa Schiavi, Laura Houliaras, Andrea Bloomfield, Heather Bock, Stephanie Scilingo, Lori Stevens, Kristi Eskit, Magen Lorenzi, Heather Lutz, Lindsay Vyvey, Jillian Hylton-Smith, Dawn Vickers y Nikki Tews. Estoy en deuda con todos vosotros por ceder tan desinteresadamente vuestro tiempo y vuestros comentarios durante el año pasado.

A Lucia Watson, mi editora de Avery, y a Andrea Magyar, editora de Penguin, gracias por vuestra pasión y entusiasmo por este segundo libro de cocina. Vuestro fervor y positividad me mantuvieron en los días en que no sabía si podía hacer malabarismos con todo. Me siento orgullosa de haber creado un segundo libro de cocina tan estupendo. Mi gran agradecimiento también para todo el equipo de Avery y de Penguin por su gran trabajo.

A mi amiga y fotógrafa de comida, Ashley McLaughlin, gracias por las innumerables horas que pasaste fotografiando las recetas de este libro. Agradezco que hayas estado abierta a mis ideas, comentarios y sugerencias durante todo el proceso. Gracias por ser tan genial.

A mi amiga y colega de blogs, Gena Hamshaw, gracias por prestar tus talentos editoriales y de investigación a este libro. ¡Simplemente no podría haberlo hecho sin ti!

Sandy Nicholson, gracias por venir a nuestra casa y captar el estilo de vida de nuestra familia. Tú y tu equipo sois grandes profesionales, realistas y divertidos. Espero que podamos volver a trabajar juntos en el futuro.

BIBLIOGRAFÍA

Berley, Peter y Melissa Clark. *The Modern Vegetarian Kitchen*. Nueva York: ReganBooks, HarperCollins, 2000.

Chaplin, Amy. *At Home in the Whole Foods Kitchen*. Boulder, CO: Roost Books, 2014.

Davis, Brenda y Melina, Vesanto. *Becoming VEGAN: The Complete Reference a Plant-Based Nutrition* (Comprehensive Edition). Summertown, TN: The Book Publishing Company, 2014.

Haas, Elson y Levin, Buck. *Staying Healthy with Nutrition: The Complete Guide a Diet & Nutritional Medicine*. Berkeley, CA: Celestial Arts, 2006.

Madison, Deborah. *Vegetable Literacy: Cooking and Gardening with Twelve Families from the Edible Plant Kingdom, with over 300 Deliciously Simple Recipes*. Berkeley, CA: Ten Speed Press, 2013.

Messina, Virginia y Norris, Jack. *VEGAN for Life: Everything You Need a Know a Be Healthy and Fit on a Plant-Based Diet*. Berkeley, CA: Da Capo Press, 2011.

Page, Karen. *The Vegetarian Flavor Bible: The Essential Guide a Culinary Creativity with Vegetables, Fruits, Grains, Legumes, Nuts, Seeds, and More, Based on the Wisdom of Leading American Chefs*. Nueva York: Little, Brown and Co., 2014.

Palmer, Sharon. *The Plant-Powered Diet: The Lifelong Eating Plan for Achieving Optimal Health, Beginning Today*. Nueva York: The Experiment, 2012.

Pitchford, Paul. *Sanando con alimentos integrales: Tradiciones asiáticas y nutrición moderna*. Madrid: GAIA, 2014.

Whitney, Eleanor Noss y Rolfes, Sharon Rady. *Understanding Nutrition*, 14.ª edición. Independence, KY: Wadsworth Publishing, 2015.

ÍNDICE TEMÁTICO

SOBRE LA AUTORA

Angela Liddon es la fundadora, creadora de recetas, fotógrafa y escritora detrás de OhSheGlows.com, una web sobre recetas veganas que ha recibido varios premios y que tiene millones de visitantes cada mes. Su trabajo ha aparecido en publicaciones locales e internacionales como *VegNews, O Magazine, Fitness, The Kitchn, Self, Shape, National Post, The Guardian, Glamour, The Telegraph, Barre3, T.O.F.U.* y *Best Health*. La autora también ha ganado varios premios, entre ellos VegNews Best Vegan Blog 2012, 2014, y 2015, Chatelaine's Hot 20 under 30 award, y Foodbuzz's Best Veg Blog y Best Overall Blog. Su primer libro de cocina, *El brillo de la salud: más de cien recetas veganas para realzar tu luz interior* (ed. Sirio), es un superventas internacional. Fue seleccionado como el libro del año de Indigo para 2014, el libro de cocina favorito de *VegNews* de 2014, y apareció en la lista de los más vendidos de *New York Times*. Angela y su familia viven en Oakville (Ontario, Canadá) y puedes visitar su blog en OhSheGlows.com.